KB135240

교육과학연구총서 3

제주교육론

– 미래 교육을 상상하다 –

교육과학연구총서 3

제주교육론

– 미래 교육을 상상하다 –

김일방 · 이인회 · 권유성 · 신창원
손명철 · 김홍탁 · 정승모 · 권상철 지음

한국학술정보

총서 시리즈 3을 발간하며

교육은 미래를 담고 있다. 서양교육사가 보이드(W. Boyd)에 따르면, 원시시대의 선조들은 집단 가운데 어느 누가 전체에게 멸족의 저주를 몰고 올지 모른다는 원초적 공포에 시달렸다. 무리의 생존을 위해서는 자라나는 세대에게 집단의 안전을 위한 행동을 의도적으로 가르쳐야 했다. 그렇게 교육이 시작되었다. BC 600년경 그리스 솔론의 개혁에는 여러 가지 사회적·정치적 의도가 담겨 있지만 버릇없고 제멋대로인 미래 세대를 걱정하며 도덕교육의 필요성을 명시하려는 것도 그 중 하나였다. 고대의 교육개혁은 그렇게 이루어졌다. 오늘날도 크게 다르지 않다.

이 책에 대한 아이디어를 논의하던 2020년 9월에는 코로나19로 전 세계가 혼란스러웠다. 더불어 교육현장에는 AI보조교사가 채용(?)되고 글로벌 기업이 주도하는 메타버스의 놀라운 디지털 교육환경도 열렸다. 그리고 이전까지와 다른 차원에서 미래 교육의 담론이 부각되었다. 근대교육의 공장형 공급중심 대량생산의 패러다임을 바꾸어야 한다는 주장이 힘을 얻었다. 다행히 비대면 원격수업은 학교 교육을 대체하는 시스템이라기보다는 자라나는 MZ세대를 위한 학습의 보완재로 정리되고 있었다. 그러나 미래 교육의 방향은 매우 혼돈스러운 상황이었다.

이 책이 말하는 미래는 언제일까? 집필진은 그 미래를 2030년대로 생각했다. 초등학교에 입학한 1학년 아동이 대학교에 다니는 멀지 않은 미래를 상정한 것이다. 백년대계의 큰 그림도 중요하지만 십년소계의 방향이라도 고민해 보자는 교육적 의지였다. 그러면 왜 제주 미래 교육의 방향을 상상해야 했을까? 성장하는 MZ세대에게 원시사회의 기성세대나 솔론보다는 더 오픈된 신뢰를 가지고 다가가고 싶었다. 2가지 이유에서이다. 하나는 우리 사회가 더 이상 선진국을 추격하는 시대를 살고 있지 않다는 점이다. 그러기에 MZ세대는 벤치마킹이 사라진 화이트 스페이스(white space)를 걸어가야 한다. 그들이 놓는 발자국은 세계가 따라오는 길이 될 수 있다. 다른 하나는 제주 섬이 교육으로 특별해지는 자치도가 되기를 희망한다는 점이다. 폐쇄적 성향에서 탈피하지 못한 섬나라는 대부분 발전을 누리지 못하고 역사의 뒤안길로 사라졌다. 반면에 세계를 향해 개방적이고 미래를 지향하는 교육이 강했던 섬나라는 오래 지속되었음에 주목할 필요가 있다.

제주 교육의 미래 방향에 대한 도서 발간의 아이디어는 긴 여정을 거쳤다. 사범대와 교육대학원의 교수 5명 그리고 현장 교사 1명이 '교수법 스터디'로 10주 동안 매주 모였다. 2020년 9월부터 논의를 시작하여, 11월에는 단순한 공동저서로 출간하기보다 교육과학연구소의 '교육과학연구총서' 시리즈로 발간하기로 마음을 모았다. 2021년 첫 달, 코로나가 창궐하던 환경에서 집필진 각자는 제주의 미래 교육과 씨름하기 시작했다. 여름이 다가올 무렵 교육과학연구소와 제주특별자치도교육청의 공동 주최로 학술대회를 마련하고 그동안 준비해온 내용을 발표하면서 교육 현장으로부터 검토를 받기도 했다. 또 다시 해를 넘겨 2022년을 맞으면서 발간에 대한 논의가 구체화되었다. 사범대와 교육대학원의 구성원들에게 총서 시리즈 발간이 안내되고 2편의 원고가 추가되면서 최종 원고를 2월말 출판사로 넘길 수 있었다. 그리고 2022년 '4월의 봄'에 드디어 『제주교육론: 미래 교육을 상상하다』라는 이름으로 세상에 나왔다.

이 책은 집필진 각자가 학문 분야에 따라 관심을 가지고 있는 주제를 먼저 선정하여 미래 교육의 관점에서 고민하고 상상하는 방향과 대안을 제시하는 것으로 목표를 삼았다. 그리고 3부로 나누어 책의 꼴을 구성하였다. 제1부 〈새로운 패러다임을 향하여〉는 제주이해교육과 다혼디배움학교를 다루고, 제주 교육의 현주소를 뒤돌아보며 성과와 과제를 성찰하면서 새로운 방향을 상상하도록 하였다. 제2부 〈교과별 방향성을 모색하며〉에서는 국어, 영어, 지리교과의 핵심 이슈를 다루면서 제주4·3문학과 영어교육정책의 미래를 위한 변화를 탐색하도록 하였고, 특히 제주의 고유한 특성과 연계한 장소 기반 교육을 제안하였다. 제3부 〈지역사회를 통합적으로〉는 중학교의 마을 교육, 국제학교의 IB, 대학의 서비스-러닝을 다루었고, 제주 교육이 학교에서 지역사회로, 제주에서 세계로, 현재에서 미래로 확장되는 변화의 방향을 제시해 보았다.

이 책의 각 주제는 집필진의 관심과 학문분야를 기반으로 하였기에 제주 교육의 모든 분야를 망라하기에는 부족함이 있다. 또한 집필진의 역량으로 제시된 방향과 대안들이 제한적일 수 있다는 점을 밝히고자 한다. 다만, 이러한 노력이 교육현장과 연결된 논의의 과정으로 발전하여 학술적 역량을 키워나가면서 향후 교육과학연구총서 시리즈로 지속되기를 희망해 본다. 마지막으로 20개월 가까운 여정에 동행해 주신 모든 집필진께 감사드리고 교육과학연구소 김일방 소장님의 지원에 고마움을 전한다. 특히 미래 교육의 한 축을 짊어진 제주대 사범대와 교육대학원의 발전을 기대한다.

2022년 4월

총서 시리즈 추진위원회

김일방, 신창원, 이인회 씀

목차

제2부 __ 교과별 방향성을 모색하며

제1부

새로운 패러다임을 향하여

제1장

김일방

'제주이해교육'의 현황 진단 및 미래 발전방안*

1. 들머리

코로나 19 사태로 인해 세계는 새로운 사회적 패러다임을 맞이하게 될 전망이다. 특히 제2차 세계대전 이후 급속히 진행되어온 세계화와 자유무역 확산이라는 메가트랜드가 방향을 크게 바꿀 것이라는 예측이 많다. 여행과 이주는 어려워지고 생산공장을 포함한 글로벌 공급망은 본국으로 회귀하는 방식으로 '세계화 시대'는 퇴조하고 '지역화 시대'가 시작된다는 얘기이다. 물론 헨리 키신저가 우려했듯 계몽주의 이전 전제적 통치자가 지배하던 성곽시대로 돌아가진 않겠지만 지역의 가치를 우위에 두는 경향은 틀림없이

* 이 글은 '김일방(2021). 제주이해교육의 실태분석 및 미래 발전방안. 교육과학연구, 23(2), 39-63.'의 내용을 일부 수정·보완한 것임.

강화될 것으로 간주된다.

사실 21세기의 시대적 흐름은 글로컬라이제이션, 곧 세계화와 함께 지역화로 묘사돼왔다. 양자는 언뜻 생각하면 모순되는 현상이지만 실은 상호보완적 성격을 갖는다. 가장 지역적인 것이 세계적인 것이라는 표현처럼 세계화는 지역화에 기초를 두어야 하기 때문이다. 글로컬라이제이션이란 지역의 정체성과 차별성을 중요하게 여기는 전 지구적 지역화 시대로의 전환을 의미한다. 코로나 19로 인해 지역은 이제 단순히 중앙과 대비되는 개념인 변방이 아니라 새로운 변화를 주도해 나갈 주체로서 그 가치가 더욱 커지고 있는 것이다.

다른 도시나 지역과의 차별화를 위해 지역 정체성에 근거한 지역경쟁력 확보 방안을 모색하려는 시도가 국내외에서 많이 이뤄지고 있는 것도 그와 궤를 같이한다.[1] 지역 정체성의 정립은 지역의 성장과 변화를 위한 경쟁력 강화의 핵심요소로 부상하고 있는 것이다. 하지만 이러한 분위기와는 달리 제주는 안타깝게도 날이 갈수록 그 정체성을 오히려 잃어가는 상황이다.

제주는 최근 3난이라 불리는 쓰레기난, 교통난, 묻지마식 개발난 등의 난관에 직면하면서 제주다움을 많이 상실해왔다. 제주만의 아름다운 풍광뿐만 아니라 제주인의 삶의 방식 또한 그러하다. 제주인지 서울인지 분간이 어려울 정도로 지속화되는 도시화와 함께 이웃끼리 더불어 살고자 하는 '수눌음'의 전통적 미덕은 점차 사라지고 타인과 경쟁하는 개인주의 문화가 지배적인 세상이 되어버렸다. 제주다움이란 무엇인지, 이를 구현하고 확산하기 위한 방안은 무엇인지에 대해 깊은 고민이 필요한 시점이다.

---

1 부산, 광주, 경북, 충북, 충남, 대구 등이 지역의 정신문화를 활용한 지역 정체성 정립에 적극적으로 나서고 있고, 중국의 베이징과 취푸, 일본 오사카 등도 지역의 정체성을 브랜딩과 연결하여 경제적 성과 제고에 매진하고 있음(이재필, 2016: 17-22).

바로 이러한 시점에 제주도 교육감이 '제주 정체성 교육을 통한 교육 자치의 원년을 만들어나가겠다.'라고 밝히면서 교육 자치가 이뤄낼 궁극적 제주교육의 모습으로 '제주 정체성 교육'을 설정한 것은(제주의 소리, 2019. 2. 26) 학교 교육의 본래 기능을 회복하고 글로컬 시대의 지역경쟁력을 강화하는 측면에서 매우 시의적절하다고 판단된다. 교육감의 이러한 방침에 따라 제주특별자치도교육청(이하 '제주도교육청'이라고 함)은 제주 정체성 교육의 구현을 위해 두 차례에 걸친 용역사업은 물론 공청회, 워크숍 등을 거치면서 사전 준비를 철저히 해왔다. 더불어 제주도교육청은 제주 정체성 교육의 현장 적용도를 제고하고자 '제주이해교육과정'을 구성하여 홈페이지에 탑재함은 물론 일선 초중등학교에 배포하여 그 실행을 적극 독려하였다.

하지만 현실은 녹록지 않은 상황이다. 현재 제주지역 내 중학교의 제주 정체성 교육 실태에 관한 조사에 따르면 '교육과정 따로', '학교현장 따로'라고 표현하는 것이 적확한 실정이다. 제주이해교육은 정규 교육과정이 아닌 비교과과정에 속하는 만큼 학교현장에서 이를 적용할 만한 여건이 불비하고 따라서 그 실행이 어려운 것이다.

이 장은 바로 이러한 현실에 대한 문제의식에서 발원한다. 제주도교육청이 제주이해교육과정을 강력히 추진하고 있으나 과연 학교현장에선 교육청의 의도대로 제대로 실행되고 있는지, 그 현황을 진단하고 이를 토대로 미래 발전방안을 모색하는 것이 본 장의 목적이라 할 수 있다.

이 목적 달성을 위해 제주도 내 소재 중학교 교사들을 상대로 설문을 시행하였다. 중학교 교사라면 누구나 설문조사에 자유롭게 참여할 수 있도록 온라인 설문조사 통계분석 프로그램인 '유레카'를 활용하였고, 이 조사에 응한 교사 수는 209(13.4%)명이었다.

설문조사를 실시한 기간은 2021년 2월 17일부터 3월 31일까지 총 43일간이었다.

본 연구를 위해 사용한 연구 도구는 제주이해교육과정의 현장 적용 실태 및 그 성과, 그리고 문제점과 개선방안 등을 파악하기 위한 것으로 자체 검사지('제주이해교육과정에 관한 의견 조사')를 구성하여 활용하였다. 유레카를 통하여 수집된 설문조사에 대한 통계처리는 SPSS 20 통계분석법을 활용하여 문항별 빈도, 백분율, 누적빈도 등 학교현장에서의 적용 실태를 기술하는 데 초점을 두었다.

2. 제주이해교육의 과거와 현재

1) 제주이해교육의 기원과 흐름

제주이해교육이란 제주의 역사, 사회, 문화, 환경 등을 중심교재로 삼아 제주공동체에 대한 이해를 중시하는 교육이다(제주이해교육활성화 조례 제2조). 물론 이해를 중시한다 하여 제주이해교육이 단순히 제주를 이해하는 차원에만 머물지는 않는다. 제주의 역사, 사회, 문화에 대한 충분한 이해를 토대로 궁극적으로는 제주인으로서의 긍정적 자아 정체성을 확립할 뿐 아니라 세계시민으로서의 역량을 증진하는 것이 궁극적 지향점이기 때문이다. 그런 의미에서 제주이해교육은 곧 제주 정체성 교육이라 불러도 무방하리라 본다. 실제로 제주도교육청에서도 제주이해교육과 제주 정체성 교육을 '제주이해교육(제주 정체성 교육) 활성화 시행계획'과 같은 표현에서처럼 등가적 개념으로 사용하고 있음을 알 수 있다.

제주 정체성 교육의 기원은 어제오늘의 일이 아니라 한참 이전 시기로 거슬러 올라간다. 역대 교육감들의 역점시책을 토대로 검토해본 바 그 기원은 제5대(1980~1984) 양치종 교육감의 그것에서 찾아볼 수 있다. 당시 교육지표는 '바른 교육의 추진·밝은 학교의 건설'이었고, 이에 따른 역점시책으로는 네 가지를 들었는데 그중 첫 번째 항목이 '탐라 학생상의 정립'이었다. 이 항목을 설정하게 된 배경 설명을 보면 "5천 년 이상을 바람과 돌뿐인 이 섬을 버리지 않고 지키며 근면·인내·슬기로써 오늘의 제주도를 만들어 낸 조상들의 얼과 피를 이어받기 위해 자손으로서 갖춰야 할 덕성을 강조"(제주도교육청, 1995: 216)한다면서 제주 정체성 교육을 강력하게 천명하고 있다.

그리고 이를 구현하기 위해 '장학구현 중점 사항'을 제시한 바 제주이해교육의 기원은 바로 여기서 거듭 확인할 수 있다. 장학구현 중점 사항으로는 총 7항목을 들었는데 그중 첫 번째가 '밝은 제주교육 3운동 추진'으로 여기서 3운동이란 (1)나라 사랑 무궁화 가꾸기, (2)독서 및 발표력 신장 운동, (3)자랑스러운 학교·내 고장 만들기 등을 의미한다(제주도교육청, 1995: 217-18).

이 가운데 제주 정체성 교육과 관련이 깊은 것은 (3)항이다. (3)항의 하위항목을 보면 '가. 탐라학생명(銘)[2]의 생활화 추진,' '나. 자랑스러운 학교 만들기 운동', '다. 자랑스러운 내 고장 만들기'가 있는데 바로 여기서 제주 정체

2 '탐라학생명'의 제정 연도는 1980년이었고, 제주학생명이 아니라 탐라학생명이라고 명명한 까닭은 제주에 비해 탐라라는 호칭의 역사가 깊고 따라서 그 의미 또한 더욱 전통적이기 때문임을 밝히고 있음. 탐라학생명의 구체적 내용은 다음과 같음(제주도교육청, 1995: 219, 246-47).

耽羅學生銘

우리는 바람과 돌과 싸우며 척박한 이 땅을 일구어 온 탐라 선인들의 강인한 개척정신을 오늘에 되살려 진취의 새 기상을 펴는 긍지 높은 제주 학생임을 자부하면서 다음과 같이 행동할 것을 다짐한다.

1. 우리는 모든 일을 스스로 한다(자주·자립)
1. 우리는 부지런하고 참되고 바르게 행한다(근면·성실)
1. 우리는 어떠한 어려움도 반드시 이겨낸다(투지·인내)
1. 우리는 나라와 부모와 이웃을 위하여 모든 사랑을 바친다(애국·효도)

성 교육이 구체화하고 있음을 알 수 있다.

먼저 '탐라학생명'을 제정하고 이를 구현하기 위한 방안으로 '제주 학생 발표토론대회', '탐라학생명 실천 다짐 대회', '간부 학생수련대회', '모범학생 표창' 등을 제시하였다. 그리고 '다'항을 구현하기 위한 방안으로는 '삼무 정신의 전승 교육'을 내걸었고 이를 실행하기 위한 사항으로는 '삼무 정신 전승을 위한 각종 자료의 개발 보급', '각급 학교에 삼무 정신 코너 설치 운영', '현장연구교사제를 활용한 삼무 정신 앙양' 등을 제시하였다(제주도교육청, 1995: 218-19).

'탐라학생명'을 제정하여 이를 학생들에게 내면화하고자 각종 실천적 행사를 개최할 뿐만 아니라 제주정신으로 표상화된 삼무 정신을 교육현장에 수용하여 이를 적극 확산시키려는 여러 가지 시도야말로 본격적인 제주 정체성 교육의 출발점이었다고 할 수 있다.

양 교육감이 재임하던 시기는 사회적 변혁기라 할 수 있을 만큼 많은 변혁이 있었다. 광주민주화운동(1980.05.17), 국보위 교육 정상화 및 과외 과열해소방안발표(1980.07.30), 제5공화국 출범(1981.02.25.), 초·중·고교 학생 교복·두발 자율화(1983) 등의 변혁이 그 사례이다(제주도교육청, 1999: 606). 이처럼 민주화·자율화 바람이 거셌던 사회적 격동기임에도 교육지표 구현을 위한 첫 번째 역점시책으로 '탐라 학생상의 정립'을 내걸고 다양한 제주 정체성 교육을 시도한 것은 매우 주목할 만하다고 여겨진다.

이렇게 출발한 제주이해교육이 제6대(1984~1988) 고봉식 교육감 시기에 와서는 '삼무 정신'이라는 개념이 크게 부각되면서 1984년의 역점시책 네 가지 중 두 번째 항목으로 '삼무 정신의 전승'을 내걸었다. '삼무 정신의 전승'을 구현하기 위한 방안으로는 '제주 미풍양속의 계승발전, 1학교 1덕목 운영 권장, 효·경로 정신의 실천, 삼무 정신 교육자료 개발' 등을 들고 있다

(제주도교육청, 1995: 256-57).

'삼무 정신의 전승'이라는 역점시책이 1985년부터는 '삼무의 얼 전승 발전'으로 바뀌었고 이의 구현 방안으로는 '삼무 정신 덕목의 생활화'를 위해 삼무 정신의 개념을 구체화하여 제시하였으며, 삼무 정신 연구·시범학교운영, 내 고장 소재의 연극으로 구성하는 학예발표회, 삼무 정신 교육자료집 발간 등을 설정하였다(제주도교육청, 1995: 259-70).

당시 삼무 정신의 내면화를 위해 얼마나 큰 관심을 기울였는지는 삼무 정신 교육자료집 발간에서도 확인해볼 수 있다. 1984년 10월, 제주도교육위원회에서 『교육자료: 삼무의 얼』이 발간된 이래 해마다 동일명의 교육자료집이 1988년까지 발간되었고, 교육연구원에서도 1983년 『탐라의 교육 유산』을 시발점으로 1987년까지 꾸준히 삼무 정신 교육자료집을 발행하였다.[3]

제주 정체성 교육이 가장 활성화됐던 시기가 바로 이 시기였던 것으로 여겨진다. 단순히 제주를 이해하는 교육 차원에 머물지 않고 제주정신을 전통적인 삼무 정신으로 개념 규정함과 더불어, 교사 및 학생들에게까지 이의 내면화를 위해 다양한 실천적 교육 활동을 펴고 있기 때문이다.

제7대(1988~1992) 강정은 교육감 시기에 들어오면서 그동안 역점시책의 하나로 강조돼왔던 '삼무 정신' 항목은 사라지고 '도덕성을 높이는 교육의 강화'라는 역점시책의 하위 사항('삼무 정신의 구현')으로 왜소화된다. 그러면서도 삼무 정신을 구현하기 위해 '삼무 정신 주제 설정 학급협의회 운영', '내

---

3 제주도교육위원회에서 발간한 자료집은 다음과 같음. 『교육자료: 삼무의 얼』(1984), 『교육자료Ⅱ: 삼무의 얼』(1985), 『교육자료Ⅲ: 삼무의 얼』(1986), 『교육자료Ⅳ: 삼무의 얼』(1987), 『교육자료Ⅴ: 삼무의 얼』(1988); 제주도교육연구원에서 발간한 자료집은 다음과 같음. 『국민 정신교육 향토자료: 탐라의 교육 유산』(1983), 『옛 제주의 민속·세시풍속·민요』(1984), 『교육자료: 삼무의 얼』(1985), 『삼무 정신 교육자료집』(1986), 『삼무 정신 교육자료집 1987』(1987) 등; 제주도교육청 기관지인 『교육 제주』에 삼무 정신 관련 최초 기사가 실린 것도 1984년이었음(고재환, 1984: 60-65).

고장 바로 알기 교육 추진', '삼무 덕목의 생활화 지도', '내 고장 자랑 말솜씨 및 글짓기 자랑', '삼무 정신 구현 시범학교운영' 등을 내걺으로써 제주 정체성 교육의 명맥을 유지하고자 했다(제주도교육청, 1995: 295-300). 하지만 1991년에 와서는 '도덕성을 높이는 교육'이라는 역점시책은 여전히 유지되면서도 그 하위항목으로 포함되던 '삼무 정신' 관련 언급은 사라졌고, 그 이후 제주 정체성 교육은 점차 퇴색되어 갔던 것으로 판단된다.

위에서 살펴봤다시피 제주 정체성 교육이 가장 활성화됐던 시기는 1980년대였다. 해당 교육감의 의지도 컸지만 당시의 사회적 분위기가 그것을 가능케 했던 것으로 보인다. 1980년대 초반부터 정치적 민주화에 대한 요구와 더불어 교육계에서도 학교운영의 민주화·자율화를 요구하는 목소리가 높았다. 이러한 요구에 따라 1983년부터 고교생 교복 자율화, 두발 자율화가 실시됐으며, 1987년 6·29선언 이후 교육행정, 학교운영, 교원단체 운영 및 학생회 활동 등이 민주화 방향으로 전개되어갔다(김정임, 1992: 40).

1980년대의 장학기조 또한 당시의 사회적 분위기가 반영되었다. 당시의 장학방향은 국민정신교육, 과학기술교육, 평생교육, 그리고 교육의 민주화·자율화, 전문화, 국제화에 역점을 두었다. 특히 장학의 추진방법도 종래 교육행정기관에서 행하는 장학 지도에서 학교 중심의 자율적 장학으로 그 지도 방향이 전환되기 시작하였고, 장학 지도방식도 종전의 지시·지도에서 상담·협의하는 형태로 변모하기 시작하였다(제주도교육청, 1995: 369). 이러한 사회적·교육적 분위기에 힘입어 1970년대 내내 강제됐던 '국민교육헌장'이라는 국가 통제적 목표 구현에서 벗어나 지역 정체성을 살리는 교육이 가능했던 것으로 판단된다.

2) 제주이해교육의 현재

한동안 잊혔던 제주 정체성 교육이 새로운 모습으로 부활한 것은 2019년에 와서였다. 2019년 2월 26일 이석문 교육감은 새 학년 맞이 기자회견에서 "제주 정체성 교육을 통한 제주 교육자치의 원년을 만들어나가겠다."라고 밝혔다. 이 교육감은 "제주에서 교육자치를 본격 시작한 지 10여 년이 흘렀고, 그동안의 결실을 안고 새로운 10년을 향한 진전된 발걸음을 해야 한다."라며 "교육 자치가 이뤄낼 궁극적인 제주교육의 모습은 '제주 정체성 교육'이라고" 피력하였던 것이다(제주의 소리, 2019. 2. 26).

이 교육감의 이러한 피력은 지방 교육자치는 제주에서 제일 먼저 시작되었지만[4] 그동안 이렇다 할 지방 교육자치를 위한 주도적인 정책의 미비에 대한 반성에서 비롯된 것이 아닌가 여겨진다. 지방 교육자치를 구현하려면 교육부의 지침만을 기다릴 게 아니라 제주도교육청이 주도적으로 전문적인 정책의 구비를 통하여 어떠한 변화를 끌어내야 한다. 하지만 2006년 지방 교육자치제가 실시된 이래 10여 년이 흘렀음에도 자치 분권화에 부응하는 제주교육만의 특색 있는 로드맵은 거의 찾아볼 수 없었다. 늦었지만 다행스러운 것은 이 교육감이 민선 4기를 맞아 의식적으로 교육시책 다섯 가지 중 세 번째 항목으로 '교육자치의 실현'을 내걸었고 이를 실현하기 위한 방안으로 '학교 자치문화 조성'과 '제주 정체성 교육' 등을 제시한 점이다.[5]

---

4 지방 교육자치제는 이 제도의 핵심 쟁점이었던 '교육위원 및 교육감 주민직선제 도입'과 '지방자치와 교육자치의 통합' 방안이 2006년 2월 26일 '제주특별자치도 설치 및 국제자유도시 조성을 위한 특별법'이 제정되면서 제주도에 처음 도입되었음(고전, 2007: 197).

5 '교육자치의 실현'이라는 교육시책의 배경 설명에는 "교육공동체가 교육과정, 인사, 재정 등 교육 활동에 자율성과 책무성을 가지고 참여함으로써 교육자치와 학교 혁신이 살아있는 교육현장을 만듦. 제주 정체성 교육으로 제주인으로서 자긍심을 기르고, 소통과 협력의 교육공동체 운영으로 민주적 학교문화를 확산한다."라고 기술되어 있음(제주도교육청 홈페이지, 2021. 3. 22 검색).

2019년부터 제주 정체성 교육의 현장 적용을 위해 제주도교육청은 나름대로 치밀한 준비를 해왔던 것으로 보인다. 먼저 가장 크게 주목할 만한 점은 제주이해교육과정 수립을 위한 전문가 용역이라 할 수 있다. 용역은 두 차례에 걸쳐 이루어졌는데, 제1차(2017. 9~2018. 2) 용역 결과물로는 『제주 정체성과 교육영역 개발』을, 제2차(2018. 8~2018. 12) 용역 결과물로는 『제주이해교육과정과 교육영역별 교수·학습자료 개발』이라는 보고서를 산출하였다. 바로 이 결과물들을 토대로 이 교육감은 기자회견을 통해 제주 정체성 교육을 천명하였고, 이어서 제주이해교육과정 현장 적용을 위한 관련 부서 업무 담당자 회의 개최(2019. 3. 18), 제주이해교육과정 이해·적용을 위한 워크숍(2019. 4. 26) 등을 통해 제주이해교육과정의 현장 적용을 위한 노력에 박차를 가하였다(이봉화, 2019: 17).

이와 더불어 제주도교육청 홈페이지에 '제주이해교육'이라는 상위메뉴를 구축하여 '제주이해교육과정'은 물론 '제주어 교육', '해녀 교육', '4·3 평화 인권교육', '제주 생태환경교육' 등의 하위메뉴를 개설하였다. 또한 초·중·고교 교육과정 편성·운영지침에 제주이해교육을 반영하였고, 학교별 여건에 맞는 제주이해교육과정을 운영할 수 있도록 350만 원에서 500만 원의 경비를 지원(2020년)하기도 했다. 무엇보다 제주이해교육의 현장 적용이 원활하려면 교사들의 관심이 중요하기에 교원연수 시 제주이해교육을 필수 과정으로 포함하였고, 탐라교육원에서는 코로나 위기 시대에 대비하고자 제주 관련 원격 콘텐츠를 마련하여 상시 원격 연수 시스템을 구축해놓았다(제주도교육청 민주시민교육과, 2021).

이러한 제주도교육청의 적극적 노력에 힘입어 현재 제주이해교육은 형식적, 제도적으로는 나름의 체계를 갖추었다고 볼 수 있다. 하지만 이러한 시도들이 제주이해교육과정을 학교현장에 어느 정도 안착시키고 있으며, 그 결과가 어떤지에 대해서는 아직 알 수 없는 상황이다.

3. 제주이해교육의 현황 진단

1) 제주이해교육과정의 인지도

(1) 제주이해교육과정에 대한 인지 여부

제주이해교육과정에 관하여 알고 있는지를 묻는 설문조사 결과는 〈표 1〉과 같다. 〈표 1〉에서 보다시피 '전혀 모르거나 잘 모른다'라는 응답자가 124명(59.3%)인 반면, '매우 잘 알거나 알고 있다'라는 응답자는 85명(40.7%)이었다. 이를 변인별로 교차 분석한 결과 소속학교 유형(x^2=3.980, p=0.264), 소속학교 규모(x^2=8.871, p=0.181), 소속과목 계열(x^2=9.769, p=0.369)에 따른 유의한 차이는 보이지 않았다.

〈표 1〉 제주이해교육과정에 대한 인지 여부(단위: 명, %)

		전혀 모른다	잘 모른다	알고 있다	매우 잘 알고 있다	전체	x^2(p)
전체		24(11.5)	100(47.8)	67(32.1)	18(8.6)	209(100)	
소속학교 유형	일반 학교	23(12.3)	88(47.1)	56(31.0)	18(9.6)	187(100)	3.980 (0.264)
	혁신학교	1(4.5)	12(54.5)	9(40.9)	0(0)	22(100)	
소속학교 규모	전 학년 6학급 이하	1(7.7)	6(46.2)	3(23.1)	3(23.1)	13(100)	8.871 (0.181)
	7~10학급	3(6.5)	23(50.0)	19(41.3)	1(2.2)	46(100)	
	11학급 이상	20(13.3)	71(47.3)	45(30.0)	14(9.3)	150(100)	
소속과목 계열	어문계열 (국어, 외국어)	7(10.6)	27(40.9)	28(42.4)	4(6.1)	66(100)	9.769 (0.369)

		전혀 모른다	잘 모른다	알고 있다	매우 잘 알고 있다	전체	$x^2(p)$
소속과목 계열	사회계열 (사회, 지리, 역사, 도덕)	5(12.8)	16(41.0)	13(33.3)	5(12.8)	39(100)	9.769 (0.369)
	예체능계열 (미술, 음악, 체육)	5(16.7)	17(56.7)	7(23.3)	1(3.3)	30(100)	
	자연계열 (수학, 과학, 컴퓨터, 기술가정)	7(9.5)	40(54.1)	19(25.7)	8(10.8)	74(100)	

제주도교육청이 많은 노력과 준비를 거쳐 제주이해교육과정을 구성하고 학교현장에서의 적용을 독려해왔으나 아직도 제주이해교육과정에 대해 '전혀 모르거나 잘 모른다'라는 반응이 59.3%나 나온 것은 유념할 만하다. 일반 학교와 혁신학교의 인지도 차이는 없는 것으로 나타났다. 통계상으로는 유의하지 않다고 해도 학교 규모와 과목 계열 면에서의 차이는 주목할 만해 보인다. 학교 규모 면에서는 소규모 학교일수록 인지도가 높았고, 소속과목 계열의 인지도는 어문계열, 사회계열, 자연계열, 예체능계열 순으로 높았다.

(2) 제주이해교육과정 인지도 저하의 원인

"제주이해교육과정에 관해 잘 모르고 있다면 그 이유가 무엇이라고 보는가?" 하는 질문에 응답한 결과는 〈표 2〉와 같다. 〈표 2〉에서 보다시피 '홍보 미흡'(46.8%)을 가장 큰 원인으로 지목하고 있고, 그다음으로 '자신의 교과목 이외의 교육에 관심을 가질 만한 시간 부족'(34.7%), '연수 부족'(12.9%) 등의 순으로 답하였다.

〈표 2〉 제주이해교육과정에 대한 인지도가 낮은 이유(단위: 명, %)

홍보 미흡	연수 부족	학교 교육과정에의 편입 결여	자신의 교과목 이외의 교육에 관심을 가질 만한 시간 부족	기타	전체
58(46.8)	16(12.9)	4(3.2)	43(34.7)	3(2.4)	124(100)

위 결과는 제주도교육청이 앞으로도 현장 교사들로 하여금 제주이해교육과정이 왜 필요한지, 왜 이를 학교 교육에 반영해야 하는지, 그 필요성과 정당성에 대해 지속적으로 설득해나갈 필요가 있음을 말해주는 증거로 여겨진다.

(3) 제주이해교육과정에 대한 인지 경로

"제주이해교육과정에 관하여 알고 있다면 어떤 경로를 거쳐 알게 되었는가?" 하는 설문에 응답한 결과는 〈표 3〉과 같다. 〈표 3〉에서 보다시피 '교육과정 편성 운영지침'(40.0%)을 1순위로 꼽았고, 이어서 '제주이해교육과정 자료집 문서'(21.2%)와 '동료 교사'(21.2%)는 공동 2순위로 나타났으며, 제주도교육청 홈페이지 탑재자료는 4순위(3.8%)였다.

〈표 3〉 제주이해교육과정에 대한 인지 경로(단위: 명, %)

제주이해교육과정 자료집 문서	도 교육청 홈페이지 탑재자료	교육과정 편성 운영지침	동료 교사	기타	전체
18(21.2)	8(9.4)	34(40.0)	18(21.2)	7(8.2)	85(100)

제주이해교육과정을 위해 제주도교육청이 그동안 가장 많이 공들여온 것이 '제주이해교육과정 자료집 문서' 및 '홈페이지 탑재자료'라 할 수 있다. 하지만 교사들이 제주이해교육과정에 관해 알게 된 경로는 이와 다른 항목을 선택하고 있고, 이는 그만큼 제주이해교육과정에 대한 홍보가 더욱 강화될

필요성이 있음을 말해주는 결과로 여겨진다.

2) 제주이해교육과정의 수업 적용 관련 경험

(1) 제주이해교육과정 교수학습자료의 수업 시간 적용 경험의 유무

제주이해교육과정에 관해 알고 있다는 교사들(85명)을 상대로 "제주이해교육과정 교수학습자료를 수업 시간에 적용해본 적이 있는가?" 하는 질문을 했고 이에 대해 응답한 결과는 〈표 4〉와 같다. 〈표 4〉에서 보다시피 '있다'에 응답한 자가 35명(41.2%)인 반면, '없다'에 응답한 자는 50명(58.8%)이었다. 이를 변인별로 교차 분석한 결과 소속학교 유형(x^2=0.044, p=0.833), 소속학교 규모(x^2=1.931, p=0.381), 소속과목 계열(x^2=7.183, p=0.066)에 따른 유의한 차이는 나타나지 않았다.

〈표 4〉 제주이해교육과정 교수학습자료의 수업 적용 경험(단위: 명, %)

		있다	없다	전체	x^2(p)
전체		35(41.2)	50(58.8)	85(100)	
소속학교 유형	일반 학교	31(40.8)	45(59.2)	76(100)	0.044 (0.833)
	혁신학교	4(44.4)	5(55.6)	9(100)	
소속학교 규모	전 학년 6학급 이하	4(66.7)	2(33.3)	6(100)	1.931 (0.381)
	7~10학급	7(35.0)	13(65.0)	20(100)	
	11학급 이상	24(40.7)	35(59.3)	59(100)	
소속과목 계열	어문계열 (국어, 외국어)	13(40.6)	19(59.4)	32(100)	7.183 (0.066)
	사회계열 (사회, 지리, 역사, 도덕)	12(66.7)	6(33.3)	18(100)	
	예체능계열 (미술, 음악, 체육)	2(25.0)	6(75.0)	8(100)	
	자연계열 (수학, 과학, 컴퓨터, 기가)	8(29.6)	19(70.4)	27(100)	

제주이해교육과정에 관해 알고 있다고 응답한 교사들 중에서도 이를 수업 시간에 직접 적용해본 경험이 있는 경우는 41.2%에 머물고 있다. 문서 형태의 제주이해교육과정 교수학습자료는 물론 홈페이지 탑재자료 또한 마련되어 있음에도 수업 적용도가 낮다는 결과에 주목할 필요가 있어 보인다. 일반 학교와 혁신학교 간 수업 적용 경험도 차이는 거의 없었다. 통계적 유의성은 없다고 하지만 학교 규모와 과목 계열 면에서의 차이는 주목할 만해 보인다. 학교 규모 면에선 '전 학년 6학급 이하'의 수업 적용 경험도가 가장 높았고, 소속과목 계열 면에선 사회계열이 제일 높았으며, 이어서 어문계열, 자연계열의 수업, 예체능계열 순이었다.

(2) 제주이해교육과정 교수학습자료의 수업 적용 빈도

"제주이해교육과정 교수학습자료를 수업에 적용해보았다면 그 빈도는 어느 정도였는가?" 하는 설문에 반응한 결과는 〈표 5〉와 같다. 〈표 5〉에서 보다시피 '학기당 1~2시간'(60.0%)에 가장 많은 반응을 보였고, 이어서 '학기당 3~5시간'(22.9%), '학년도당 1~2시간/3~5시간'(각 5.7%) 순으로 응답하였다.

〈표 5〉 제주이해교육과정 교수학습자료의 수업 적용 빈도(단위: 명, %)

학기당 1~2시간	학기당 3~5시간	학년도당 1~2시간	학년도당 3~5시간	기타	전체
21(60.0)	8(22.9)	2(5.7)	2(5.7)	2(5.7)	35(100)

제주이해교육과정 교수학습자료를 수업 시간에 적용해본 빈도가 '학기당 1~2시간'이 제일 많다는 것은 제주이해교육의 비중이 그만큼 과소평가되고 있음을 말해준다. 제주이해교육과정의 성패는 학교현장에서 이를 수업에 얼

마나 반영해나가느냐에 달린 만큼 수업 적용 빈도를 제고할 수 있는 방안이 강구돼야 할 것으로 판단된다.

(3) 제주이해교육과정 교수학습자료의 적용 시간 구분

"제주이해교육과정 교수학습자료를 수업에 활용해봤다면 어느 시간에 적용했는가?" 하는 질문에 응답한 결과는 〈표 6〉과 같다. 〈표 6〉에서 보다시피 가장 많은 수의 답변은 '자신의 교과수업시간'(68.6%)이었고, 그다음에는 '창의적 체험 활동 시간'(17.1%)이었다.

〈표 6〉 제주이해교육과정 교수학습자료를 적용해본 수업 시간(단위: 명, %)

자신의 교과수업 시간	창의적 체험 활동 시간	자유학기제와 연계한 시간	교과융합형 프로젝트 수업 시간	기타	전체
24(68.6)	6(17.1)	2(5.7)	2(5.7)	2(5.7)	35(100)

제주이해교육과정 교수학습자료를 가장 많이 적용할 수 있는 시간이 자신의 교과목 수업 시간인 것은 제주이해교육을 위한 별도의 시간이 없기 때문일 것이다. 하지만 이는 한계가 있다. 모든 교과목 수업은 일정한 교육과정의 틀 내에서 운용되고 있고 따라서 다른 영역의 수업 내용을 자신의 교과목 수업에 끌어들이는 것은 교육과정을 왜곡할 수도 있기 때문이다. 제주이해교육과정 교수학습자료의 수업 적용 빈도가 낮은 이유 또한 이와 무관하지 않을 것으로 간주된다.

(4) 제주이해교육과정 교수학습자료의 확보 경로

"제주이해교육과정 교수학습자료는 어떤 경로를 거쳐 구했는가?" 하는 질문에 응답한 결과는 〈표 7〉과 같다. 〈표 7〉에서 보다시피 '제주도교육청 홈페이지 탑재자료'와 '자신이 개인적으로 준비한 자료'가 각각 11명(31.4%)으로 공동 1순위로 나타났고, 이어서 '학교에 비치된 자료' 4명(11.4%), '들엄시민 제주어 애니메이션 유튜브 자료' 3명(8.6%) 순으로 제시되었다.

〈표 7〉 제주이해교육과정 교수학습자료를 구하게 된 경로(단위: 명, %)

학교에 비치된 자료	도 교육청 홈페이지 탑재자료	자신이 개인적으로 준비한 자료	동료 교사로부터 확보한 자료	들엄시민 제주어 애니메이션 유튜브 자료	기타	전체
4(11.4)	11(31.4)	11(31.4)	2(5.7)	3(8.6)	4(11.4)	35(100)

위 결과에서 주목할 만한 것은 제주이해교육과정을 수업에 적용하는 데 교사 '자신이 개인적으로 준비한 자료'를 활용하고 있다는 반응이 높은 점이다. 그리고 제주도교육청 홈페이지 탑재자료도 많이 활용되고 있는 점은 고무적인 일로 여겨진다.

(5) 제주이해교육과정 교수학습자료의 수업 적용상의 난점

"제주이해교육과정 교수학습자료를 수업에 적용할 시 어려운 점은 무엇이었는가?" 하는 설문에 반응한 결과는 〈표 8〉과 같다. 〈표 8〉에서 보다시피 가장 많은 대답은 '학습자 수준에 적합한 교수학습자료가 부족한 점'(42.8%)으로 나타났고, 그다음에는 '제주이해교육을 적용할 만한 적절한 시간이 없는 점'(34.3%), '제주이해교육을 기존 교육과정에 편입하기 힘든 점'(14.3%) 순으로 나타났다.

〈표 8〉 제주이해교육과정 교수학습자료의 수업 적용상의 난점(단위: 명, %)

제주이해교육을 적용할 만한 적절한 시간이 없는 점	온라인학습을 위한 동영상 자료가 부족한 점	학습자 수준에 적합한 교수학습자료가 부족한 점	제주이해교육을 기존 교육과정에 편입하기가 힘든 점	기타	전체
12(34.3)	2(5.7)	15(42.8)	5(14.3)	1(2.8)	35(100)

제주도교육청이 용역사업 결과물로 산출된 제주이해교육과정 교수학습자료를 일선 학교에 배포함은 물론 홈페이지에 탑재했음에도 이것이 학교현장에서 직접 활용되는 데는 한계가 있는 것으로 보인다. 이러한 한계를 보완함은 물론 교사들의 의견을 수렴하여 학교현장에서 널리 활용될 수 있는 교수학습자료의 개발·보급이 필요하다고 여겨진다. 이와 더불어 제주이해교육을 적용할 만한 적절한 시간 확충에 대한 고민도 필요해 보인다.

3) 제주이해교육과정의 수업 적용 결과

(1) 제주이해교육과정 교수학습자료의 수업 적용 성과

"제주이해교육과정 교수학습자료를 수업에 적용해본 결과 그 성과는 어떠했는가?" 하는 질문에 답변한 결과는 〈표 9〉와 같다. 〈표 9〉에서 보다시피 가장 많은 응답은 '학생들의 관심도 및 효과가 좋은 편'(54.3%)이었고, 그다음 순위는 '관심도 및 효과가 낮은 편'(25.7%)이었다.

〈표 9〉 제주이해교육과정 교수학습자료의 수업 적용 성과(단위: 명, %)

학생들의 관심도 및 효과가 매우 낮았다	학생들의 관심도 및 효과가 낮은 편이었다	학생들의 관심도 및 효과가 좋은 편이었다	학생들의 관심도 및 효과가 매우 높았다	기타	전체
3(8.6)	9(25.7)	19(54.3)	3(8.6)	1(2.8)	35(100)

위 결과는 긍정적으로 읽힌다. 학생들의 관심도 및 효과가 '좋은 편'에 응답한 수가 19명(54.3%)으로 '낮은 편'에 응답한 9명(25.7%)에 비해 2배 이상 많은 결과를 보이기 때문이다. 이는 제주이해교육과정을 학교현장에 어떻게 적용할 것인지에 대한 방향 모색에 중요한 단서를 제공해줄 것으로 여겨진다. 현재 제주이해교육과정의 인지도 및 현장 적용수준은 낮은 편이라 할 수 있다. 이러한 상황을 타개해나가는 데 제주이해교육의 '성과가 좋은 편'이라고 응답한 사례들을 성공 사례로 발굴하여 널리 홍보하는 것도 한 방법일 수 있을 것이다.

'제주특별자치도교육청 제주이해교육 활성화 조례' 제12조는 "도 교육감은 제주이해교육 활성화를 위하여 공적이 탁월한 기관 및 단체나 개인 등에 대하여 「제주특별자치도 교육·학예에 관한 표창 조례」에 따라 표창할 수 있다."라고 규정되어 있다. 이에 근거하여 제주이해교육에 특별한 관심을 기울여 좋은 성과를 낸 현장의 사례들을 발굴하여 상찬해나간다면 제주이해교육의 활성화에 일정 부분 기여할 수 있을 것으로 보인다.

(2) 제주이해교육과정의 현장 활용도 제고 방안

"제주이해교육과정이 학교현장에 제대로 적용되려면 어떤 방안이 필요하다고 보는가?" 하는 질문에 응답한 결과는 〈표 10〉과 같다. 〈표 10〉에서 보다시피 가장 많은 수의 응답은 '제주이해교육과정을 적용할 수 있는 학교 교육과정 개편'(27.0%)을 택하였고, 그다음 순으로는 '현장체험 기반 제주이해교육을 위한 행·재정적 지원 강화'(24.2%), '언제, 어디서든 활용 가능한 온라인 교수학습자료 개발·보급'(23.6%), '학습자들의 흥미를 유발할 수 있는 학습만화의 개발·보급'(12.4%)을 선택하였다.

〈표 10〉 제주이해교육과정의 학교현장에서의 활용도 제고 방안(단위: 명, %)

제주이해교육 과정을 적용할 수 있는 학교 교육과정 개편	각급 학교에 제주이해교육 과정 전담 업무 배정	언제, 어디서든 활용 가능한 온라인 교수학습자료의 개발·보급	학습자들의 흥미를 유발할 수 있는 학습 만화의 개발·보급	현장체험 기반 제주이해 교육을 위한 행·재정적 지원 강화	기타(자유답변)	전체
87(27.0)	34(10.6)	76(23.6)	40(12.4)	78(24.2)	7(2.2)	322(100)

위 결과는 제주이해교육과정을 학교현장에 널리 파급시켜 나가는 데 중요한 방향을 제공해주는 것으로 판단된다. 제주이해교육은 현재 정규교과과정에 포함되어 있지 않기에 이를 실행하고 싶어도 마땅한 시간을 찾기가 어려운 상황에 있다. 따라서 이러한 문제를 개선하려면 교육과정 개편을 통하여 제주이해교육을 정규교과과정 안으로 포섭하는 것이 중요해 보인다. 그리고 제주이해교육은 단순히 이론적 수업만으로는 한계가 있기에 현장체험교육을 위한 행·재정적 지원도 강화할 필요가 있다. 언제, 어디서든 활용 가능한 온라인 교수학습자료에 대한 수요도 높으므로 학년별 수준에 적합하면서 어느 특정 과목에 기울지 않고 범교과 차원에서 활용할 수 있는 다양한 온라인 콘텐츠 개발 또한 서둘러나가야 할 것으로 판단된다.

4. 제주 미래 교육을 위한 방향

1) 요약

본 장의 연구는 제주이해교육과정의 현장 적용 실태를 분석하고 미래지향적 발전방안을 모색하기 위하여 시도되었다. 이를 위해 제주도 내 중학교 교사를 상대로 설문조사를 실시하였으며 설문에 응한 209명을 분석대상으로 활용하였다.

먼저 제주이해교육과정의 인지 여부에 대해서는 '잘 모른다'라는 반응이 '알고 있다'라는 반응보다 높았으며, 잘 모르는 대표적 이유로는 '홍보 미흡'과 '자신의 교과목 이외의 교육에 관심을 둘 만한 시간 부족'을 꼽았다.

반면에 '알고 있다'라고 응답한 대상을 상대로는 제주이해교육과정의 수업 적용 경험과 관련하여 몇 가지 추가 질문을 하였다. 먼저 수업 적용 경험의 유무에 대해서는 '적용해 본 적이 없다'라는 반응이 '있다'라는 반응보다 높았다. 이어서 '있다'라고 응답한 대상들의 수업 적용 빈도는 '학기당 1~2시간'이 가장 높았으며, 제주이해교육과정을 적용한 시간은 자신의 교과수업시간이 가장 많았다.

제주이해교육 교수학습자료는 '제주도교육청 홈페이지 자료'라든지 '자신이 개인적으로 준비한 자료'를 가장 많이 활용하는 것으로 나타났다. 제주이해교육과정을 수업에 적용할 시 가장 힘든 요인은 '학습자 수준에 적합한 교수학습자료가 부족한 점'이었고, 수업 적용 성과로는 '학생들의 관심도 및 효과가 높았다'라는 반응이 가장 높았다.

제주이해교육과정의 학교현장에서의 활용도 제고 방안에 대해서는 '제주이해교육과정을 적용할 수 있는 학교 교육과정 개편', '현장체험 기반 제주이해교육을 위한 행·재정적 지원 강화', '언제, 어디서든 활용 가능한 온라인 교수학습자료 개발', '학습자들의 흥미를 유발할 수 있는 학습만화의 개발' 순으로 응답하였다.

이상의 실태분석 결과는 제주이해교육과정이 처한 현실뿐만 아니라 이에 대한 개선방안 또한 필요함을 말해주고 있다. 향후 제주이해교육과정이 보완하고 개선해 나가야 할 부분에 대해서는 다음 절에서 언급하고자 한다.

2) 미래 발전방안

제주이해교육과정의 현장 적용 실태분석을 토대로 할 때 제주이해교육과정은 장차 다음과 같은 사항을 개선하고 보완해나가야 할 것으로 여겨진다.

첫째는 제주이해교육과정에 관한 적극적 홍보가 필요하다는 점이다. 제주이해교육과정에 관해 '잘 모른다'라는 반응이 59.3%나 되었고, 인지도가 이처럼 낮은 이유로는 '홍보 미흡'이 1순위로 지목되고 있었다. 제주이해교육의 내실화를 위해선 제일 먼저 주목해야 할 부분이 바로 이 점이라 여겨진다. 제주이해교육의 꽃을 피우고 결실을 거둘 수 있는 곳은 바로 학교현장이기에 현장 교사들의 제주이해교육에 대한 충분한 인지와 이해는 절대적 전제조건이라 할 수 있다. 현장 교사들로 하여금 제주이해교육이 왜 필요하며, 왜 중요한지에 관해 충분히 자각할 수 있도록 직무연수를 비롯한 여러 가지 대안이 조속히 강구되어야 할 것으로 판단된다. 특히 제주이해교육이 단위학교에서 활성화되려면 학교 관리자의 이해도와 지원이 관건인 만큼 교장·교감 자격 연수 시 제주이해교육을 의무화하는 방안도 고려할 수 있다.

둘째는 학습자 수준에 적합한 교수학습자료 개발·보급을 서둘러야 한다는 점이다. 제주이해교육과정을 수업에 적용할 시 가장 힘든 요인으로 교사들은 '학습자 수준에 맞는 교수학습자료가 부족한 점'을 들었기 때문이다. 이와 관련해선 두 가지를 제안하고자 한다. 하나는 언제, 어디서든, 어떤 교과든 편리하게 활용할 수 있는 온라인 '프로그램 콘텐츠'(programmed contents)를 개발·보급하자는 것이다.

'프로그램 콘텐츠'란 단순한 온라인 교수학습자료가 아니라 교육현장에서의 활용도를 높이기 위해 체계적으로 정비해놓은 콘텐츠를 의미한다. 가령 제주 정체성 함양 자료를 단순히 자료명만 달고 제시하는 것은 '콘텐츠

무더기'일 뿐이며, 이 또한 가치가 없는 것은 아니나 교육에서의 활용도는 매우 낮다. 반면에 개발된 자료를 자료별로 안내문을 달고 교과, 학년, 용도 등에 따라 선택할 수 있도록 체계화하면 활용도가 훨씬 높아질 수 있다(이범, 2021: 34).

다른 하나의 제안은 온라인 프로그램 콘텐츠를 유튜브에 탑재하는 것이다. 한 조사에 따르면 우리나라 10대인 초중고 학생들에게 가장 인기 있는 앱 사이트는 카톡이 아니라 유튜브임이 밝혀졌다. 다른 연령대는 카톡 선호도가 제일 높았으나 10대들이 가장 선호하는 웹사이트는 유튜브가 38%로 가장 높고 카카오톡은 24%로 그다음이었다. 거의 매일 이용하는 웹사이트도 다른 연령대는 전부 카톡을 가장 높은 비율로 꼽은 반면, 10대만은 82%의 비율로 유튜브를 지목하였다. 10대에게는 유튜브가 없어서는 안 될 앱임이 밝혀진 것이다(국민 앱 '카카오톡' 10대에겐 '아재 앱'?, 2019. 10. 15). 이는 앞으로의 온라인 교육이 유튜브를 중요한 교육적 수단으로 활용해야 함을 시사하고 있는 것으로 판단된다. 온라인 프로그램 콘텐츠 역시 유튜브에 탑재하여 활용한다면 교육적 효과가 높을 것으로 추론된다.

셋째는 학교 교육과정의 개편이 필요하다는 점이다. 실태분석 결과 교사들은 제주이해교육의 내실화 방안으로 학교 교육과정 개편이 가장 긴급한 과제라고 여기고 있었다. 교육과정 개편을 통해 제주이해교육이 교육과정의 일부로 편입되었을 때 안정적 교육이 가능하다는 입장이다. 이에 대해선 몇 가지 대안이 있을 수 있다. 하나는 학교 단위의 교육과정 속에 제주이해교육을 직접 반영해나가는 것이다. 구체적 방안으로는 자유학기(년)제 운영 프로그램을 활용하는 것을 들 수 있다. 자유학기(년)제는 네 가지 활동 영역, 곧 주제선택 활동, 예술·체육활동, 진로 탐색 활동, 동아리 활동을 두 학기에 걸쳐 고루 수업하도록 하고 있다. 제주이해교육은 네 영역 중 주제선택 활동에 반영한다면 나름대로 내실화를 도모할 수 있을 것으로 여겨진다.

하지만 자유학기(년)제는 1학년에만 적용되기에 그 외 학년에는 다른 방안이 요구된다. 중1 이외의 학년의 경우는 교사들의 자발성과 협력을 바탕으로 '주제통합 프로젝트수업'을 운용할 수 있도록 교육과정을 재구성하는 방안을 제안하고 싶다. 제주이해교육을 주제통합 프로젝트수업으로 진행할 수 있도록 관련 교과 교사들이 자발적으로 교육과정을 재구성하는 것이다. 그리고 주제통합 수업은 교과를 어떻게 배열할 것인가의 관점이 아니라 학생들이 미래의 삶에서 요구되는 핵심 역량에 초점을 두고 접근해야 한다. 하지만 이 수업의 절차는 그리 단순하지가 않다. '프로젝트 준비-주제 설정 및 학습계획서 작성-활동계획-탐구 및 표현-마무리-프로젝트 평가'와 같은 체계적 절차를 거쳐야 하기에 학년 초 학년별·교과별 협의회 등의 여러 과정을 밟아야 한다(장인혜, 2017).

이처럼 복잡한 절차와 과정을 매 학년도마다 거치면서 수행하기는 무리일 것이다. 따라서 대안은 이미 이와 같은 방식의 수업을 하는 선행사례들을 발굴하여 사례집을 만들어 보급하는 일이다. 사례집을 참고로 교육과정을 재구성하는 것이 훨씬 더 효율적일 수 있기 때문이다.

하지만 제주이해교육과정과 교수 자료의 개발은 시·도교육청의 사례집 보급만으로는 충분하지 않다. 교육과정의 재창조자인 교사들이 이미 개발하여 실제로 수업에서 적용해본 교수 자료들을 공유할 수 있는 온라인 자료 공유 플랫폼 구축 또한 필요하다는 의미이다. 휴대폰을 통해 손안에서 온 세계를 만나고 있는 시대에 교사지원을 위한 자료 공유 플랫폼은 오프라인 방식과 병행하여 온라인으로도 이동할 필요가 있다. 안정적인 서버 구축과 교사 친화적 설계, 학생들이 매력을 느낄 수 있을 정도의 시각적 자료를 정선하여 제공해야 함은 기본 조건이다. 더불어 교사들이 손쉽게 자료를 검색하여 교실에서 바로 활용할 수 있도록 교과별, 학년별, 주제별, 단위학교별로 자료를 정선하여 배치한다면 더욱 유용할 것이다.

넷째는 행·재정적 지원 강화이다. 실태조사에서 교사들은 제주이해교육의 현장 적용을 위해 요청되는 방안 중의 하나로 '현장체험 기반 제주이해교육을 위한 행·재정적 지원 강화'를 들고 있었다. 제주이해교육은 궁극적으로 제주인으로서의 자긍심 함양에 그 목적이 있다. 이를 고려할 때 제주이해교육이 이론적으로 가르치고 배우는 차원에 머물러선 안 된다. 현장 체험 학습이 수반될 때 제주이해교육은 그 목적을 좀 더 원활히 달성할 수 있기에 이를 위한 행·재정적 지원을 지속적으로 강화해나갈 필요가 있다.

다섯째는 세계시민으로서의 다중적 정체성, 곧 세계 시민성 교육을 함께 병행해 나가야 한다는 점이다. 글로벌 시대를 사는 현대사회의 시민은 지역민, 국민, 세계시민으로서의 정체성이 요구되며 이러한 정체성이 조화와 균형을 이룰 수 있도록 하는 것도 이 시대 교육의 한 과제이다.

그동안 많은 경우 지역 정체성 교육은 이항 대립적 구도에 토대를 두어왔다. '우리'와 '그들'은 서로 다른 믿음과 문화를 가진 이질적 집단으로 정의되고, '우리'는 긍정적 속성을 지닌 집단으로 동일화되는 반면 '그들'은 부정적 속성을 가진 집단으로 타자화되는 경향이 있었다는 것이다(홍원표, 2011: 2). 현재의 제주이해교육 또한 그러한 측면에서 자유롭지가 않다. 제주이해교육과정이 세계 시민성 교육을 배제하는 것은 아니지만 실상은 제주 역사, 문화, 언어 등의 비중이 훨씬 높은 것이 사실이다.

하지만 글로벌·다문화적 변화가 급속히 진행되면서 차이와 대립에 토대를 두어왔던 이제까지의 정체성 교육은 새로운 전기를 맞고 있다. 우리 사회의 문화적 다양성이 증가하면서 '우리'와 '그들'을 나누던 전통적 경계들이 모호해지고 있기 때문이다. 지금까지의 정체성 교육이 단일민족·단일문화를 강조함으로써 집단적 단결과 일체감을 고양해왔다면 이제는 글로벌·다문화 시대에 적합한 새로운 정체성 교육의 방향을 탐색하고, 이를 위한 교육 내용과 방법을 구체화할 필요성이 커지고 있는 상황이다.

제2장

이 인 회

제주 다혼디배움학교의 미래지향적 패러다임 모색*

1. 들머리

우리나라 혁신학교는 '작은 학교 살리기 운동'과 '교육의 본질 찾기'를 위한 학교 개별 단위에서 출발하여 시도교육청의 정책으로 추진됨으로써 교육청 간에 확산하였고, 중앙정부의 핵심정책 가운데 하나로 발전해왔다(김성천, 2018; 추창훈, 박세훈, 2020). 경기도교육청에서 13개로 시작된 혁신학교는 2021년 현재 전국 17개 시·도의 2,165개 학교로 확장되었다(교육부, 2021). 이는 12여 년 만에 170배 가까이 증가한 것이며, 우리나라 전체 학교 수의 약 20%에 해당한다. 또한 혁신학교를 출발점으로 '혁신 교육지구'와 '마을 교육공

* 이 글은 '이인회, 현길아(2021). 제주형 혁신학교의 미래지향적 교육패러다임 모색. 교육과학연구, 23(2), 1-38.'의 내용을 일부 수정·보완한 것임.

동체'라는 개념이 탄생하였고, 혁신학교는 학교의 담장을 벗어나 마을, 지역사회와 함께 교육의 혁신을 이루어 나가고 있다(서용선, 2018).

혁신학교에 대한 평가는 '찻잔 속의 태풍'이라고 보는 소극적 또는 부정적인 시각에서부터 근대 교육의 패러다임을 전환한 '교육혁명'으로 바라보는 적극적 관점까지 다양하다(이혁규, 2015). 그러나 혁신학교가 우리나라의 교육과 학교, 그리고 교육정책과 관련하여 새로운 지평을 열었다는 것은 분명하다. 한편, 교육부와 시도교육청에서의 정책화 및 전국적인 양적 확산의 과정에서, 혁신학교는 여러 가지 쟁점들을 헤쳐 나가면서 일반 학교와의 관계를 정립하고 질적으로 심화해야 할 문제에 직면하고 있다. 나아가 혁신학교는 그동안 형성되고 고착된 인식과 이미지에서 벗어나 미래사회의 변화를 담아낼 포스트 혁신학교 모델의 제시를 요구받고 있기도 하다(박수정, 박정우, 2020).

특히 급속한 지능 정보화 시대의 도래와 코로나 19의 창궐, 학령인구의 감소에 따른 사회 변화를 고려할 때, 혁신학교는 또 다른 차원의 혁신과 변화를 통해 학생들이 삶과 배움을 주도할 수 있도록 하는 새로운 교육체제로의 전환이 필요하다. 변화로부터 차단되는 경우, 교육은 미래를 위한 준비가 부족하게 되며 그에 따른 파급효과는 상상할 수 없는 수준에까지 이를 수도 있다. 혁신학교가 어느 단체나 기관보다도 외부의 변화에 민감해야 하는 이유이다. 또한 혁신학교는 그동안 학교 혁신의 선도적인 역할을 담당해 왔으며, 혁신 교육은 미래사회에 필요한 인재를 양성해야 할 의무와 책임도 지고 있기 때문이다(정제영, 2018; 김도기 외, 2019).

제주형 혁신학교인 다혼디배움학교는 경기, 서울, 광주, 전남, 전북, 강원보다 그 출발이 늦었지만, 2015년 이래 교사들의 자발성을 바탕으로 아래로부터의 학교 혁신을 통해서 교육의 공공성을 회복하고 제주교육을 변화시키는 데 노력해 왔다. 나아가 다혼디배움학교는 마을과 함께하는 혁신 교육을 실천함으로써 학생들의 배움을 학교의 울타리를 넘어 제주 지역사회로 확장하고 있다. 정바울 외(2020)에 따르면 다혼디배움학교와 일반 학교의 학생과 학부모들을 대상으로 한 설문조사 결과, 다혼디배움학교가 제주교육 개선에 기여하고 있는지에 대해 학부모들은 일반 학교보다 다혼디배움학교에 전반적으로 높은 응답을 보였다. 또한 학교 만족도, 교사 수업에 대한 인식, 그리고 미래 핵심 역량 지표에서도 다혼디배움학교의 학생들이 전반적으로 일반 학교 학생들보다 긍정적인 인식을 보였다.

그러나 다혼디배움학교가 교육의 본질을 추구하며 괄목할 만한 성과를 일구어 왔음에도 불구하고 혁신학교의 수에 비해 학교 혁신의 질이 높지 않고, 학업 성취가 미흡하다는 비판적 시각이 있다. 현재 다혼디배움학교는 상위학교와의 연계성이 떨어져 이에 대한 보완책이 필요하다는 요구도 있다. 나아가 다혼디배움학교의 지역별 특징 및 사회적 요구를 자세히 파악하여 학교 규모와 학교급별 중장기적 발전방안을 모색해야 한다는 목소리도 탄력을 받고 있다.

이에 제주 다혼디배움학교 운영의 7년 차를 맞아, 돌출된 운영 과제들을 돌아보고 혁신학교의 고유성에 맞는 새로운 교육패러다임을 모색할 적기이다. 그동안 다혼디배움학교에 대한 연구는 학술적으로 활성화되지 않았던 것이 사실이다. 이인회(2016)와 정바울 외(2020)는 다혼디배움학교를 대상으로 연구를 수행하였고, 강은주(2017)와 김대영 외(2018)는 제주형 자율학교의 일부로 다혼디배움학교를 분석했다. 그러나 그마저도 미래사회를 지향한 연구들은 아니었다. 이 연구의 목적은 초점집단면담(Focused Group Interview: FGI)을 통해 다혼디배움학교에 대한 미래지향적 교육패러다임을 모색하고 이를 심화하고 발전시키기 위한 토대를 마련하는 데 있다.

FGI는 질적 연구의 한 접근방법으로, 제도나 정책의 집행과 관련한 이해당사자들의 태도와 반응을 통해 도입된 지 오래되지 않은 제도나 정책의 문제점을 파악하고 개선방안을 도출하는데 적합한 연구방법이다(송요셉 외, 2009). 이 연구의 초점집단으로는 2021년 1월 시점에서 혁신학교 재직 경력이 2년 이상인 교원 12명을 선정하였으며, 초등학교와 중학교의 학교급별로 교사 집단 2개와 교장과 교감 집단 2개, 총 4개 팀을 구성하였다. 연구참여자들은 제주특별자치도교육청(이하 '제주도교육청'이라고 함)의 학교 혁신 정책에 직간접으로 관여하여 다혼디배움학교에 대한 이해 수준이 높은 교원들이며, 이들은 해당 부서의 장학사로부터 추천을 받아 선정되었다. 집단별 FGI는 2021년 1~2월 사이에 4차례에 걸쳐 각각 110분 정도씩 진행되었다.[1]

2. 혁신학교의 성과와 미래 교육

1) 우리나라 혁신학교와 미래 교육

교육부(2019: 4)는 혁신학교를 "교육공동체의 참여와 협력으로 교육과정 혁신과 학교운영 혁신을 통해 창의적인 민주시민을 기르는 학교 혁신의 모델학교"라고 정의하고 있다. 혁신학교를 가장 먼저 도입한 경기도교육청(2018: 2)은 혁신학교를 "민주적 학교운영 체제를 기반으로 윤리적 생활공동체와 전문적 학습공동체를 형성하고 창의적인 교육과정을 운영하여 학생들이 삶의 역량을 기르도록 하는 자율학교"로 규정한다. 그러므로 혁신학교는 새롭게 만들어진 학교의 유형이라기보다, 지역의 시도교육감이 일반 공립

1 구체적인 자료 수집 및 분석에 대해서는 이인회, 현길아(2021: 8-10)를 참조 바람.

또는 사립학교에 대하여 교육과정 및 학교 운영상의 특례를 인정하여 지정한 법령상의 자율학교이며, 학교 교육 혁신의 모델학교라고 할 수 있다.

강은숙과 이선옥(2015)은, 혁신학교의 출현은 우리나라 교육을 둘러싼 입시 지옥, 경쟁교육, 교실붕괴, 사교육 팽창, 교육의 양극화 등에 대한 문제의식의 흐름과 이를 개선하려고 노력하던 교사단체와 시민사회단체가 결합하고, 여기에 주민 직선 교육감제의 도입이라는 환경의 3박자가 결합하면서 이루어졌다고 분석한다. 이러한 혁신학교는 학생성장을 도모하는 수업문화의 정착을 핵심과제로 설정하고, 이를 위해 교사들이 수업 활동 및 연구 활동에 집중할 수 있도록 민주적 학교문화와 행정지원체계를 구축하며 우리나라 학교 교육에 큰 변화를 이끌어 왔다.

이와 더불어, 4차 산업혁명 시대의 도래와 AI 교사의 출현 등은 학교와 교사의 정체성과 역할을 고민하게 만들었고 혁신학교 미래 교육의 방향에 관한 학술적, 사회적 담론을 형성하고 있다(이수광 외, 2015; 정제영, 2018). 특히 OECD(2019)의 '교육 2030: 미래 교육과 역량(The Future of Education and Skills: the OECD Education 2030 Project)' 사업은, 미래사회가 요구하는 핵심 교육역량과 이를 육성하기 위한 교육과정, 교수 방법, 평가방법, 교육환경 등을 탐색함으로써 혁신학교와 혁신 교육에 대한 변화를 예견해 왔다.

김영자(2021)는 설문조사와 FGI, 전문가협의회를 바탕으로 새로운 사회변화에 대응하기 위한 경기 혁신학교의 미래지향적 방향을 제시하며, 그 핵심을 기존의 학생 중심에서 학생주도와 현장주도로의 전환에 두고 있다. 혁신학교 초기의 4대 운영원리를 기준으로 제시된 그 미래 방향의 가능성은 〈표 1〉과 같다.

〈표 1〉 혁신학교의 미래지향적 변화 방향

구분	현재	선택적 가능성
위상	공교육 정상화 모델	더 좋은 표준을 창출하는 모델학교
가치지향	공공, 창의, 전문, 민주, 윤리	공공, 민주, 연대, 생태, 책임
운영체제	민주적 학교운영	학교 민주주의(학교 자치) 심화
	전문적 학습공동체	실천학습공동체 구성
	윤리적 생활공동체	학교 비전과 철학 정립
	창의적 교육과정	학습복지 체제 구축 및 교육과정 혁신

※ 출처: 김영자(2021: 16).

한편, 교육부(2021)는 코로나19 상황 속에서 미래사회를 대비한 미래 교육을 본격적으로 추진하고 있으며, 시도교육청 차원에서도 다양한 형태의 미래 교육과 미래 학교에 대한 구상을 구체화하고 있다. 예를 들어, 서울특별시교육청(2015)은 첨단 IT 및 디지털 기술을 활용한 교수-학습 방법의 혁신과 미래사회가 요구하는 핵심 역량을 가진 인재 육성을 목적으로 창덕여자중학교를 '서울 미래 학교'로 탈바꿈시켰다. 경기도교육청(2020)은 '경기 혁신 교육 3.0'을 설정하고 미래지향적 가치를 담아내는 미래 학교의 모델을 실천하고 있다. 이러한 미래 학교의 모델은 재구조화형(미래형 통합운영학교 모델, 숲학교 모델, 유·초 통합 미래 학교모델), 대안형(자유 학교모델, 글로컬 미래 학교모델), 진로직업형(직업학교 모델, 스마트학교 모델), 그리고 마을 학교형으로 구분된다.

그러나 우리나라의 미래 교육과 미래 학교에 대한 구상 및 설계는 시작 단계에 불과하며, 교육목표와 교육과정, 교수-학습, 교육평가, 에듀테크, 교육환경과 공간, 교육제도 차원에서의 개별적 또는 통합적 논의가 보다 더 필요하다.

2) 혁신학교의 성과와 과제

우리나라 혁신학교가 도입되어 10년 가까이 되면서부터 그 운영의 성과를 분석하려는 노력이 이루어져 왔다. 이러한 노력은 혁신학교의 성과와 과제를 성찰하여 장점을 파악하고 책무성을 확보하는 동시에(이종재 외, 2015), 이를 바탕으로 새로운 비전과 목표를 가진 혁신학교 정책의 지평을 열어 가는 데 도움이 된다.

우선, 정민수, 강은숙(2019)은 전북의 혁신학교운영 전반에 걸쳐 3가지 영역별로 성과와 과제를 분석하였다. 첫째, 교직 문화 측면에서의 성과는 수평적·민주적 학교문화 조성, 교육의 본질 추구, 학생을 성장하는 존재로 인식, 학부모의 학교 참여 증가, 교육지원청의 학교 지원기능 강화, 교육과정에 지역사회의 물적·인적 자원 활용으로 나타났고, 반면에 과제는 일부 혁신학교에서의 교사-관리자 간의 갈등, 지역사회 특성상 학부모 참여의 어려움, 효율성에 치우친 정책으로 드러났다. 둘째, 운영 측면에서의 성과는 교사의 업무경감 인식 증가, 교육과정-수업-평가 활동에 집중할 수 있는 환경 조성, 실적주의와 평가주의를 타파하는 형식주의 최소화로 나타났으며, 반면에 과제로는 관리자의 학생 상담 또는 학부모 상담 협조 미흡, 교육지원청의 공문으로 인한 업무 부담 가중, 교사와 관리자 간 혁신학교 철학과 비전 공유의 어려움, 학부모의 혁신학교 비호감과 학생 수 확보의 어려움으로 드러났다. 셋째, 교육과정-수업-평가 측면에서의 성과는 학교와 지역사회의 실정에 맞는 교육과정 편성 및 운영, 학생 수준에 맞는 교과서 재구성 문화 확산, 평가에 대한 인식이 전인적 성장지원으로 개선, 자유롭고 다양한 수업을 시도할 수 있는 여건과 환경 조성, 과정 중심평가 적용에 따른 교육과정-수업-평가의 일체화 추진으로 나타났다. 반면에 과제는 성과를 요구하는 사회적 분위기로 인한 외형적 결과 집착, 학부모의 새로운 학력관과 평가관에 대한 우려, 일부 교사의 평가 기록 및 통지에 대한 부담으로 드러났다.

다음으로, 허주 외(2020)는 혁신학교 관련 연구물 26편을 선정하여 질적 메타분석을 통해 혁신 교육의 성과와 과제를 4가지 영역에서 정리하였다. 영역별로 도출된 혁신학교의 성과는 다음과 같다. 첫째, 학교운영 영역에서 학교장의 권한위임, 민주적 리더십, 임파워먼트를 통해 경직된 학교운영이 변화되었고, 교사들도 학교운영에 자발적으로 참여하면서 학교의 구성원이 공동체를 형성하였다. 둘째, 혁신학교의 교사학습공동체는 교사들의 전문성 향상에 긍정적으로 영향을 주었다. 셋째, 혁신학교의 교육과정이 학생 중심 및 배움 중심으로 편성·운영되어 기존의 지식 중심 교육으로부터의 변화가 확인되었다. 넷째, 혁신학교의 학부모 및 지역사회 연계는 아직 큰 성과는 없는 것으로 나타났다.

반면에, 허주 외(2020)는 혁신학교의 개선과제를 영역별로 구분하여 총 20가지를 〈표 2〉와 같이 제시하고 있는데, 이는 혁신학교의 미래적 발전 방향을 시사한다.

〈표 2〉 혁신학교의 개선과제

	혁신학교 개선과제	세부 영역
①	학교 구성원의 자발적 참여를 통한 학교운영의 민주성 강화	민주적 학교운영
②	교원의 자발적·적극적 참여를 위한 문화 및 제도 개선	
③	학교장 역량 강화	
④	교육행정 구조 변화 및 법제화를 통해 학교 자치 제도로 전환	
⑤	학생, 학부모, 지역사회의 학교운영 및 의사결정 참여 강화(법제화)	

	혁신학교 개선과제	세부 영역
⑥	학교 단위(교사) 교육과정 편성의 자율성 확대	수업혁신 및 교육과정
⑦	교사의 전문성 및 협력 강화를 위한 학습공동체 활성화 및 지원	
⑧	학생 및 배움 중심 수업을 위한 보다 다양한 수업방법 확대	
⑨	학생 맞춤형(개별화) 교육을 위한 시스템 구축	
⑩	학급당 학생 수 축소 및 교사의 수업시수 감축	
⑪	지역의 초·중·고 교육과정 연계 운영	
⑫	교원 행정업무 경감	
⑬	학교와 지역사회 연계 필요성·중요성 인식 확산 및 문화 조성	지역사회 연계
⑭	학교 교육과정의 지역사회 연계 강화	
⑮	교육 거버넌스 체제에 지역사회 참여 구조화·제도화	
⑯	지역(마을) 교육 자원 활용 활성화	
⑰	학교-지역사회 협력을 위한 구조적·제도적 개선	
⑱	교원인사 제도 개선	혁신학교 지속성 지원
⑲	학교 단위 교육과정 편성 자율성 확대 및 제도화	
⑳	혁신학교 행·재정적 지원 방법의 조정 및 지속	

※ 출처: 허주 외(2020: 159).

3) 제주 다혼디배움학교의 변화와 과제

다혼디배움학교는 민주적 학교문화를 바탕으로 배려와 협력의 생활공동체와 전문적 학습공동체를 형성하고 창의적 교육과정을 운영하여 학생들의 삶을 가꾸는 제주형 혁신학교를 말한다(제주특별자치도교육청, 2021). 다혼디배움학교는 2014년 7월 1일 신임교육감이 취임하면서 추진한 자율학교의 한 유형이며, 「제주특별법」에 근거하여 제주형 자율학교로 운영되고 있다. 다혼디배움학교는 2007년부터 운영된 'i-좋은 학교'의 성과와 한계를 바탕으로 학교 혁신에 대한 사회적 요구를 반영한 제주형 자율학교의 2단계 공교육 모델이라고 할 수 있다(이인회, 2016).

제주 다혼디배움학교는 우리나라 혁신학교의 비전과 철학, 원리를 따르면서 2015년 6개교를 시작으로 현재 52개교에서 운영되고 있다. 다혼디배움학교의 변화 과정을 비전, 목적, 정의, 운영원리, 추진 과제 등을 중심으로 구분하면 〈표 3〉과 같다.

〈표 3〉 제주 다혼디배움학교의 변화 과정

구분	2015년	2016년	2017년	2018년	2019년	2020년	2021년
비전	존중하고 협력하며 함께 성장하는 교육공동체 실현						
목적	-존중과 참여의 새로운 학교문화 형성 -학교운영의 자율화, 다양화, 특성화를 통한 미래지향적 학교모델 창출 -혁신학교 모델의 일반화로 공교육에 대한 교육 주체의 신뢰도 제고와 사교육비 절감				-존중하고 협력하는 민주적인 학교문화 형성 -학교운영의 자율화, 다양화, 특성화를 통한 미래지향적 학교모델 창출 -학교 혁신의 일반화로 공교육에 대한 교육 주체의 신뢰도 제고		
정의	-행복한 삶을 위한 교육을 실현해 나가는 배려와 협력 중심의 교육공동체(학교) -제주의 지역적 특성을 살려 새로운 학교문화를 선도하는 공교육 혁신의 모델학교				-민주적 학교문화를 바탕으로 배려와 협력의 생활공동체와 전문적 학습공동체를 형성하고 창의적 교육과정을 운영하여 학생들의 삶을 가꾸는 제주형 혁신학교		
운영원리 (철학)	공공성, 민주성, 지역성, 윤리성, 전문성, 창의성, 다양성				공공성, 민주성, 지역성, 윤리성, 전문성		
추진 과제	-존중과 참여의 학교문화 형성 -배움 중심의 교육 활동 실천 -교육 활동 중심의 학교 조직 개편 -학부모, 지역사회와의 협력적 관계 구축					-민주적 학교운영 -창의적 교육과정 실현 -전문적 학습공동체 구축 -윤리적 생활공동체 구축	
발전단계	도입기		확대기		성장기		
학교 수	6	12	23	30	38	44	52
기타					-다혼디배움학교 준비학교운영 -다혼디배움학교 성장지원단 운영		

〈표 3〉에 제시된 것처럼, 다혼디배움학교의 비전은 "존중하고 협력하며 함께 성장하는 교육공동체 실현"으로 처음부터 지금까지 유지되고 있다. 그러나 2019년 성장기를 맞으면서 다혼디배움학교의 목적의 일부였던 '혁신학교 모델의 일반화'는 '학교 혁신의 일반화'로 변화되었다. 이에 따라 다혼

디배움학교에 대한 개념이 구체화되고 운영원리는 7가지에서 5가지로 정리된 것으로 나타난다. 또한 추진 과제가 이전의 단계보다 명확히 실제화되면서 학교 혁신의 확산 및 일반화가 추진되고 있으며(2022년까지 전체 학교의 약 30%), 다혼디배움학교 운영의 자율화, 다양화, 특성화를 통해 "미래지향적 학교모델"을 창출하고자 한다(제주특별자치도교육청 2019: 20).

이러한 맥락에서 볼 때, 정바울 외(2020)가 다혼디배움학교에 대한 성과분석을 바탕으로 제시한 정책적 과제는 제주형 혁신학교의 미래 교육에 대해 시사하는 바가 크다. 이들이 제안한 과제는 ① 조직 차원의 혁신 → 교수-학습 차원의 혁신, ② 마을결합형 혁신학교 추진, ③ 다혼디배움학교의 확산, ④ 지속 가능한 리더십 구축으로 정리된다. 특히 다혼디배움학교의 확산을 위해서는 혁신학교 선정 및 재지정 정책의 정교화, 혁신학교 모델의 다변화, 그리고 교육지원청의 혁신 지원 플랫폼 역할 강화가 강조되었다.

3. 제주 다혼디배움학교 돌아보기와 미래 보기

1) 다혼디배움학교 돌아보기

(1) 교육의 본질을 찾는 노력

다혼디배움학교의 교사와 학교경영자들은 스스로 '질문하고 재해석하기'와 '공동체로서 같이 해보기'를 통해 '교육의 본질을 찾는 노력'을 지속하고 있다.

■ 질문하고 재해석하기

다혼디배움학교의 미래를 전망하며 연구참여자들이 돌아본 가장 성찰적인 지점은 철학과 관련된 것이다. 이는 학교현장에서 혁신학교의 철학이나 운영원리에 대한 심도 있는 토의가 부족하였고, 그 내용도 학교 구성원들에게 충분하게 인지되지 못했기 때문이었다. 따라서 다혼디배움학교에 대한 이해, 해석과 실천에 있어서 교사는 교사대로 학교경영자는 경영자대로 서로 인식의 차이가 나타났다.

> 처음 다혼디배움학교를 시작하면서는 타 시도 사례를 벤치마킹하면서 따라가는데 급급했던 것 같아요. 이를 공부한 몇몇 사람은 철학을 알고서 했고 나머지 혁신학교를 잘 모르는 사람은 그냥 따라갔던 것 같아요…그전에는 말 그대로 원론으로 끝나버린 거죠. (A 교장, 2021.1.18.)

이러성찰이 다혼디배움학교의 철학을 실천하는 과정에서 나타난 하나의 현상이라면, 또 다른 현상은 교육의 본질을 찾는 노력이 2가지 양상으로 진행되고 있다는 것이다. 첫째, 다혼디배움학교는 지속적으로 교육에 대해 스스로에게 질문하고 있다. 연구참여자들이 학교현장에서 끊임없이 던지는 질문들은 '교육이란 무엇인가', '학교란 무엇을 하는 곳인가', '교육프로그램은 학생들에게 교육적인가'이다.

> 조금씩 조금씩 왜 그걸 해야 되는지에 대한 의미를 알게 되면서 그 일 자체가 되게 좋고 되게 즐거웠고 항상 연결 짓는 게……. 이 교육 활동이 우리 아이들에게 도움이 되는지 안 되는지 먼저 따지는 그걸 항상 기본으로 넣어 두니까, 그 질문을 생각하면서 내가 하는 일에 대해서 의미

를 찾기 시작하니까 일 자체가 업무로 다가오는 것이 아니라 되게 즐거웠어요. (C 교감, 2021.1.18.)

둘째, 다혼디배움학교는 기존의 혁신철학과 운영원리를 다시 해석하면서 제대로 해석하기 위해 분투하고 있다. 이러한 노력은, 7년 차에 들어선 다혼디배움학교가 깊이 있는 토론 없이 도입하고 따라 하기 '급급했던' 철학을 재정립하고 다시 한번 도약할 수 있는 기회를 제공하고 있다.

■ **공동체로서 같이 해보기**

연구참여자들은 교육의 본질을 찾기 위한 토대를 어디에 두고 있을까? 그들에게 학교가 민주적으로 운영된다는 것은 학교경영자와 구성원들이 서로 소통하고, 학교 구성원들이 요구하는 것을 경영자가 수용하고 지원하는 것을 의미했다. 경직된 관료주의적 학교운영체제 하에서는 학교 구성원들이 자유롭게 의견을 개진하기 어렵고 집단지성을 발휘하여 함께 일하기가 쉽지 않기 때문이다. 다혼디배움학교는 빨리 가는 학교라기보다는 천천히 가더라도 올바르게 가고자 하는 학교로서, 민주적인 학교문화와 경험들이 건축의 토대처럼 단단히 쌓여가고 있다.

혁신학교의 가장 큰 특징은 민주적 학교문화라고 많이 하는데, 말은 참 쉬운데 이것을 학교에서 어떻게 녹여내는가가 중요하잖아요. 그런데 코로나와 같은 위기 상황이 왔을 때 협의하면서 그런 것을 풀어나가는 모습이 어찌 보면 우리가 원했던, 우리가 만들어 온 그런 모습이 아닌가 생각을 했습니다. (중략) 선생님들이 자기 생각도 이야기하고 다른 선생님들 얘기도 들으면서 결국은 하나의 방향으로 결정해 나가는 모습들을 보면서 그래 이게 우리가 원했던 학교의 모습이 아닐까, 혁신학교가 힘들긴 한데 이런 맛에 오는 거라고 생각해요. (K 교사, 2021.1.26.)

이러한 민주적인 학교문화 속에서 교사는 눈치 보지 않고 발언할 수 있고, 학교장도 공동체의 한 구성원으로서 발언권을 독점하지 않는 문화가 물들어 있다. 이러한 토대 위에 형성된 것 가운데 하나는, 학교 구성원이 개개인으로 최선을 다했던 개인적 책임감이 '집단적 책임감'으로 발전한 것이다. 그리고 집단적 책임감은 학교 구성원 간에 "같이 해보자"라는 공동 실천으로 나타났다. 교사 한 명이 또 다른 교사들과 서로의 중간 지점을 찾아내기 위해 타협하는 것이 아니라, 같이 하면서 배우고, 존중하고 협력하면서 성장하는 비약의 시너지를 생성하였고, 나아가 삶의 의미까지도 만들어 내고 있다.

(2) 다혼디배움학교의 고민과 한계

다혼디배움학교의 고민과 한계는 인적 측면에서 '혁신 리더십의 미진화', '교사의 부담감과 피로도', '학교 구성원의 역량 강화'로 구분되고, 조직적 측면에서는 '학교 교원업무경감의 한계'와 '교육청 정책의 변화'로 나누어진다.

■ 혁신 리더십의 미진화

다혼디배움학교는 민주적인 학교문화를 토대로 학교 혁신의 성과를 쌓아가고 있으나 그 과정에서 학교장의 위상은 결코 평가절하되지 않았다. 문제는 학교장이 자신의 위치를 '지위'보다 '역할'로 인식하면서 민주적, 변혁적, 분산적 리더십으로 진화하고 있느냐는 것이다. 면담에 참여한 교사들에 따르면, 일부 교장들은 아직도 '보여주기식' 관행을 벗어나지 못하고 혁신까지도 경쟁함으로써 다혼디배움학교의 비전과 철학을 구현하는 리더십을 발전시키지 못하고 있다.

> 어떤 관리자는 자신의 학교에 큰 문제가 없다고 생각하고 눈에 보이는 성과를 빨리 내야 한다는 성과주의 문화가 강한 것 같아요. 다혼디배움학교를 한다고 하면서 그냥 엑기스만 뽑아다가 눈에 보이는 성과들을 1, 2년 안에 만들어 내려고 하고 있어요. 그리고 그거를 또 증명해야 되니까 자꾸 성과를 만들어 내는 쪽으로…지금 혁신학교를 신청하는 학교들을 보면 관리자들이 많이 원해요. (I 교사, 2021.1.25.)

동일한 맥락에서 면담에 참여한 학교경영자들도 이러한 성과주의식 관성과 보여주기식 관행에서 탈주하기 위해 고민하고 있다고 털어 놓았다. 혁신리더십으로 진화되지 못한 교장의 리더십은 기존 관료주의적 통제를 벗어나지 못함으로써, 교육의 본질을 찾아가는 다혼디배움학교의 길을 방해하는 장애물이 되기 때문이라는 것이다.

■ **교사의 부담감과 피로도**

다혼디배움학교의 혁신적 성과와 긍정적 에너지가 확산하는 가운데 교사의 부담감과 피로도에 관련된 고민과 우려가 나타나고 있다. 교사의 자발성과 헌신을 핵심으로 시작된 다혼디배움학교에서 교사의 중요성은 아무리 강조해도 지나치지 않는다. 그런데 중간리더 교사들의 피로도가 축적되고 있는 것으로 드러나고, 이러한 피로도가 소진으로 악화되는 고리를 어떻게 끊을 것인가 하는 문제가 언급되고 있다.

초창기 3~4년 동안에 부장을 맡았던 사람들이 있지요. 학교마다 다혼디배움학교 부장을 맡았던 사람들 중에 지금 부장하는 사람 거의 없어요. 혁신학교를 교장 선생님과 더불어 빨리하고 싶다 보니까 자기가 맡은 일을 열심히 했지만… 몇 년 동안 공부하고 실천했던 사람들이 그냥 일반 학교로 가버리고. 그래서 지속성이 없고… (D 교장, 2021.1.19.)

다혼디배움학교의 고민은 중간리더 교사의 피로도 축적뿐만 아니라 '징검다리' 역할을 해야 할 활동가 교사의 자원 궁핍과 일반 교사가 느끼는 부담감 증가라는 지점까지 확대되고 있다. 이러한 고민은 초등학교에서보다 중학교에서 더욱 컸다. 그리고 혁신학교에 대한 사회적 요구와 기대 속에서 "단 한 명의 학생도 포기하지 않는 교육"을 실천하기 위한 일반 교사의 부담감은, 다혼디배움학교에 대한 긍정적 에너지를 확산하는 데 걸림돌로 작용할 수 있는 것으로 나타난다.

■ **학교 구성원의 역량 강화**

학교 안의 인적 측면에서 볼 때, 다혼디배움학교의 고민이 모이는 곳이 있다. 그 지점은 '전체 학교 구성원의 역량을 어떻게 강화할 것인가'라는 것이다. 이러한 고민은 다혼디배움학교의 1기가 끝나가는 시점에서 시작된 것 같다. 우리나라 교원인사 제도상 일정 학교의 혁신을 주도하던 교원들이 동일 학교에 계속 근무할 수 없는 규정 때문에 지속성의 문제가 부각된다. 그리고 해당 학교는 전입한 구성원과 더불어 '새판짜기'의 어려움을 실행해 나가는 경험으로부터 자체 역량 강화의 중요성을 인식하고 있다.

그러니까 공립의 한계가, 어떤 학교가 어떤 가치를 가지고 방향성을 정했지만 새로운 전입 교사가 계속 들어올 경우에 그분들에게 다시 그것을 공유할 시간이 꽤 걸리잖아요. 새로 리셋 되는 것처럼…특히 바뀌는 구성원들의 숫자가 많아지는 경우는 더더욱 어렵죠. 그래서 혁신학교 하면서 어떻게 지속성을 담보할 수 있는지가 고민이었어요. (L 교사, 2021.1.26.)

사실 다른 측면에서 보면, 학교 혁신에 경험 있는 교원이 다른 학교로 이동하는 것은 큰 문제가 아닐 수 있다. 다혼디배움학교의 확장성으로 이해할 수 있기 때문이다. 그러나 면담에 참여한 E 교장은 "공립학교의 문화는 그래요. 어떻게 인적 자원을 형성하느냐, 이게 그 학교의 문화를 만드는데… 일정 수의 인적 구성이 없는 한 학교의 문화를 만들기는 쉽지 않다"라는 경험을 소개했다. 앞서 기술한 '교사의 부담감과 피로도'를 고려할 때, 학교 구성원의 혁신 역량을 강화하는 방안을 모색하는 것은 다혼디배움학교의 주요한 과제로 드러난다.

다만 유념할 것은 학교 구성원의 자체 역량을 강화하는 것이 교원 한 명 한 명에게만 해당하지 않는다는 것이다. 특히 연구참여자 대부분이 동의한 것은 교육의 또 다른 주체로서의 학부모 역량을 강화해야 한다는 것이었다.

■ **학교 교원업무경감의 한계**

다음으로 조직적 측면에서 볼 때, 다혼디배움학교의 고민과 한계는 '학교 교원업무경감의 한계'에서 비롯되는 것이다. 교사와 학교경영자들에게 교원 행정업무의 경감은 피부로 체감되고 있었다. 이는 전시적인 행사와 관행 '없애기', 필요 없는 교원업무 '덜어내기', 그리고 교육청의 행·재정적 지원을 통한 성과로 보인다. 그러나 학교의 문법상 더 이상 교원업무를 덜어낼 수 없는 데서 오는 한계와 학생 중심보다 정량적으로 덜어내는 형식주의가 여전히 남아 있다.

> 업무는 줄었다는 느낌이 있는데… 행정이 아이들 중심으로 이야기가 되고 있느냐? 아이들 중심 해서 우리가 그것들을 논의하는 문화가 있는가? 교육청은 처음부터 어떻게 했는가 하면 '공문량 15% 줄었느냐?', '지금 부장이 전체 공문의 몇십 퍼센트를 담당하고 있어?' 이렇게 정량적인 것을 수치화해서 그것을 자료로 보고받고 그것을 통해 가지고 평가하는 시스템인데, 질적 평가가 이루어지지 않고 있다. (H 교사, 2021.1.25.)

교사의 관점에서 볼 때 "교육청에서는 다혼디배움학교라고 하더라도 일반 학교랑 똑같이 공문도 보내고 일도 다 주어지거든요. 그러면 그 업무도 누군가는 담당을 해야 하고 어쨌든 공문 처리도 해야 되고, 보고도 해야 되고 이런 일들은 똑같다"(J 교사, 2021.1.26.)라는 것이다. 면담에 참여한 I 교사는 교육 중심학교의 업무시스템을 '업무경감이 아닌 업무 전이'라고 지적하였고, 대부분의 교사들은 교원업무가 '플러스 알파'로 점차 증가하고 있다고 문제를 제기하였다.

한편, 면담에 참여한 교사들은 교육과정지원팀과 교육과정운영팀의 이분적 구조가 학교의 만족도를 전반적으로 제고시킨 것은 사실이지만, 교사 간의 갈등 및 정체성 혼란과 같은 부작용을 낳고 있다고 언급하였다. 학교 혁신을 위해 교육청이 핵심정책의 하나로 추진한 교육 중심 학교시스템의 일부 구조적인 문제가 학교현장의 고민을 만들고 있는 것이다.

■ 교육청 정책의 변화

마지막으로, 다혼디배움학교의 고민과 한계는 학교 조직과 연계된 교육청 정책의 변화에 의하여 발생하고 있다. D 교장은 "학교 혼자 꿈을 꾸는 것은 한계가 있다"라고 언급하면서, 혁신학교 정책을 성공시키고 지속 가능하도록 하기 위해서는 교육청의 의지와 지원이 필수적이라고 강조하였다. 이러한 맥락에서, 학교 혁신을 지원하는 교육 중심 학교시스템의 구축을 위해 교육청이 지원해오던 인적 자원을 감축하는 것은 교육청 정책의 중점 변화로 받아들여지고 있다. 인적 자원의 지원에 대한 변화는 단위학교운영에 대한 변화를 수반하기 때문이었다.

> 우리가 어려운 상황에서도 사실은 다혼디배움학교를 통해 혁신하고 그리고 이제 교육의 본질 실현을 위해 그렇게 해왔던 것이니까, 이번에 인적 지원이 덜 지원된다고 해서 학교 혁신을 향한 의지가 없어지거나 하지는 않을 거예요. 좀 섭섭하긴 하지만. 그러나 어떻게 방향을 잡고 갈 거냐, 요거는 사실 학교에 있는 우리만의 힘으로는 상당히 부족하죠. 교육청에서 일정한 그 중심을 딱 잡아줘야만 되는데 이 중심이 불분명하고 약하다는 느낌을 학교에서는 계속 갖고 있는 거예요. (E 교장, 2021.1.19.)

그러나 더 큰 문제는 교육청 지원 측면의 변화보다 학교현장에서 교육청 정책의 중점이 변화된 것처럼 인식하고 있다는 점이다. 2019년 이래 교육청이 구체적으로 추진하고 있는 IB 학교와 IB 교육과정도 학교경영자들에게는 다혼디배움학교 정책의 중대한 중점 변화로 읽히고 있다. 연구참여자들은 정책의 중점이 변화한 것처럼 인식되는 상황에서는 학교의 혁신이 위축

될 수밖에 없다는 우려를 제기하였다.

2) 다혼디배움학교 미래 보기

(1) 혁신학교의 새로운 비전 설정

면담참여자들은 미래지향적 다혼디배움학교의 새로운 비전을 설정하기 위해서는 '혁신학교의 새로운 정체성 필요'와 '양적 확산에서 질적 심화로의 전환'이 중요하다고 강조한다.

■ 혁신학교의 새로운 정체성 필요

다혼디배움학교는 전반적으로 제주지역의 학교 혁신을 선도하며, 교사의 자발성을 바탕으로 아래로부터 지역적 특성을 살린 '공교육 혁신의 모델'로 자리매김 되어 왔다. 그러나 이세돌과 인공지능 알파고의 바둑 대결이 불러온 교육과 학교에 대한 4차 산업혁명의 영향, 지역 인구와 학생 수 감소, 그리고 코로나19의 영향은 다혼디배움학교의 정체성에 숙제를 던지고 있다. 그 핵심은 다혼디배움학교가 공교육의 정상화 모델로 만족하기보다 미래를 지향하며 학교다움의 본질을 최대화하기 위해 '어떻게 도약(jump-up)하고 심화할 것인가'라는 문제이다. 이는 다혼디배움학교가 파일럿 스쿨이라는 정체성을 바탕으로 일종의 큰 그림을 수립하면서 실험과 변화의 선구적 역할을 수행해야 한다는 것으로 집약된다.

> 그런데 코로나를 겪어 보니까 미래가 금방 오네. 그러니까 우리가 생각하지 못했던 것들이 우리한테 와 있는 거라. 지금 코로나를 겪다 보니까 나는 미래 교육은 막 멀리 있는 줄 알았는데… 미래 교육이라고 얘기했

던 것들, 우리가 경험하지 못한 것을 경험하면서 미래 교육을 선도하는 혁신학교의 변화가 있어야 될 것으로 생각해요. (D 교장, 2021.1.19.)

특히 바람초등학교 학교장은 다혼디배움학교가 새로운 정체성을 모색할 때 추가해야 할 가치로 '개별적 존재로서의 학생', '자치', '생태', 그리고 '마을'을 언급하였다. 나아가 그는 지금이야말로 혁신학교의 정체성을 새롭게 정립하고 새로운 비전을 고민해야 할 시기라고 '위기의식'을 드러내기도 했다.

■ **양적 확산에서 질적 심화로 전환**

면담에 참여한 교사와 학교경영자들은 한결같이 다혼디배움학교의 양적 팽창을 경계하였다. '학교 혁신의 일반화'를 통해 다혼디배움학교의 성과를 확산해야 한다는 점에서는 동의하지만, 이러한 방향이 곧 '일반 학교의 혁신학교화'와 동일하지 않다는 인식이다. 초등과 중등이라는 학교급과 관계없이 그리고 교사와 학교경영자의 신분의 차이에 상관없이, 연구참여자들은 양적인 확산보다 다혼디배움학교의 고유성을 유지하는 것이 중요하다고 보았다.

제가 듣기로는 학교에서 혁신학교를 신청해서 거부당한 적은 없다고 해요. 그리고 컨설팅 같은 것을 해서 뭔가 엄격하게 평가를 하거나 취소를 하거나 한 적도 사실은 없잖아요. 그냥 양적으로 팽창을 지금까지 해왔다면, 이제는 질적으로 재편해야 되는 시점이라고 생각이 들어요. (J 교사, 2021.1.26.)

연구참여자들이 제시한 다혼디배움학교의 미래지향적 질적 심화의 방안은 크게 3가지로 나타났다. 첫째는 지역마다 다혼디배움학교 1개교를 거점화하면서 접근하는 방안이고, 둘째는 다혼디배움학교의 내적인 분화 발전을 다양화하고 단계화하여 특색에 맞게 지원을 전문화하는 방안이며, 셋째는 중등학교 모델을 별도로 개발해 나가는 방안이다. 이들 방안들은 상호 간에서로 융합하면서 또 다른 방안을 창출할 수도 있을 것이다. 그러나 연구참여자들은 '무늬만의 혁신학교'보다는 숫자는 적더라도 다혼디배움학교의 질적인 심화와 이를 성취하기 위한 컨설팅 및 다면평가의 실제화를 강조하였다.

(2) 학생주도의 교육과정–수업–평가 혁신

다혼디배움학교의 교사와 학교경영자들은 '개별화 교육과정과 공동체 학습', '개별 교실 수업 넘어가기', 그리고 '생활과 연결한 평가 혁신 촉진'을 통해, 학생을 주체화하는 교육과정-수업-평가 혁신을 다혼디배움학교의 미래로 전망하고 있다.

■ 개별화 교육과정과 공동체 학습

연구참여자들에 따르면, 다혼디배움학교에서는 교육 중심과 학생 중심이라는 2개의 축을 핵심에 두고 학생의 교육과정 운영 참여권이 활성화되고 있다. 이러한 현상은 다혼디배움학교의 실천철학과도 관련되어 있지만, '배움은 개별적'이어야 한다는 혁신학교운영의 경험이 반영된 것으로 이해할 수 있다. 결국 학생들 한 명 한 명을 얼마나 개별적인 존재로 바라볼 수 있느냐가 핵심이라는 것이다. 다혼디배움학교에서 개별적 배움과 학습은 현재에서 미래로, 학생 중심을 넘어 '학생주도'로 가는 이정표로서, 학생 개개인별로 특화된 개별화 교육과정을 요구하고 있다.

교사들이 아이들 한 명 한 명을 얼마나 개별적인 존재로 바라볼 수 있느냐, 그 눈을 가지고 있느냐? 이 부분에 대한 기반이 없이는 교육과정 재구성은 형식적인 것이 되기 쉬워요. 저는 그 아이들을 한 명 한 명 개별적으로 보고 다양성을 존중하는 것이라고 봐요. 맞춤형과 개별화 교육과정으로 가는 게 결국 아이들 한 명 한 명이 배움과 성공에 도달하는 거니까요. (I 교사, 2021.1.25.)

교육과정 유연화를 통한 개별화 교육과정이 중요한 까닭은 학생들이 주도적이고 능동적으로 학습에 참여하는 태도를 함양함으로써 미래사회의 불확실한 상황에 적응할 수 있는 역량을 키울 수 있기 때문이다. 문제는 '예전과 다른 학생들의 다양성을 존중하면서 학생주도라는 원리가 개인화되지 않도록 어떻게 교육현장에 적용할 것인가'라는 것이다. 하나의 해답으로 제시된 것은 개별화 교육과정과 '상호 배움과 공동 실천'을 이어주는 공동체 학습의 만남이다.

■ **개별 교실 수업 넘어가기**

다혼디배움학교의 교육 활동이 학생 중심에서 학생주도로 심화하기 위해서는 교사들이 넘어야 할 과제 하나가 부각된다. 학생들의 배움이 개별적이라면 교사는 '교실 개별화주의'를 넘어가야 한다는 것이다. 다혼디배움학교는 그동안 전문적 학습공동체의 수업공개와 수업 나눔을 통해 이를 실천해왔다. 학생들 한 명 한 명의 관점에서 보면 교사 한 명이 모든 것을 해낼 수도 없고, 교사가 교실에서 어느 한 명도 소외시키지 않는 개별화 교육과정을 실행하려면 결국은 수업을 열 수밖에 없기 때문이다.

교실 개별화주의가 심하고, 내 수업에 대해 함께 털어놓고 같이 고민하면서 그 수업에 대한 고민, 아이들과 만나는 거에 대한 그 이야기들을 교사들이 하기 쉽지 않아요. 전문적 학습공동체를 넘어서 교사가 교사로서 공동체로 가려고 하면 자신의 수업에 대해 다른 교사와 고민과 지적을 나누고 함께 연결하면서 해결책을 마련하는 문화가 만들어져야 된다고 생각해요. (H 교사, 2021.1.25.)

그러면 이러한 문화를 어떻게 형성할 수 있는가? 면담에 참여한 일부 교사들은 수업을 열고 교실을 깨는 데 있어 가장 큰 저항요인은 교사의 '마음의 벽'이라고 지적하였다. 그들은 교사가 평가를 받는다는 두려움, 흠 잡히는 걸 싫어하는 방어의식, 학생들의 잘못에 대한 걱정과 불안감 등을 극복하고 고민을 나눌 때, 배려적 인간관계를 넘어 교육적이고 전문적인 동료성으로 발전한다는 경험을 나누었다. 그리고 교사 간의 상호신뢰 이외에도 학교(학년) 교육과정과 학교-마을의 연대가 '개별 교실 깨기'에 대한 교사의 부담감과 두려움을 해소하는 역할을 한다고 언급하였다.

■ **생활과 연결한 평가 혁신 촉진**

학생들의 다양성을 고려하여 학생주도의 개별화 교육과정을 구현하고 교사의 개별 교실주의를 넘어가기 위한 방안으로, 연구참여자들의 의견이 수렴된 지점은 다름 아닌 평가 문제였다. 평가 혁신의 촉진이 교육과정, 수업, 기록을 일체화하는 지렛대라는 것이다. 연구참여자들은 학교급과 관계없이 교사별 평가를 위한 교사의 평가 자율성 강화를 요구하였다. 특히 면담에 참여한 교사들은 학생과 더불어 평가를 계획하고, 학생 개인별로 정확히 진단하여 교육 활동을 전개하고 피드백하여 그 성과를 결과로 기록하는 것이 교육과정-수업-평가-기록의 일체화라고 생각하고 있었다.

> 교사에게 평가권을 온전히 위임하는 게 중요하다고 봐요. 그래서 교사가 평가 결과에 대해서 책임져야 한다고 생각해요. 평가가 관찰로 이루어졌든 아니면 면담으로 이루어졌든 간에 교사가 학생 한명 한명에 대해 정말 바르게 평가하고 기록하면 교사의 평가를 신뢰해야 한다고 생각해요. 선생님이 이렇게 학생 개별로 정확히 평가하고 진단하여 그것에 맞게 피드백을 해주고, 그 결과를 학부모에게 알려주는 과정이 그게 교육과정-수업-평가의 일체화라고 생각해요. (A 교장, 2021.1.18.)

이러한 맥락에서 볼 때, 현재의 과정 중심평가는 형식적인 측면이 강한 것을 알 수 있다. 아직도 배움의 과정 자체가 평가되는 것이 아니라 배움의 결과가 평가되는 경우가 많고, 현재의 교육과정이 개별화 교육과정과는 거리가 있기 때문에 학생의 생활과 삶으로 연계되지 않는 '기록을 위한 평가'와 같다는 것이다. 따라서 다혼디배움학교가 미래에도 지속성을 유지하기 위해서는 학생의 학습 주체화를 기반으로 하는 평가의 체계화와 평가 혁신의 촉진이라는 큰 과제가 시사되고 있다.

(3) 학교 혁신을 넘어 학교 자치 실현

면담에 참여한 교사와 학교경영자는 '학교공동체의 자치 강화'와 '교육과정 기반의 학교 자치'를 통해 학교 혁신을 넘어 학교 자치를 실현하는 것을 다혼디배움학교의 미래 방향으로 희망하고 있다.

■ 학교공동체의 자치 강화

연구참여자들은 앞에서 기술한 '다혼디배움학교의 고민과 한계'를 극복하고 진일보하기 위해서는 '아래로부터의 학교 자치'가 중요하다고 역설하였다. 그들이 강조한 학교 자치의 방향성은 의사결정 과정에서의 교사 편의주의를 위해서가 아니라 학교 구성원이 숙의하고 협력하여 결정하는 자치를 의미하고, 그 목적은 학생의 배움과 성장에 있다.

> 학교 자치는 결국 학교 구성원들 모두가 자치역량을 가지고 있어야 되잖아요. 그런데 교사자치만으로 이뤄진 학교들은 위험성이 있다고 생각돼요. 가장 핵심인 아이들의 자치가 되어 있지 않으면 교사들 편의로 뭔가가 결정되고 가버리는 모습도 보이더라고요. 그런데 거기에 아이들이 들어오면 아이들이 자기의 목소리를 내니까 여기서 서로 중재하고 조율해 나가잖아요. (G 교사, 2021.1.25.)

연구참여자들에 의하면, 학교 자치는 교사들만의 자치를 의미하지 않지만 학교장의 자치를 의미하지도 않았다. 또한 학교 자치는 무엇보다 학생을 '위한 자치(autonomy for)'이기 때문에 학교장'으로부터의 자치(autonomy from)'를 의미하지도 않는다는 것이다. 그러므로 학교 자치는 학교공동체의 자치가 되어야 한다는 것이다. 진정한 학교 자치를 달성하기 위해서는 학교 구성원의 자치가 중요하며, 학부모 자치가 더욱 강화되어야 하는 이유도 여기에 있다. 그리고 연구참여자들은 '학교 자치의 꽃'은 학생의 자치이고, 학생자치를 학생주도성과 연결하여 활성화해야 함을 강조하였다.

■ 교육과정 기반의 학교 자치

'학교공동체의 자치'가 학교 자치의 구성원 측면이라면, 학교 자치의 또 다른 측면은 영역별 자치로 드러났다. 영역별 자치란 학교운영과 관련된 핵심 요인이라고 할 수 있는 인사, 재정, 교육과정과 관련된 자율을 의미한다. 면담에 참여한 학교경영자들은 다혼디배움학교와 관련한 인사와 재정에 관한 자율권은 나름 개선되고 신장하였다고 평가하였다. 그러나 교육과정과 관련한 성과는, 비록 「제주특별법」이 고도의 자율 권한을 보장하였음에도 불구하고 드러낼 만한 사례가 많지 않다고 언급하였다.

교사의 관점에서 보았을 때, 교육과정의 자율성은 학교 자치의 핵심이다. 그러나 현행 교육체제의 구조하에서 교육과정의 자율성은 양날의 검과 같다고 한다. 그 방향성은 미래를 향해 반드시 가야 할 길이지만 쉽고 편하게 갈 수 없는 고난과 헌신의 길이기 때문이다. 그리고 교사의 자발성만으로는 가기 어려운 길이라는 것이다. 왜냐하면 교사의 자발성만으로는 앞에서 기술한 교사의 피로감과 소진을 해소할 수 없기 때문이다.

> 그러니까 교육과정과 학생들의 삶. 학교에서 학생들이 삶의 역량을 기를 수 있도록 해야겠다는 목표는 있는데요. 이것을 내 교과와 또는 타교과와 연결을 하면서 우리 학교 교육과정을 어떻게 구성할 것이냐를 고민해야 한다는… 목표는 보이는데 그게 매우 어렵다는 거예요. 이걸 어떻게 구현해야 하는가. 그것은 정말 계속 고민하고 공부하고 실천하고, 또 성찰하고 공부하고 실천하는 방법밖에는 없는 것 같아요. (L 교사, 2021.1.26.)

연구참여자들은, 교사는 교육과정 편성 및 운영 등에 대하여 전문성을 가지고 재량권을 발휘할 수 있지만, 교육과정에서의 교사의 자율성은 법규나 지침 이외에도 학교장의 교육 철학과 학부모의 민원에 의해서 영향을 받는다고 지적하였다. 따라서 교사들의 고민을 덜어주기 위해서는 교육과정 관련 의사결정에 대한 자치가 중요하다. 한편, E 교장은 교사는 교육과정의 운영자이자 재구성의 전문가라는 차원을 넘어 미래에는 '교육과정 개발자'가 되어야 한다는 점도 언급하였다.

(4) 학습자의 배움 공간 확장

마지막으로, 면담에 참여한 교사와 학교경영자들은 다혼디배움학교의 미래지향적 방향으로 '학생과 교육 중심의 공간혁신'과 '학교-마을 연계한 배움 공간'을 핵심으로 한 학습자의 배움 공간을 확장해야 할 것을 언급하고 있다.

■ 학생과 교육 중심의 공간혁신

2019년 이후 제주지역에서도 학교의 공간혁신 사업이 활성화되고 있다. 비록 학교를 새로 짓는 것은 아니더라도, 현재의 학교 공간을 재구성하고 재배치하면서 학생 참여와 사용자 중심으로 공간혁신이 이루어지고 있다. 기존 통제와 관리 중심의 공장모델형 학교 공간이 변화되고 있는 것이다. 이러한 변화는 혁신학교의 철학과 어우러져 2가지 방향으로 나타났다.

첫째는 학생 중심으로의 공간혁신이다. 다혼디배움학교는 학교를 학생들이 머물고 싶은 공간으로 만들고, 학교에 있는 것 자체를 따뜻하게 느끼도록 '공간의 힘'을 사용하고 있다. 미래가 아무리 달라져도 결국 아이들과 학생들이 중심이라는 교육적 관점은 변하지 않을 것이라고 보기 때문이다.

둘째는 공간혁신을 좀 더 교육적으로 하자는 의견이다. 예를 들어, 교실 공간에서 에듀테크 기반의 교육 활동이 이루어지려면, 태블릿만을 학생들에게 제공하는 것이 아니라 활동과 표현에 필요한 관련 기자재를 함께 설치해야 한다는 것이다. 그리고 현재의 교실 공간은 강제적으로 경계가 지어져서 구조적으로 막혀 있을 뿐만 아니라 자발적이고 자연스러운 배움을 방해한다는 지적도 제기되었다. 따라서 연구참여자들은 미래사회를 지향하는 학교 공간을 만들기 위해서는 배움과 쉼이 함께 있고, 교육과정을 효과적으로 운영하기 위한 유연한 교실 공간을 상상할 필요가 있다고 주문하였다.

■ **학교-마을 연계한 배움 공간**

연구참여자들은 앞에서 기술한 것처럼 학생과 교육을 중심으로 공간혁신이 이루어지기 위해서는 공간에 대한 철학이 중요하며, 제주지역 나름의 교육적 함의가 필요하다고 지적하였다. 철학이 부재할 경우, 공간혁신으로 탄생한 '아고라 광장'도 민주적인 회의문화를 형성하는 장소로 사용되기보다 '장기자랑'이나 하는 곳으로 전락하기 쉽다는 것이 그 이유이다. 더불어 분절적으로 추진되는 학교의 공간혁신을 지양하고 학교 공간 전체를 교육적으로 재구성하는 공간혁신이 필요하다는 지적도 나왔다. 특히 '학생 중심 공간혁신'을 학생 사용자 중심으로 바라보는 편협한 관점을, 학생을 포함하면서 교사, 학부모, 지역사회를 고려한 공동체적 공간혁신의 관점으로 발전시켜야 한다.

공간혁신에 대한 요구가 많이 이루어지고 있고 부분적으로는 많이 바뀌고 있어요. 부분적으로 화장실도 지금 작년에 바뀌었고 도서관도 바뀌었고 그다음에는 책걸상도 바뀌었는데, 전체적으로 학교의 공간에 대한 철학을 바탕으로 공간을 재조정하는 작업은 아직 미흡한 것 같아요. (J 교사, 2021.1.26.)

면담에 참여한 초등학교의 교사와 학교경영자들에게 코로나 상황의 경험은 공간혁신의 범위를 학교를 넘어 마을과의 연대로까지 확장하도록 영향을 주고 있다. 일부 교원은 마을과 연계된 '공동체성의 확장'을 통해서 마을의 인적, 물적 자원을 학교 교육에 활용할 수 있다고 보았다. 다른 일부 교원들은 인구 절벽과 지역 소멸의 시대를 맞아 작은 학교의 존속과 학교 교육의 지속가능성을 고려하며 미래를 대비해야 할 필요성을 강조하였다. 그리고 연구참여자들은 학교와 마을 간에 상호 넘나드는 배움 공간을 확장하여 학습자의 학습을 극대화해야 할 필요성을 인식하고 있었다.

4. 제주 미래 교육을 위한 방향

다혼디배움학교에 대한 돌아보기와 미래 보기를 바탕으로 제주 미래 교육의 큰 방향을 살펴보면 다음과 같다.

첫째, 다혼디배움학교의 새로운 비전 설정에 대한 논의가 필요하다. 혁신학교는 법적으로 자율학교이며, 법규가 보장한 자율권을 바탕으로 학교를 변화시키는 '공교육 혁신의 모델'(교육부, 2019)이다. 그러나 김성천(2018)에 의하면, 혁신학교는 초기에 '실험학교'의 위상이 강했으나 양적으로 확산하면서 실험학교보다는 혁신을 경험하는 학교, 곧 공교육 혁신의 '모델학교'로 인식되고 있다. 면담 분석 결과, 다혼디배움학교의 새로운 비전과 관련해서 2가지 측면을 고려할 필요가 있다. 하나는 일반 학교와의 관계에서 혁신학교의 정체성과 관련한 것이고, 다른 하나는 혁신학교의 일반화와 연계된 적정 학교 수에 관련된 것이다.

우선 일반 학교와의 관계에서 혁신학교의 역할과 관련한 정체성은 혁신학교를 실험학교로 볼 것인가, 아니면 공교육 혁신의 모델학교로 볼 것인가 하는 것이다. 실험학교로서 혁신학교는 기존의 연구학교와 달리 단일 프로그램을 적용하여 변화를 기대하는 방식이 아니라 단위학교의 총체적인 변화를 추구하는 특성이 있다. 그러나 혁신학교는 양적 확산을 거치면서 모델학교로서의 위상이 강조되고 질적 편차에 따른 '무늬만의 혁신학교'가 늘어나면서 실험학교로서의 위상은 크게 약화되었다(이광호 외, 2015). 그렇다고 혁신학교가 실험학교만으로 남을 경우 혁신학교는 '그들만의 학교'가 되기 쉽고, 많은 일반 학교들이 혁신학교의 성과를 공감하지 못하거나 전통적인 학교로 남아 있을 수 있다. 여기서 중요하게 고려해야 할 것은 혁신학교가 미래 교육을 지향하고 선도하기 위해서는 초기 실험학교로서의 혁신학교의 비전과 정체성이 보다 적절할 수 있다는 점이다.

한편 이혁규(2015: 263)는, 혁신학교가 "위로부터 강요되는 운동이 아니라 교원의 자발성에 더하여 진행되는 운동, 전국적으로 일사불란하게 진행되는 운동이 아니라 지방자치제도라는 조건 속에서 지역 차원에서 전개되는 운동, 교실이나 교수 방법을 바꾸려는 운동이 아니라 단위학교문화를 바꾸려는 운동"이라고 평가하며 일반화의 가치가 크다고 주장한다. 정바울 외(2020)에 의하면, 초등학교는 전체 학교 수의 58.8%, 중등학교는 45.4%가 다혼디배움학교의 적정한 수로 나타났다. 다만 이 경우에는 혁신학교를 추진하는 주체의 부족과 일반 학교 교원의 준비되지 못한 자발성과 역량 미흡으로 혁신학교에 대한 질 관리 문제가 발생할 수 있다(김성천, 2018: 백병부 외, 2019). 그런데 '혁신학교의 일반화'가 '일반 학교의 혁신학교화'보다 〈표 3〉에서 보듯이 '학교 혁신의 일반화'를 의미한다면, 이 문제를 다르게 접근할 수 있다. 즉, 교육청 단위로 학교급별 8~10개 학교당 1개 정도의 거점학교를 설치하는 방안이다(이중현, 2017; 박수정, 박정우, 2020).

둘째, 교육과정-수업-평가의 혁신과 관련한 학생 주도성에 대한 논의가 필요하다. 면담 분석 결과, 연구참여자들은 교육과정-수업-평가와 관련하여 '학생 중심에서 학생주도'로 전환해야 한다고 인식하고 있었다. 미래 교육과 관련한 많은 선행연구들도 이러한 방향을 지지하고 있다. 특히 Hargreaves와 Shirley(2009)는 일찍이 학생 개인의 강점, 잠재력, 욕구에 맞춘 차별화된 교수-학습을 통해 진정한 개별화 교육이 이루어져야 한다고 주장하며, 학생은 교육서비스의 대상이거나 지도와 변화의 대상이 아니라 배움과 변화의 주체라고 보았다.

그러나 문제는 초점집단면담 상에서 언급된 학생 중심에서 학생주도로의 인식 전환이 교육현장의 실제에서 명확하게 나타나지 않은 채 당위적 주장으로만 여겨진다는 것이다. '학생 중심'이란 교사가 학생을 차별화되게 지도(differentiated instruction)하거나 개인별로 지도(individualized instruction)를 하더라도 아직 그 주도성이 교사에게 있는 것을 말한다. 반면에 '학생주도'는 교사가 학습을 지도하는 것이 아니라 학생 스스로가 학습을 주도하도록 하는 것이다.

이러한 맥락에서 볼 때 학생은 교육과정을 실시하는 대상이 아니라 교육과정의 공동 개발자이면서 기획자이고, 가르침의 대상이 아니라 가르치는 사람이 될 수도 있다. 이처럼 학생주도의 교육이 가능하기 위해서는 학습자에 대한 관점이 바뀌어야 하며, 나아가 학생들을 변화를 위한 동반자로 생각해야 한다(Schultz, 2017). OECD(2019)는 학생 주도성을 행위 주체성(students agency)으로 강조하며 세상에 참여하여 더 나아질 수 있는 사람과 사건, 환경에 영향을 주는 책임감으로 정의하고 있다. 따라서 다혼디배움학교는 미래

지향적 교육과정-수업-평가의 혁신을 지향하면서 개별화와 상호협력 등을 특징으로 하는 새로운 '학습 나침반'을 만들고 '학습복지'로 이를 보완해 나갈 필요가 있다.

셋째, 다혼디배움학교가 학교 혁신을 넘어 학교 자치 실현으로 진일보하도록 하는 논의가 필요하다. 면담 분석 결과, 학교 자치 확대의 방향성은 참여 주체 차원의 학교공동체 자치와 내용 차원의 영역별 자치로 나타났다. 학교 자치가 의미하는 학교의 자율성은 '외부 기관에 대해 학교가 갖는 자율성'과 '학교 내부의 의사결정 자율성'을 의미하기 때문에 학교 자치의 참여 구조(주체)와 자치의 기능 영역(내용)에 관심을 가져야 하는 것은 당연하다. 그러나 학교 자치를 가능하게 하는 기반인 문화적 차원의 자치에 대해서도 주목할 필요가 있다(박수정, 정바울, 2020).

Cheng et al.(2016)에 따르면, 문화적 차원의 학교 자치는 교사들의 자기효능감, 공동체 의식, 전문적 관심, 그리고 교장의 리더십과 긍정적 상관관계가 있다. 그러므로 문화적 차원의 자치는 학교 자치의 중요한 요소라고 할 수 있다. 박수정과 정바울(2020)의 연구에서 구조적 차원과 기능적 차원의 학교 자치 구성요인은 빈번하고 비중 있게 다루어지는 한편, 문화적 차원의 학교 자치 구성요인과 학교장 리더십의 활용빈도는 낮게 나타났다. 이는 우리나라의 학교 자치가 실행되는 과정에서 정책적으로 표방되고 있는 학교 자치와 실제로 실행되는 학교 자치 사이에 인식론적, 실천적 괴리가 존재한다는 것을 시사한다.

서울시교육청과 세종시교육청에서는 2019년 이래 혁신 자치학교를 지정·운영하며 기존의 혁신학교보다 학교운영의 자율성을 폭넓게 보장하고 있다. 혁신 자치학교는 4년 동안 혁신학교를 운영한 경험이 있는 학교 중에서 희망 학교가 중심이 되어, 학교 자치에 대한 구체적인 방안들을 실험하는 중이다. 그동안 학교 자치 확대에 대한 공감대는 형성되었지만 구체적인 방안이 없는 상황에서, 이러한 시도는 학교 자치에 대한 미래지향적 실천 지식과 실제적 운영원리, 문화적 자치의 방안 등을 만들어 낼 것으로 기대된다.

넷째, 학습자의 배움 공간을 학교를 넘어 확장하는 논의가 필요하다. 연구참여자들이 진술한 것처럼 학교의 공간은 힘이 있다. 사람과 공간이 만나 교수-학습이 일어나기 때문이다. 그리고 학교의 공간은 그 자체로서 중요한 교육과정이자 하나의 교과서이고 텍스트이다(김승희, 2020). 학생들은 학교의 공간을 경험하는 과정을 통해서 지식이 전수되는 방식, 생활을 영위하는 방식, 그리고 공간이 내포하는 문화적 취향을 익힌다. 나아가 교사가 어떻게 교육할지 고민하는 것도 그 학교의 공간적 범위와 한계를 벗어나지 못한다. 그러므로 학교의 공간은 학습자의 배움을 촉진하는 요인인 동시에 제약 요인으로 작용할 수 있다.

학습자의 배움 공간을 확장하는 미래지향적 방향으로는 가변성과 개방성이 강조된다. 가변성은 공간의 용도를 확정하거나 한정하지 않고, 하나 또는 여러 개의 공간을 다목적으로 활용하는 개념이다. 이는 교육과정의 변화에 융통성 있게 대처하고 학생들의 학습 및 활동에 따라 용도를 결정하여 이에 적합한 환경으로 공간을 재구성하고 지원하는 것을 의미한다. 개방성은 학생들에게 학교 밖의 열린 배움의 공간을 제공하고, 학교가 지역사회의 중심적인 학습센터가 되도록 하는 개념이다. 미래사회에서의 학습은 교실과 학교 그리고 학교 밖을 넘나들며 이루어지고 지역사회의 생활 SOC(Social Overhead Capital: 사회간접자본)와 연계해야 하기 때문이다(김도기 외, 2019; 이인회, 2020; OECD, 2008).

면담 분석 결과, 개별화 교육과정과 공동체 학습을 실행할 수 있는 다양한 교실 배치와 온·오프 상의 창의적 공간 구성이 요구되며, 학생 수 감소와 지역 살리기를 전망하면서 학습 공간을 마을로까지 확장할 필요성이 나타났다. 따라서 읍면지역이나 도서벽지에 위치한 소규모 학교에서는 유·초등학교와 초등학교 간, 그리고 초등학교와 중학교 간에 교육과정을 통합하여 탄력적으로 교육체제를 운영하는 다양한 통합운영학교 모형을 고려할 수 있다(경기도교육청, 2020). 나아가 학생의 개별 맞춤형 교육을 적극적으로 실현하기 위해서는 수준별 학생 맞춤형 무학년제 수업, 1~9학년 주제 중심 융합 프로젝트 운영 등을 미래지향적 방안으로 모색할 필요도 있다(정미경 외, 2020).

이상의 논의를 바탕으로 다혼디배움학교의 미래지향적 발전 로드맵을 제시하면 [그림 1]과 같다.

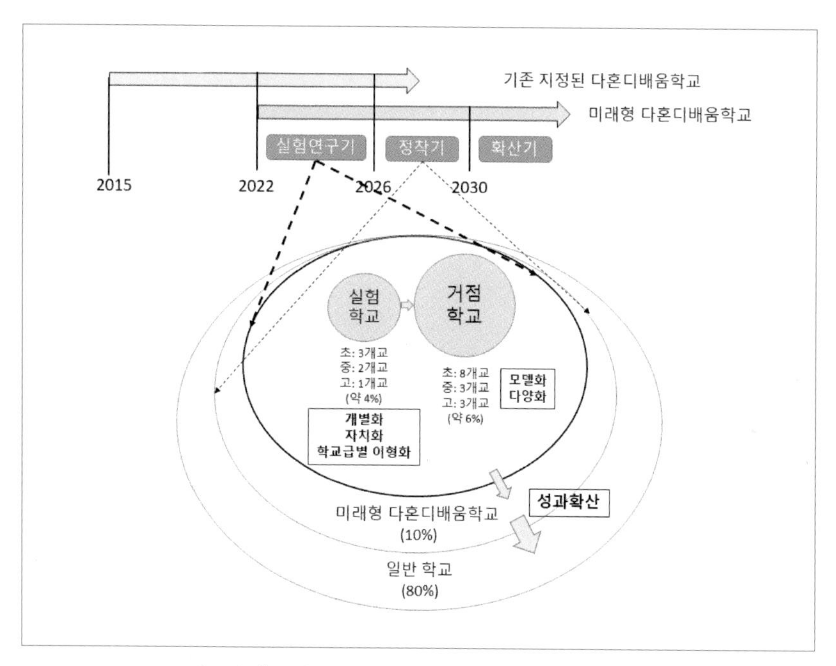

[그림 1] 다혼디배움학교의 미래지향적 발전 로드맵

[그림 1]에서 보듯이, 다혼디배움학교의 미래지향적 발전 로드맵은 기존에 지정된 학교를 일정 기간 동안 유지하면서 미래형 다혼디배움학교를 추진하는 것을 전제로 하고 있다. 이 연구에서는 미래적 시점을, 〈표 3〉에 제시된 다혼디배움학교의 발전단계, OECD의 '교육 2030 프로젝트', 그리고 향후 2차례의 교육감 선거를 고려하여 2022년부터 2030년으로 설정하고, 그 발전 과정을 실험 연구기(2022~2026), 정착기(2027~2030), 확산기(2031~)의 3단계로 구분한다.

실험 연구기(2022~2026)에는 전체 학교 수의 10% 내외에서 실험학교와 거점학교의 수를 선정하여 다혼디배움학교로 운영한다. 실험학교의 정체성은 다혼디배움학교의 철학과 비전 및 성과를 기반으로 이 연구의 결과와 논의를 통해 학술적으로 수렴된 내용을 적용, 실천하여 미래학교 모형을 구안하는 데 목표를 두는 학교를 의미한다. 미래 학교의 모형을 구안하는 기본 방향으로는 '개별화'와 '자치화' 그리고 '학교급별 이형화'를 고려할 수 있다. 반면에 거점학교의 정체성은 다혼디배움학교가 그동안 이루어 온 성과를 바탕으로 지역별 또는 권역별로 제주형 혁신학교의 질적 심화와 발전을 지원하고 협조하는 학교이다. 거점학교는 1차적으로 기존 다혼디배움학교의 철학, 비전과 실천을 경험하고 그 성과를 확산하는 데 목표를 둔다. 이러한 거점학교운영의 기본 방향은 '모델화'와 '다양화'라고 할 수 있다.

정착기(2027~2030)에서는 실험학교가 현장 중심으로 구안한 미래형 다혼디배움학교를 거점학교에 도입한다. 이 시기의 거점학교는 위에서 기술한 1차적 목표를 2차적 목표로 전환하여 새로운 다혼디배움학교의 모델화와 다양화를 통해 그 역할을 담당하면서 성과를 확산해 나간다. 그러나 정착기 동안, 다혼디배움학교의 수를 전체 학교의 20% 내외로 제한하여 양적 확산보다는 질적인 심화에 초점을 둘 필요가 있다. 그리고 확산기(2031~)에서는 다혼디배움학교의 수를 더 이상 확대하지 않는다. 오히려 질적으로 심화한 거점학교의 성과를 제주지역 전체 초·중등학교에 확산하면서 학교별 특성을 반영한 미래지향적 교육패러다임을 구축하는 데 역점을 두어야 한다.

다음으로, [그림 1]에서 제시한 로드맵을 기반으로 할 때 다혼디배움학교의 미래 교육을 위한 구체적인 방향은 다음과 같다.

첫째, 다혼디배움학교의 미래지향적 발전 로드맵을 시기적, 단계적으로 설정하여 제주교육 전반적인 방향성을 정립해야 한다. 제주형 혁신학교로서 다혼디배움학교의 정체성을 실험학교와 거점학교로 구분하여 재설정하고, 2개의 모형 간에 그 역할을 구체화할 필요가 있다. 따라서 다혼디배움학교의 일반화보다는 '학교 혁신의 질적 심화'에 초점을 두어야 한다. 이를 위해서는 다혼디배움학교의 지정 과정에서부터 엄격한 심사가 이루어져야 하며, 중간평가와 최종평가를 보다 엄정히 하여 '무늬만의 혁신학교'는 일반 학교로 과감히 전환할 필요가 있다.

둘째, 기존 다혼디배움학교의 운영 경험을 가진 제주형 혁신학교 가운데서 실험학교와 거점학교를 선정하여 실험 연구기(2022~2026) 동안 내실 있게 운영해야 한다. 무엇보다 실험학교는, 다혼디배움학교가 교육의 본질로 돌아가고 공교육을 정상화하려 했던 초기의 비전과 정체성을 유지하면서 미래교육의 방향성을 찾는 새로운 역할을 담당해야 한다. 이를 위해서 미래형 다혼디배움학교로 선정된 실험학교는 학생 주도성, 개별화 교육과정과 공동체 학습, 학교공동체의 문화적 자치, 배움 공간의 확장 등을 과제로 삼아 다양한 실험을 지속할 필요가 있다. 그리고 학교급별로 다혼디배움학교의 적용 모형을 이형화하여 초등학교와 다른 중등 다혼디배움학교의 모형을 별도로 개발할 필요가 있으며, 특히 고등학교급에서 돌파구를 만드는 것이 중요하다.

셋째, 다혼디배움학교 정책이 교육청의 다른 교육정책들과 상호 유기적으로 관계를 맺고 합목적적으로 상승효과를 제고할 수 있는 방향으로 추진되어야 한다. 예를 들어, 다혼디배움학교가 교육 중심 학교시스템, 중학교 자유학년제, 고교학점제 시범 운영 등과 조응할 수 있는 교육 정책적 여건을 공고히 조성할 필요가 있다. 반면에 IB 학교와 같은 새로운 교육정책 추진이, 학교 구성원들에게 혁신학교 정책의 중점이 변화된 것으로 인식되어 학교 혁신을 위축하지 않도록 경계해야 한다.

넷째, 다혼디배움학교가 미래지향적으로 교육패러다임을 바꾸어 나가기 위해서는 다혼디배움학교에 대한 자율성이 보다 강화되고 학교 자치가 더욱 확대되어야 한다. 이를 위해서는 다혼디배움학교가 발전하는데 그동안 걸림돌로 작용했던 제도적 요인들을 선제적으로 제거하여 학교의 고민을 덜어내는 지원을 강화해야 한다. 동시에 개인 단위 교장공모제의 문제점을 개선하면서 교사와 교원을 팀으로 공모하는 방식을 도입하는 등, 보다 탄력적으로 인사제도를 개선할 필요가 있다.

제2부

교과별 방향성을 모색하며

제3장

권유성

제주4·3문학을 활용한 평화·인권교육의 현황과 미래 과제

1. 들머리

제주지역에서 4·3교육은 전교조 제주지부에서 주관하는 4·3교육에서 출발해, 2013년 「제주특별자치도 각급 학교 4·3 평화교육 활성화에 관한 조례(2013.4.10. 제주특별자치도 조례 제1028호)」가 제정되고, 2014년 이석문 교육감이 취임하면서 2016년부터는 제주특별자치도교육청(이하 '제주도교육청'이라고 함) 차원에서 '4·3 평화·인권교육'이라는 명칭 아래 시행되고 있다.

4·3교육의 진행 과정에 대해서는 이영권(2007)의 '학교현장에서의 4·3교육, 그 현황과 과제: 제주지역 중고등학교현장을 중심으로', 현윤섭(2008)의 '4·3 평화교육이 제주지역개발에 미치는 효과 연구', 이정원(2019)의 '다원적 민주시민 교육의 조건인 새로운 헤게모니: 제주 4·3 평화 인권교육을 중심으로', 그리고 고경아(2020)의 '제주지역 고등학생의 제주 4·3 인식과 평화·인

권교육 방안' 등을 참고할 수 있다.

제주도교육청의 「2019학년도 4·3 평화·인권교육 운영계획」을 참고하면 그 주요한 추진 목적으로 "4·3에 대한 역사적 이해와 4·3의 교훈을 통하여 평화·인권·통일의 소중함 인식", "4·3의 진실규명 과정에서 체득한 평화와 인권, 화해와 상생, 정의 회복 과정을 통한 민주시민 교육으로서의 4·3교육 확산" 등이 제시되고 있다. 4·3교육은 기본적으로 4·3 특별법(2000)과 「제주 4·3 사건 진상조사보고서」(2003)의 범위 안에서 실시하고 있는데, '평화와 인권', '화해와 상생', '정의 회복' 등은 특별법과 진상 보고서가 제시하는 가장 중요한 가치이기도 하다.[1]

1 2016년부터 2020년까지 제주도교육청에서 시행해 온 '4·3 평화·인권교육 운영계획'의 주요 사항을 간략히 정리하면 아래와 같음.

년도	추진 목적	주요사업	기대효과	비고
2016 ~ 2017	-4·3에 대한 기초 이해와 평화·인권·생명의 소중함 인식 -진실규명의 과정에서 체득한 화해와 상생의 정신 함양 -세계 평화의 섬 제주 학생으로서의 정체성 함양과 평화 애호 정신 고취	-4·3 평화·인권교육 주간 설정 운영 -학교급별 교육자료 개발 보급 -4·3 평화·인권교육 명예 교사제 운영	-4·3에 대한 학생들의 올바른 역사 인식 고양 -교원의 전문성 신장 및 4·3 평화·인권교육 관련 정보 공유 활성화 -상생과 평화의 가치 공유 및 인권 의식 고양으로 '세계 평화의 섬' 제주 학생으로서의 정체성 함양	2017년부터 초중고 125개교에 70만 원 예산 일괄 지원. 교육청 학교교육과 진행.
2018	상동	-4·3 평화·인권교육 주간 설정 운영 -4·3 평화·인권교육 교육과정 운영 지원(191개교 일괄 100만 원 지원) **-학교급별 4·3 교재 활용(2017년 제작)** -4·3 평화·인권교육 명예 교사제 운영 **-지역 연계 4·3 문화예술교육 활성화** -다큐 및 애니메이션 제작 보급	-4·3에 대한 학생들의 올바른 역사 인식 고양 **-4 · 3의 교훈 확산 및 4·3의 전국화, 세계화** **-상생과 평화의 가치 공유 및 인권 의식 고양으로 세계시민의식 함양** **-4 · 3에 대한 올바른 이해를 바탕으로 평화와 인권, 정의, 민주주의라는 보편적 가치를 내면화**	**4 · 3 70주년을 기해 '내면화', '전국화', '세계화'를 교육목표로 설정하고, '평화·인권이 살아있는 동아시아 공동체'라는 비전 제시.**

제주도교육청에서는 2016년부터 매년 '4·3 평화·인권교육 주간'[2]을 설정하고, 제주지역 모든 학교 교육과정에 반드시 포함하도록 하고 있다. 4·3 평화·인권교육은 제주 4·3 진실규명과 명예회복 과정의 진전과 함께 제기되어 온 4·3교육에 대한 지속적 요구가 제주도교육청 주관하에 학교 교육과정에 공식적으로 포함되어 실현되었다는 점에서 기본적으로 매우 큰 의미가 있다고 할 수 있다.

제주도교육청의 운영계획을 참고해 볼 때, 4·3 평화·인권교육의 기본적이면서도 중요한 교육대상은 제주 4·3이라고 할 수 있으며, '평화·인권'은 교육이 지향하는 핵심 가치를 압축한 슬로건이라고 할 수 있다. 즉, 4·3 평화·인권교육은 제주 4·3교육을 통해 학생들이 평화·인권이라는 핵심 가치를 내면화한 민주시민으로 성장할 수 있도록 돕는 것을 목표로 삼고 있다는 것이다.

그리고 이와 같은 교육목표를 달성하기 위해 제주도교육청에서는 2018년부터 4·3 평화·인권교육을 '문화예술교육과 연계'할 것을 권장하고 있는데, 민주시민으로서 갖추어야 할 평화와 인권이라는 가치의 내면화를 위한

2019	–분단과 냉전 과정에서 있었던 4·3에 대한 역사적 이해와 4·3의 교훈을 통하여 평화·인권·통일의 소중함 인식 –4·3의 진실규명 과정에서 체득한 평화와 인권, 화해와 상생, 정의 회복 과정을 통한 민주시민 교육으로서의 4·3교육 확산 –제주 4·3의 교훈이 우리 모두의 역사가 되도록 제주 4·3을 통한 민주시민 의식 함양	상동 –4·3 평화교육위원회 운영	–문화와 예술로 기억, 공감, 실천하는 4·3 평화·인권교육의 활성화 –4·3에 대한 이해 및 평화와 인권, 통일의 소중함에 대한 인식 확산 -상생과 평화의 가치 공유 및 인권 의식 고양으로 세계시민의식 함양 -4·3에 대한 이해를 바탕으로 평화와 인권, 정의, 민주주의라는 보편적 가치를 내면화	제주도교육청 민주시민교육과 진행.

2 계기 교육의 성격을 가진 '4·3 평화·인권교육 주간'은 4월 3일을 전후해 2주간 설정되며, 제주도교육청에서 2017년 125개교에 운영을 위한 예산 70만 원을 일괄지급하기 시작한 이후 점차 지원예산을 늘려오고 있음.

바람직한 교육 방향이라고 보인다. 평화·인권이라는 가치가 인지적 영역에서의 교육뿐 아니라 정서적 측면에서의 교육이 동시에 이루어질 때 효과적인 교육이 이루어질 수 있는 것이라면(이승미, 2000), 역사적 사실에 대한 교육뿐 아니라 문화예술 활동과 결합한 정서적 교육이 동반될 필요가 있기 때문이다. 그중에서도 특히 제주 4·3의 진상규명과 명예회복 과정에서 "가장 선도적이고 핵심적인 역할을 담당했"(김동윤, 2013: 136)을 뿐 아니라, 그것과 함께 성장해 온 제주4·3문학은 4·3 평화·인권교육 과정에서 매우 중요한 위상과 역할을 가진다고 할 수 있다.

제주4·3문학은 '지역의 구체적 삶이 살아 숨 쉬는 생생한 장소성과 현장성, 즉 로컬리티'(박용찬, 2017: 454)를 함유하는 대표적인 지역 문학이라고 할 수 있다. 문학교육의 가장 중요한 목표가 "인간의 삶에 대한 심미적 인식을 공유함으로써 세계를 깊이 있게 이해하고 삶의 의미를 성찰"(2015 국어과 교육과정 성취기준 [9국05-01])하는 데 있다면, 제주4·3문학은 지역의 역사와 삶을 바탕으로 이와 같은 문학교육의 목표를 달성할 수 있는 가장 중요한 재료 중 하나이다. 이런 의미에서 제주4·3문학을 활용한 4·3 평화·인권교육은 문학교육의 본질적 목적에도 매우 부합한 것이라고 할 수 있다. 또한 2000년대 이후 지역 문학교육에 대한 관심이 높아지면서, 지역 문학이 2015 개정 국어과 「문학」 교과의 성취기준으로도 일정 부분 수용되고 있음을 볼 수 있다.[3]

---

3 [12문학03-06] "지역 문학과 한민족 문학, 전통적 문학과 현대적 문학 등 다양한 양태를 중심으로 한국문학의 발전상을 탐구한다." 이 성취기준 해설을 잠깐 살펴보면 다음과 같음. [12문학03-06] 이 성취기준은 한국문학의 내적 다양성과 외적 전개 양상을 살펴봄으로써 한국문학에 대한 입체적이고 포괄적인 이해를 돕고 한국문학의 발전상을 모색하는 태도를 기르기 위해 설정하였음. 공간적으로는 국가 단위의 한국문학에만 국한하지 않고 지역 문학의 총체로서 한국문학을 이해하는 한편, 분단 이후의 북한 문학과 재외 국민이 한국어로 생산한 문학을 한민족 문학의 범주에 포함하여 살펴봄으로써 통일 후 민족 문학의 발전상을 모색해보도록 안내함. (후략)

지역 문학은 국가 단위의 문학과 구분되면서도 총체로서의 한국문학을 구성하는 구성물로 규정되고 있기 때문이다. 이런 의미에서 4·3 평화·인권교육 과정에서 제주4·3문학이 활용되는 양상은 지역 문학교육의 대표적 사례로서의 의미도 가지고 있다. 이 글에서는 4·3 평화·인권교육 과정에서 제주4·3문학이 활용된 성과를 살펴보고, 4·3 평화·인권교육의 과정에서 제주4·3문학을 발전적으로 활용하기 위한 방안을 몇 가지 제안하고자 한다.

2. 제주4·3문학을 활용한 평화·인권교육의 실제

제주 4·3교육이 활성화되기 위해 4·3교육 교재가 필요하다는 점은 4·3교육이 시작되면서부터 제기된 문제였다. 이런 교육현장의 요구에 부응해 제주도교육청에서 2017년 3월 4·3 평화·인권교육 교재를 제작 배포했다. 4·3 평화·인권교육이 2016년 시작된 것을 고려하면, 교재의 개발과 보급이 다소 늦어진 감이 없지 않다. 제주도교육청의 4·3 평화·인권교육 운영계획을 참고하면 교재가 실제로 활용되기 시작한 것은 2018년부터로 보인다. 그래서 제주도교육청에서는 교재 발간 이전인 2017년 2월 「4·3 평화·인권교육 수업자료」를 미리 배포하고 있다. 여기서는 2017년 배포된 국어과 「4·3 평화·인권교육 수업자료」와 2017년 발간된 중등용 교재 『청소년 4·3 평화의 길을 가다』를 중심으로 4·3 평화·인권교육 과정에서 제주4·3문학이 활용되는 양상을 간략히 살펴본다.

우선 중등용 교재와 국어과 수업자료에 포함된 제주4·3문학작품을 간략히 정리하면 아래 〈표 1〉과 같다.

〈표 1〉 중등 4·3 평화·인권교육 교재에 포함된 제주4·3문학

제목	작자	갈래	수록 지면	비고
지슬	오멸 감독	영화	중등교재	15세 이상 관람가
나의 살던 고향은	강덕환	시	중등교재	
순이 삼촌	현기영	소설	중등교재	
무명천 할머니	허영선	시	중등교재	
무명천 할머니	최은묵	시	수업자료(국어)	2017년 배포 4·3 평화·인권교육 수업자료*
곤을동	현택훈	시	수업자료(국어)	2017년 배포 4·3 평화·인권교육 수업자료

* 4·3 평화·인권교육 수업자료(국어)에는 전국청소년 4·3 문예 공모 수상 시작품 2편과 학생 4·3 문예 백일장 수상 시작품 3편도 예시로 제시되고 있음.

1) 중등용 4·3 평화·인권교육 교재의 제주4·3문학 활용 양상

중등용 교재는 크게 4장으로 구성되어 있는데 '제1장 제주 4·3, 청소년에게 말을 걸다'는 주로 역사 교과에, '제2장 평화로 만나는 4·3 평화공원'은 특정 교과에 해당하는 내용이라기보다는 4·3 평화공원 내부의 전시실과 추모공간 및 조형물을 소개하면서 학생들의 다양한 활동을 유도하고 있는 부분이다. 그리고 '제3장 예술작품 속의 4·3'은 주로 국어 교과에, '제4장 지역에서 만나는 4·3'은 역사적 현장을 소개하면서 학생들의 체험 활동을 유도하고 있는 부분이다. 이 교재는 교과 통합적인 교육을 유도하면서, 학생들이 다양한 활동을 통해 4·3을 종합적으로 사유하고 학습하도록 만들어졌다고 할 수 있다.

교재의 제3장이 주로 국어과에 해당하는 부분이라고 할 수 있는데, 제3장은 크게 영화 「지슬」을 다룬 부분과 현기영의 소설 「순이 삼촌」을 다룬 부분으로 나누어지며, 각 부분은 작품을 감상하고 그것을 토대로 4·3 현장 학습이 이루어질 수 있도록 기획되어 있다.

2013년 개봉된 제주 출신 오멸 감독의 독립영화인 「지슬」[4]은 국내외적으로 제주 4·3을 그린 대표적인 영화로 대중적 인지도가 높은 작품이라고 할 수 있다. 교재에서 「지슬」을 다룬 부분은 1. '선댄스 영화제' 최고상 받은 「지슬」과 2. 영화 「지슬」을 따라가는 길의 두 부분으로 구성되어 있다. 1.에서는 영화의 구성적 특성과 주요 내용을 소개하면서 다음과 같은 학생들의 활동을 유도하고 있다.

〈활동하기〉

□ 왜 영화 제목을 「지슬」이라고 하였을까?
□ 영화에서 마을이 불타고 사람들이 큰넓궤라는 굴로 숨어 들어간 이유는 무엇이었을까?
□ 이 영화의 배경이 되었던 시기에 제주의 다른 마을에서는 어떤 일이 있었을까?

위 〈활동하기〉는 영화 「지슬」을 감상한 후, 학생들이 영화의 핵심 내용을 파악하고 이해하고 있는지 확인하고 나아가 영화 내용을 바탕으로 4·3의 역사를 탐색하는 활동을 유도하고 있다. 그리고 2.에서는 영화 「지슬」의 배경이 되었던 동광리 무등이왓과 큰넓궤에 얽힌 4·3의 역사를 소개하고 실제 체험 활동을 통해 4·3의 역사를 이해하도록 유도하고 있는 부분이다. 이렇게 보면, 교재의 영화 「지슬」을 다룬 부분은 4·3을 다룬 예술작품에 대한 감상 활동과 그 현장에 대한 체험 활동을 병행함으로써 학생들이 4·3에 대한 역사적 지식을 얻는 동시에 스스로 그 의미를 탐색하고 내면화하도록 유도하고 있다고 할 수 있다. 이런 부분은 문화예술과 결합한 창의적 체험 활동을

4 전통적 장르 구분에서는 영화의 대본인 시나리오만 문학의 갈래에 포함해 왔지만, 최근에는 영화 자체를 '영상 문학'이라는 개념으로 문학의 영역에 포함시키고 있음.

권장하고 있는 제주도교육청의 4·3 평화·인권교육 추진 방향에도 부합하고 있다고 할 수 있다.

그리고 교재에서 「순이 삼촌」을 다룬 부분을 살펴보면, 전반부에는 작가 현기영에 대한 간략한 소개와 작품의 주요 줄거리, 그리고 관련 기념물이 소개되고 있으며, 후반부에는 「순이 삼촌」의 배경이 된 조천읍 북촌리에 소재하고 있는 너븐숭이 4·3 기념관과 주변 4·3 유적지 그리고 북촌리 사건의 개요가 소개되고 있다. 교재의 중간중간 학생들이 관련 활동을 할 수 있도록 〈활동하기〉가 제시되고 있다. 예를 들어, 너븐숭이 4·3 기념관을 소개한 후 다음과 같은 〈활동하기〉가 제시된다.

〈활동하기〉

□ 전시관 입구에 있는 강요배의 「젖먹이」 그림에 담긴 사연은 무엇일까?
□ 북촌리 사건으로 희생된 사람들의 연령대와 희생자 수는 얼마나 될까?

위 〈활동하기〉는 현기영의 「순이 삼촌」과 직접 연관된 내용은 아니지만, 작품 읽기를 통해 접했던 북촌리 사건의 비극성을 다시 한번 되새겨볼 수 있는 것들이라고 할 수 있다. 너븐숭이 4·3 기념관 입구에 전시된 강요배의 「젖먹이」는 「순이 삼촌」에도 일부 수용된 내용으로 북촌리 사건 과정에서 희생된 어머니와 젖먹이의 사연을 담고 있는 작품인데, 작품의 배경을 좇아가면서 학생들은 자연스럽게 4·3의 비극성을 추체험할 수 있게 된다. 마찬가지로 북촌리 사건 과정에서 희생된 사람들의 연령대와 희생자 수를 정리하면서 학생들이 남녀노소를 가리지 않고 자행된 무차별 학살의 실상을 확인할 수 있도록 하고 있다. 현기영의 「순이 삼촌」은 1978년이라는 제주 4·3을 언급하기 어려운 시기에 4·3의 실상을 거의 최초로 알린 작품이라는 점에서 그 의미가 남다르다고 할 수 있다. 이런 점에서 교재가 이 작품을 수용한 것은 매우 자연스러운 것으로 보인다.

다만, 제주4·3문학의 주요 성과 중 하나라고 할 수 있는 제주 4·3시의 활용이 적다는 점은 다소 아쉬운 측면이다. 교재에는 강덕환(2010)의 「나의 살던 고향은」과 허영선(2004)의 「무명천 할머니」 두 작품이 활용되고 있는데, 강덕환의 시는 영화 「지슬」의 주요 배경이 되었던 큰넓궤 입구의 시비를 소개하면서 작품의 일부분이 인용되고 있고 허영선의 「무명천 할머니」는 교재 '제4장 지역에서 만나는 4·3' 중 한림읍 진아영 할머니 삶터를 소개하는 과정에서 작품이 인용되고 있다. 강덕환의 시는 〈활동하기〉를 통해 시에 담긴 뜻을 생각해 보도록 유도하고 있지만, 허영선의 시는 단순히 인용에 그치고 있다.

2) 중등용 국어과 4·3 평화·인권교육 수업자료의 제주4·3문학 활용 양상

2017년 「제주 4·3의 재구성을 통한 내면화 교육」이란 제목으로 제공된 국어과 4·3 평화·인권교육 수업자료는 크게 네 부분으로 구성되어 있다.

가. 시 쓰기 수업을 통한 제주 4·3 내면화하기(2차시).
나. 시화 작품 만들기/시 낭송하기를 통한 제주 4·3 내면화하기(2차시).
다. 소설 「순이 삼촌」을 통한 제주 4·3 내면화하기.
라. 리플릿 제작을 통한 제주 4·3 내면화하기.

국어과 수업자료를 통해 제시된 네 가지 수업 모형은 모두 '제주 4·3 내면화하기'를 목표로 하며, 가~다 모형이 문학을 활용한 수업 모형이다. 가와 나 모형은 각각 2차시로 구성된 연속된 수업 모형으로 보인다. 이 세 모형의 구성을 간략히 살펴보면 아래와 같다.

◎ 가 모형: 제주 4·3을 알고 공감대 형성하기 → 시 쓰기 활동하기 → 시 발표하고 소감문 쓰기.

가 모형은 학생들이 사회와 역사 과목의 수업을 통해 4·3에 관한 정보를 습득하고 있다는 전제 아래, 학생 간 소통을 통해 정서적 공감대를 형성하게 한 후 각자 4·3에 관한 시를 한 편씩 쓰도록 하고 있다. 그리고 각자 쓴 시 중 가장 좋은 시 한 편을 조별로 선정한 후 전체 학생들에게 소개하는 활동으로 수업을 마무리하도록 하고 있다. 학생들이 토의 과정에서 4·3에 대한 정서적 공감대를 형성한 후 그것을 시로 표현하고 전체가 공유하는 과정에서 자연스럽게 4·3이 내면화될 수 있을 것으로 기대하고 있는 수업 모형이라 할 수 있다.

가 모형의 수업자료에는 학생들이 참고할 수 있는 예시로 전국청소년 4·3 문예 공모 수상 시작품 2편과 학생 4·3 문예 백일장 수상 시작품 3편, 그리고 기성 시인의 작품 2편, 즉 최은묵 시인의 「무명천 할머니」와 현택훈 시인의 「곤을동」을 제공하고 있다. 학생들이 4·3에 대한 공감대를 형성하는 과정 혹은 시 쓰기 과정에 참고할 수 있도록 제공된 것으로 보이지만, 구체적으로 어떻게 작품들을 참고할 수 있는지는 제시되지 않고 있다.

◎ 나 모형: 시 낭송하기 → 시화로 만들 작품 선정 → 시화 작품 만들기 → 시화 작품 감상 → 시화 작품에 대한 소감문 쓰기.

나 모형은 가 모형 수업과 연속된 성격이 강한데, 학생 각자가 쓴 시를 모둠별로 낭송하고 대표작을 선정한 후 시화 작품으로 만들기가 진행되고 있기 때문이다. 다만 두 모형이 각자 독립적인 성격도 일부 가지고 있다고 할 수 있다. 나 모형이 가 모형과 연속된 수업이 아니라면, '제주 4·3 내면화하기'가 구체적으로 어떻게 이루어질 수 있는지 확신하기 어려운 측면이 있다. 다시 말해, 독립적인 수업 모형이라면 4·3에 대한 정서적 공감대 형성 과정이 보완될 필요가 있는 모형이라 보이는데, 4·3 평화·인권교육이 지향하는 교과 통합적인 교육이 이루어진다면 자연스럽게 해결될 수 있는 문제이기도 하다.

◎ 다 모형: 모둠별 소설 읽기 → 읽은 느낌 공유 및 관련 질문 만들기 → 모둠별 대표 질문 8가지 선정 → 질문에 대한 답 작성 → 전체 보고서 작성.

다 모형은 4·3 문학을 대표하는 작품 중 하나인 현기영의 「순이 삼촌」을 읽고 모둠 활동을 통해 소설 내용에 대한 질문과 소설을 더 깊이 이해할 수 있도록 해주는 질문을 각각 선정한 후, 답안을 작성하고 공유하는 과정에서 제주 4·3의 내면화를 기도하고 있는 수업 모형이라 할 수 있다. 이 수업 모형은 작품에서 출발해 4·3에 대한 지식 확충으로 나아가고 있다는 점에서 앞의 수업 모형과는 구분되지만, 문학작품을 통해 정서적 공감대 형성이 이루어진 후 활동이 진행될 수 있다는 점에서 장점을 가질 수 있다고 보인다. 그리고 이 수업 모형은 이후 4·3 평화·인권교육 수업 교재를 통해 실제 체험학습을 동반한 수업 모형으로 발전했으리라 예상된다.[5]

살펴본 국어과 수업 모형들은 4·3 평화·인권교육의 통합 교과적 지향을

5 2021년 제주도교육청이 제공하고 있는 「중등 4·3 평화·인권교육 학습자료」에는 앞서 살펴본 수업 모형보다 훨씬 더 구체화된 수업의 사례들이 소개되고 있어, 실제 교육과정에서 좋은 참고가 될 것으로 보임. 다만, 이 글은 2016년~2020년 사이 4·3 평화·인권교육의 상황을 살펴보고 있어 구체적으로 다루지는 않음.

일부 반영하고 있으며, 실제 지역과 연계된 체험 학습과 결합함으로써 수업의 효과가 보충될 수 있는 모형들이라고 보인다. 다만, 개별 학교가 소재한 지역의 4·3 현장과 연계된 체험 학습에 제주4·3문학이 적극 활용되기 위해서는 다양한 작품이 참고할 만한 형태로 제공될 필요가 있다고 보인다.

3. 평화·인권교육 과정에서의 제주4·3문학 활용 제고 방안

2016년 시작된 4·3 평화·인권교육은 해를 거듭할수록 내실을 기해 가는 모습을 보여주고 있다. 교육이 진행되면서 교육의 목표가 조정된다거나 사업들이 점차 확대되고 확충되는 과정을 보면 이 점을 확인할 수 있다. 이런 노력 덕분에 4·3 평화·인권교육은 전국 어디서도 찾아보기 어려운 제주교육만의 고유한 성과로 자리매김해갈 것으로 보인다. 이 글 또한 4·3 평화·인권교육이 발전해 가는 과정에서 제주4·3문학을 더 발전적으로 활용할 수 있는 방안을 모색해보기 위한 것이다.

제주 4·3은 역사적 사건이 종결된 이후에도 제주 사람들의 삶에 직접적인 영향을 미쳐왔고, 그리고 여전히 영향을 미치고 있는 현재진행형의 사건이다(권유성, 2019). 이런 의미에서 4·3의 과정과 그 이후 제주 사람들의 삶을 형상화하고 있는 제주4·3문학은 제주지역의 로컬리티를 강하게 함유하는 지역의 가장 중요한 문학적 자산 중 하나라고 할 수 있다. 4·3 문학의 전반적 전개 과정과 현황에 대해서는 김동윤(2006)의 '기억의 현장과 재현의 언어', 고명철(2008)의 '4·3 문학의 갱신을 위한 세 시각', 그리고 김동윤(2017)의 '작은 섬 큰 문학' 등을 참고할 수 있다. 4·3 평화·인권교육에 제주4·3문학이 적극적으로 활용되어야 하는 이유도 바로 이곳에서 찾을 수 있다. 여기서는 위의 검토를 바탕으로 4·3 평화·인권교육 과정에서 제주4·3문학의 더 적극적인 활용을 위해 필요한 몇 가지 사항들을 간략히 살펴보고자 한다.

1) 연구 활성화를 통한 텍스트 정전화

앞서 살펴본 바처럼, 4·3 평화·인권교육 과정에서 제주4·3문학 작품들이 많이 활용된다고 보기는 어렵다. 특히, 교재와 교육자료를 통해 확인할 수 있듯 현기영의 「순이 삼촌」을 제외하면 4·3 평화·인권교육 과정에서 제주4·3문학 작품들이 적극적으로 활용된다고 보기는 어렵다. 학생들의 체험 활동 과정에서 문학적 글쓰기가 적극적으로 활용되고 있는 상황에서, 그 참고가 될 수 있는 제주4·3문학 작품들이 풍부하게 제시되지 못하고 있다는 점은 아쉬울 수밖에 없다.

제주4·3문학이 4·3 평화·인권교육 과정에서 더 적극적으로 활용되기 위해서 무엇보다도 "'유용 가능한' 내용을 지니면서 지역의 정체성이나 공동체 의식을 드러내는 작품"(강영기, 2005: 168)을 발견하고 정리하는 작업이라고 할 수 있다. 즉 제주4·3문학 중에서도 일정한 수준을 갖춘 4·3 평화·인권교육에 적합한 텍스트들에 대한 정전화 작업이 이루어질 필요가 있다는 것이다. 현기영의 「순이 삼촌」은 발표 직후부터 주목을 받으면서 대중적인 지지와 함께 학문적 연구가 축적됨으로써 자연스럽게 정전적 지위를 획득한 작품이라고 할 수 있다. 현재 4·3 평화·인권교육에서 이 작품이 문학교육의 절대적인 부분을 차지할 수 있는 것도 이와 같은 작업이 선행되고 있었기 때문이다. 이런 의미에서 제주4·3문학이 4·3 평화·인권교육 과정에서 더 적극적으로 활용되기 위해서는 연구의 활성화를 통한 정전화 작업이 전제될 필요가 있다. 학문적 연구를 통해 제주4·3문학의 중요한 성취들이 발굴되고 정리

되어야 교육현장에서의 교육적 활용도 기대해 볼 수 있기 때문이다.[6]

현재 제주도교육청에서 제공하고 있는 「4·3 관련 자료 목록」(2019) 중에서 문학작품으로 볼 수 있는 것을 살펴보면 다음의 〈표 2〉와 같다.

〈표 2〉 4·3 관련 자료 목록: 문학

연번	저자	서명(자료명)	출판사(발행자)	발행 연도	비고
1	오경훈	침묵의 세월	디딤돌	2002	소설
2	제주작가회의	진혼	심지	2008	시선집
3	김경훈	강정은 4·3이다	각	2012	시집
4	제주작가회의	검은 돌 숨비소리	걷는사람	2018	시선집
5	구소은	검은 모래	은행나무	2013	소설
6	김경훈	고운 아이 다 죽고	각	2003	시집
7	제주작가회의	그 역사, 다시 우릴 부른다면	제주작가회의	2018	시, 시조선집
8	제주작가회의	그 역사, 다시 우릴 부른다면	제주작가회의	2018	소설, 동화선집
9	제주작가회의	깊은 적막의 끝	각	2002	소설선집
10	김경훈	까마귀가 전하는 말	각	2017	시집
11	김석범	까마귀의 죽음	각	2015	소설
12	김수열	꽃 진 자리	걷는사람	2018	시집
13	오성찬	나븨로의 환생	탐라목석원	2002	소설
14	현길언	닳아지는 세월	문학과지성	1987	소설
15	김유철	레드 아일랜드	산지니	2015	소설
16	현기영	마지막 테우리	창비	2008	소설집

6 제주 4·3 소설 연구는 특히 현기영의 소설에 집중되었음. 현기영 『순이 삼촌』의 선구적인 위상과 역할을 고려할 때 그것은 자연스러운 현상으로 보임. 일본에서 지속적으로 제주 4·3을 소설화한 김석범의 제주 4·3 소설에 대한 연구도 상당히 이루어진 상태임. 이 점은 김동윤(2013)을 참고할 수 있음. 제주 4·3 시에 대한 대표적인 연구로는 문혜원(2001)의 4·3을 소재로 한 시들의 유형과 특징(제주도연구, 19), 문혜원(2018)의 4·3의 시적 형상화 방법과 전망(영주어문, 39), 권유성(2018)의 김수열 4·3 시 연구: 몰명(沒名)의 세계에 이름 붙이기(배달말, 63), 권유성(2019)의 제주 4·3 시의 현실대응 양상 연구(한국 근대문학연구, 40), 권유성(2021)의 방언으로 쓰인 경계지대의 역사: 제주 4·3 시 방언 활용의 의미와 효과를 중심으로(영주어문, 47) 등을 들 수 있음.

연번	저자	서명(자료명)	출판사 (발행자)	발행 연도	비고
17	현기영	바다와 술잔	화남	2010	산문집
18	허상문	바람의 풍경 제주의 속살	열림시선	2011	시집
19	제주작가회의	바람처럼 까마귀처럼	실천문학사	1998	시선집
20	노순자	백록담 연가	나이테미디어	2012	소설집
21	현기영	변방에 우짖는 새	창비	2013	소설
22	현길언	불과 재	물레	2018	소설집
23	장일홍	붉은 섬	문학과비평	1991	희곡집
24	고봉황	비바리	왕의서재	2010	소설
25	현길언	불 달린 아이들	물레	2018	소설집
26	장일홍	산유화	월인	2017	소설
27	현기영	순이 삼촌	창비	2015	소설집
28	한림화	아름다운 기억	각	2014	소설
29	김용해	아버지의 유언	학예원	1998	시집
30	현기영	아스팔트	창비	2015	소설집
31	양영제	여수역	바른북스	2017	소설
32	강기희	위험한 특종: 김달삼 찾기	달아실	2018	소설
33	현기영	지상에 숟가락 하나	창비	2018	소설
34	제주작가회의	진혼	심지	2008	시선집
35	매리 린 브락트	하얀 국화	문학세계사	2018	소설
36	이산하	한라산	노마드북스	2018	시집
37	오성찬	한라구절초	푸른사상	2004	소설집
38	한림화	한라산의 노을	장천	2016	소설
39	김석범	화산도 1-12	보고사	2015	소설

현재 제주도교육청이 제공하고 있는 「4·3 관련 자료 목록」은 다양한 교과와 관련된 자료들이 구분 없이 나열되어 있다. 위 표는 목록 중 문학에 해당하는 것들만 따로 정리한 것인데, 4·3과 관련된 문학 작품들이라는 공통점 외에 선정이나 정리의 기준을 발견하기 어려운 목록이다. 그리고 주로 단행본 목록만 제시되고 있어 실제 교육현장에서 활용도가 떨어질 수밖에 없다. 4·3 담당교사들이 매년 직무연수를 받는다고 하더라도, 목록 중에서 4·3

평화·인권교육에 적절한 텍스트를 선별하는 것은 쉽지 않아 보이기 때문이다. 제주4·3문학 연구의 축적을 통해 적절한 정전화 작업이 선행되어야 하는 이유가 여기에 있다고 할 수 있다. 2020년 제주도교육청에서 제공하고 있는 「4·3 평화·인권교육 도서목록」은 이전 목록에 비해 상당히 정제된 목록임을 확인할 수 있다. 이것은 제주도교육청의 노력의 결과로 보이는데, 이런 작업이 더 광범위하게 그리고 지속적으로 진행될 필요가 있다.

제주4·3문학이 4·3 평화·인권교육 과정에서 더 적극적으로 활용되기 위해서는 학술적 연구를 바탕으로 문학적 성취를 정리하고 평화와 인권이라는 민주적 가치의 내면화라는 교육목표의 구현에 기여할 수 있는 작품들을 구체적으로 선별해 줄 필요가 있다. 그리고 가능하면 이것이 교육현장에서 활용될 수 있는 부교재 혹은 선집이나 전집의 형태로 정리되어 제공될 필요가 있다고 보인다.

2) 학령을 고려한 텍스트 세분화

주지하다시피 4·3 평화·인권교육은 초등 5, 6학년부터 고등학교 3학년까지 8년에 걸쳐 반복적으로 이루어지는 교육이다. 즉 다양한 학령에 걸쳐 교육이 이루어지는 것이다. 따라서 4·3 평화·인권교육 과정에서 제주4·3문학이 적극적으로 활용되기 위해서는 학령에 따른 텍스트 세분화도 필요하다고 보인다. 예를 들어, 중등 4·3 평화·인권교육 교재에 수록된 영화 「지슬」은 15세 이상 관람이 가능한 영화이다. 따라서 12세~15세가 대부분인 중학생들은 관람이 불가능한 것이다.[7] 마찬가지로 제주도교육청에서 제공하는 도서

7 제주도교육청에서 「순이 삼촌」이나 영화 「지슬」을 애니메이션 형태로 재가공해 제공하는 이유도 학령을 고려한 조치로 보임.

목록이 모든 학령에 교수될 수 있는 텍스트들인가의 문제도 검토가 필요하다고 할 수 있다.

예를 들어, 제주 4·3 시를 가장 지속적으로 그리고 정력적으로 창작해 온 김경훈 시인은 지역 문학의 가장 중요한 성과를 보여준 시인임에도, 목록에 수록된 그의 시집 『고운 아이 다 죽고』(2003)는 초중등과정 학생들이 읽기에는 다소 무리가 있는 텍스트라고 할 수 있다. 왜냐하면, 이 시집은 시인 스스로 '하루에 네 편 이상 읽지 말라'라고 권유할 정도로 의도적으로 문학적 형상화를 최소화한 채,[8] 4·3 과정에서 발생한 잔혹한 학살과 폭력의 양상들을 여과 없이 재현하는 데 치중하고 있기 때문이다. 그 결과 그의 시는 학살의 잔인성과 야만성을 최대한 충격적으로 전달하는 데 성공하고 있다. 그러나 이런 충격 효과가 초중등과정 학생들에게 교육적 효과를 발휘할 수 있다고 판단하기는 다소 어렵다.

그리고 제주작가회의가 부정기적으로 발간한 시선집들의 경우도 곧바로 교육현장에서 읽히기에는 무리가 있는 텍스트들이라고 할 수 있다(문혜원, 2018). 이 시선집들은 대개 제주의 시인들과 외부의 시인들이 4·3을 기념해 발간한 것들로 행사 시 혹은 기념 시의 성격이 강한 작품들이 대부분을 차지하고 있어, 문학교육 텍스트로서는 일정 부분 한계를 가질 수밖에 없기 때문이다.

결국 제주4·3문학이 4·3 평화·인권교육 과정에서 더 적극적으로 활용되기 위해서는 텍스트들을 세심하게 검토하고 학령에 따라 적절한 텍스트를 선별해 제공하는 과정이 필요하다는 것이다. 이런 작업은 대학의 연구자와

8 이 점은 "진실이 상처 입지 않는 범위 내에서 약간의 문학적 수사를 보탰을 뿐"이라는 그의 언급에 잘 나타남(김경훈, 2003: 책머리에, 한라산의 겨울, 제주: 삶이 보이는 창, 5.)

현장 교사 그리고 제주도교육청 담당자 등의 긴밀한 협조 아래 이루어져야만 가능한 것이다.

3) 평화·인권 가치의 내면화를 위한 텍스트 활용

4·3 평화·인권교육이 지향하는 바는 크게 4·3에 대한 역사적 이해와 평화와 인권이라는 민주시민이 갖추어야 할 핵심 가치의 내면화라는 두 가지로 요약할 수 있다. 이 두 가지가 내재적으로 연관되어 있음은 물론이다. 그럼에도 미래지향적인 4·3 평화·인권교육의 목표는 전자보다는 후자에 방점이 찍혀야 할 것으로 보인다.

그런데 현재 이루어지고 있는 4·3 평화·인권교육은 4·3에 대한 역사적 이해라는 측면에서는 충분한 정보가 제공됨으로써 일정 부분 그 목표에 이르고 있다고 보이지만, '평화와 인권이라는 민주시민으로서의 핵심 가치의 내면화라는 목표가 얼마나 성취되고 있는가'라는 부분에 대해서는 확신하기 어려운 측면이 있다. 고경아(2020)도 현재 4·3 평화 인권교육이 4·3에 대한 정확한 전달에는 일정 부분 성공하고 있지만, 화해와 상생 또는 평화와 인권이라는 가치의 내면화 교육이 부족하다고 보고 있다. 4·3에 대한 기초적인 이해를 바탕으로 평화와 인권이라는 가치의 내면화를 지향해야 한다는 당위에도 불구하고 실제 그것을 이루기 위한 구체적인 내용과 활동을 확인하기는 어렵기 때문이다. 이런 점에서 아직 4·3 평화·인권교육의 실제는 4·3에 대한 역사적 이해라는 부분에 방점이 찍혀있다고 보인다. 물론 이것은 4·3 평화·인권교육이 4·3교육의 필요성에서 출발했다는 점에 기인한 바 크다. 그럼에도 '민주시민 교육'이라는 교육의 최종 목표를 고려한다면 평화와 인권을 내면화할 수 있는 교육 활동이 강화될 필요가 있다는 것도 부인하기 어렵다. 그리고 이런 점은 4·3 평화·인권교육 과정에서 제주4·3문학을 어떻게 발전적으로 활용할 것인가를 결정하는 과정에서도 고려될 필요가 있다.

현재까지의 제주4·3문학 연구를 참고하면, 제주4·3문학은 주제적 측면에서 몇 가지로 분류해 볼 수 있다. 첫째, 4·3 당시의 역사적 사실을 재현하는 문학, 둘째, 4·3의 (죽은 자와 산 자를 모두 포함한) 희생자들에 대한 해원과 위로를 위한 문학, 셋째, 4·3의 역사적 의미를 탐색하는 문학, 넷째, 4·3의 문제를 현재적이고 미래적인 가치 탐색으로 확장하는 문학 등이 그것이다. 현재 4·3 평화·인권교육 교재에서 주로 활용되는 작품들은 첫째와 둘째 경향에 해당하는 작품들이 대부분이다. 그리고 그중에서도 첫째 경향, 즉 4·3 당시의 역사적 사실을 재현하는 문학작품이 주로 활용된다고 보인다. 영화 「지슬」과 현기영의 「순이 삼촌」이 그 대표적인 예일 것이다. 이 작품들이 4·3의 역사적 이해에 도움을 줄 수 있는 것은 물론이다. 그러나 4·3 평화·인권교육이 미래지향적인 방향으로 나아가려면, 나머지 경향의 문학 작품들을 더 비중 있게 활용할 필요는 있다고 보인다.

예를 들어, 4·3 희생자들의 해원과 위로를 주제로 한 문학 작품들에는 자연스럽게 화해와 상생이라는 주제가 포함될 수밖에 없다. 그리고 화해와 상생의 과정은 역사적 진실규명과 명예회복 작업과 겹쳐지는 경우가 많다. 따라서 이런 주제를 가진 제주4·3문학 작품들은 4·3에 대한 진실규명과정에서 제주시민들이 보여준 민주주의적 역량이 자연스럽게 드러날 수 있다. 그리고 제주4·3문학은 역사적 사실의 재현에서 출발하지만 제주 혹은 한반도의 한계를 넘어 동아시아 차원의 연대를 지향하는 경향으로까지 발전하고 있다. 2014년 제주와 베트남 꽝아이 지역 시인들의 교류 결과를 시집으로 엮은 『낮에도 꿈꾸는 자가 있다』(도서출판 심지, 2014)는 동아시아 차원의 문학적 연대를 보여주는 대표적인 예라고 할 수 있다. 제주 4·3과 베트남 전쟁이라는 근대의 비극적인 경험을 공유하면서, 상호 이해와 연대를 모색하는 이런 문학적 교류는 평화를 위한 동아시아적 연대라는 4·3 평화·인권교육의 비전을 문학적으로 구현한 좋은 예라고 할 수 있을 것이다. 제주4·3문학을 동아시아적 연대의 문제로까지 확장하고 있는 시인으로는 김수열, 이종형 등을 들 수 있으며, 김동윤, 고명철 등 제주4·3문학 연구자들의 오키나와 학계와의 교류 또한 유사한 성격을 가진 학문적 교류의 예로 들 수 있다. 그리고 4·3의 역사적 재현에서 출발했지만, 강정해군기지 건설문제를 통해 오늘날의 평화와 환경이라는 가치를 적극적으로 탐색하는 김경훈 시인 등의 문학적 성과들도 미래지향적인 4·3 평화·인권교육의 좋은 재료가 될 수 있을 것이다.

4. 제주 미래 교육을 위한 방향

현재 제주도교육청에서 시행하고 있는 4·3 평화·인권교육은 오랜 기간에 걸친 4·3 진실규명과정과 그 제도화과정의 결정체 중 하나라고 할 수 있다. 제주 4·3의 진실규명과 피해자 명예회복의 과정은 화해와 상생, 평화와 인권 그리고 시민적 정의의 회복이라는 다양한 민주적 가치를 지향하고 구현해 온 시민운동의 성격을 띠고 있었다. 2016년부터 제주도교육청에서 시행하고 있는 4·3 평화·인권교육은 4·3에 대한 이해를 바탕으로 평화와 인권이라는 가치를 내면화하고자 하는 민주시민 교육의 성격을 뚜렷이 해가고 있다. 제주도교육청은 점차 예산지원을 늘려가는 동시에 다양한 프로그램을 확충해 가고 있으며, 교육에 필요한 교재 및 교육자료 제공에도 노력을 기울이는 등 내실을 기하고 있다. 특히 지역의 문화예술 활동과 교육의 연계를 장려함으로써 인지적 측면과 정서적 측면에서의 교육이 동시에 이루어지도록 유도하고 있다. 이 글에서는 특히 정서적 측면에서의 교육에 기여할 수 있는 제주4·3문학이 4·3 평화·인권교육 과정에서 활용되고 있는 양상을 살펴보고 미래의 발전을 향한 몇 가지 방향을 제시하고자 했다.

제주4·3문학은 4·3의 역사적 진실을 알리는 데 선구적인 역할을 했을 뿐 아니라, 진실규명의 과정과 함께 진전되어온 대표적인 지역 문학이라고 할 수 있다. 특히 제주4·3문학은 4·3이라는 역사적 사건을 배경으로 하면서 그것과 관련된 지역민들의 구체적인 삶과 정서를 풍부하게 담고 있어 4·3 평화·인권교육의 좋은 재료가 될 수 있다. 이 글에서는 제주도교육청에서 제공한 4·3 평화·인권교육 교재와 국어과 교육자료에 수용되고 있는 제주4·3문학을 간략히 정리해 보았다. 그 결과 4·3 평화·인권교육 교재에서 제주4·3문학은 주로 4·3의 역사적 이해를 위한 활동을 위해 제공되고 있었고, 국어과 교육자료에는 4·3의 내면화를 위한 활동의 기초 자료로 제공되고 있었다. 이런 점을 종합해 볼 때 4·3 평화·인권교육 과정에서 제주4·3문학 작품들이 풍부하게 제공되고 있다거나, 평화와 인권이라는 핵심적인 가치의 내면화를 위해 적극적으로 활용된다고 보기는 다소 어려운 측면이 있었다.

4·3 평화·인권교육 과정에서 제주4·3문학이 더 적극적으로 활용되기 위한 방안으로 이 글은 세 가지를 제시했다. 첫째는 연구의 활성화를 바탕으로 제주4·3문학의 정전화 작업이 이루어질 필요가 있다는 점이다. 특히 교육과정에서 적절히 활용될 수 있는 작품들을 선집 혹은 전집 형태로 제공할 수 있다면 교육적 활용도를 높일 수 있을 것으로 보인다. 둘째는 학령에 따른 텍스트의 세분화 작업도 필요하다. 이 문제는 정전화 문제와 연동되면서도 교육현장과 관계기관의 협력을 통해 해결되는 것이 바람직하다. 그리고 마지막으로 4·3 평화·인권교육이 지향하는 핵심 가치들의 내면화에 기여할

수 있는 제주4·3문학 작품들의 활용도를 높일 필요가 있다. 특히, 화해와 상생 혹은 평화와 인권이라는 현재적이고 미래적인 가치를 구현하고 있는 제주4·3문학 작품들의 활용이 4·3 평화·인권교육이 지향하는 핵심 가치의 내면화에 기여할 수 있을 것으로 보인다.

제4장

신창원

지역 기반 영어교육정책과 제주교육의 미래*

1. 들머리

국내 영어교육정책은 국가 수준의 정책과 지역 수준의 정책으로 나뉘며 서로 다른 역할을 가지고 계획되고 시행되고 있다. 이와 관련하여 성병창(2015)은 보편적인 교육 가치를 중심으로 일반적인 교육정책을 통해 국가발전의 균형을 추구하는 것이 국가 수준의 교육정책이며, 지역 특수성과 지역 주민의 교육적 요구를 고려하면서 지역의 교육발전에 기여하는 것이 지역 수준의 교육정책임을 언급하였다. 이러한 역할 구분은 각 주체가 영어교육

---

* 이 글은 2021년 제주대 교육과학연구소·제주도교육청 정책연구소 하계 공동학술대회(2021. 6. 4)에서 발표된 "AI 기반의 영어교육과 제주교육의 미래"에서 제주지역 외국어(영어) 교육정책에 대한 내용을 보완하여 작성된 "지역수준의 영어교육정책 분석: 제주특별자치도교육청을 중심으로"(영어영문학, 26권 3호, 309-337)의 내용을 일부 수정·보완한 것임.

정책을 계획하고 시행하고 평가할 때 고려되어야 할 부분으로 여겨진다. 김희삼, 우석진, 전지현, 진경애(2010)는 영어교육정책의 성공을 위해서 국가와 지역 단위의 정책적 혼선 및 중복을 피해야 하며 대립 관계에 있는 부분을 조정할 필요가 있음을 언급하였는데, 이 점도 국가 단위와 지역 단위의 정책이 가져야 할 서로 다른 역할을 강조한 것으로 보인다.

현재 교육은 큰 변화의 기로에 서 있다. 장기화한 코로나 상황 속에서 기초학력 부족 혹은 교육격차와 같은 문제가 심화되고 있으며 4차 산업혁명으로 대표되는 미래에 대한 대비도 요구되고 있다. 즉, 온라인 원격교육으로 인한 학력 격차 등의 부작용을 걱정하며 이에 대한 해결을 원하는 사회적 요구가 증가하고 있으며, 미래 교육에 대한 방향성을 제시하고자 하는 노력도 교육계 내외에서 진행 중이다. 따라서 미래 교육을 위한 중앙정부 차원의 정책과 각 지역별 특성을 고려한 지역 단위 교육정책의 상호협력이 그 어느 때보다 필요한 상황이다(성병창, 2015).

이 점에서 제주특별자치도에서 시행되고 있는 영어교육정책의 특성을 다양한 관점에서 살펴보고 국가 단위 정책과의 관련성을 분석해 보고자 한다. 국제자유도시로서 제주는 글로벌 시대를 선도하는 지역으로 거듭나고 있으며 이에 따른 영어교육정책의 방향성을 제시하고 이를 타 시도로 확산시킬 수 있는 유리한 위치에 있다. 이에 제주지역 영어교육정책의 특성을 국가교육정책 및 타 시도와의 비교를 통해 공시적 관점에서 검토하고자 한다. 이제까지 지역 단위에서 시행된 영어교육정책을 분석한 연구는 국가 단위 정책에 대한 연구에 비해 상당히 적은 편이었으며 일부 세부정책에 대한 분석에 집중되었다(박선아, 최문홍, 2015; 우길주, 2008). 지역 단위 영어교육정책은 각 시도교육청을 통해 계획되고 시행되는데, 앞서 언급된 대로 지역 특성을 고려하여 국가 단위 교육정책을 보완하고 수정하는 역할을 하게 된다. 특히, 각종

교육정책이 시행되는 공간인 학교는 지역 시도교육청의 관할 하에 있기 때문에, 초·중등현장에서 이루어지는 영어교육 관련 정책의 적절성 내지 효과성을 이해하는데 있어서 지역 단위 영어교육정책에 대한 분석은 필요한 부분이다. 이에 제주지역을 중심으로 지역 단위 영어교육정책의 특성을 살펴보고 지역 수준 정책의 역할과 적절성 그리고 미래 교육을 위한 방향을 논의해 보고자 한다.

이런 논의를 구체화하기 위해 세 가지 질문—(1) 국가 수준 정책과 비교하여 제주지역 영어교육정책의 주요 특성과 그 적절성은 어떠한가? (2) 제주지역 영어교육정책과 타 시도 영어교육정책과의 차이는 무엇인가? (3) 제주지역 영어교육정책의 미래 방향은 무엇인가?—을 생각해 볼 수 있으며 이를 '제주지역 영어교육정책'을 중심으로 도식화하면 [그림 1]과 같다.

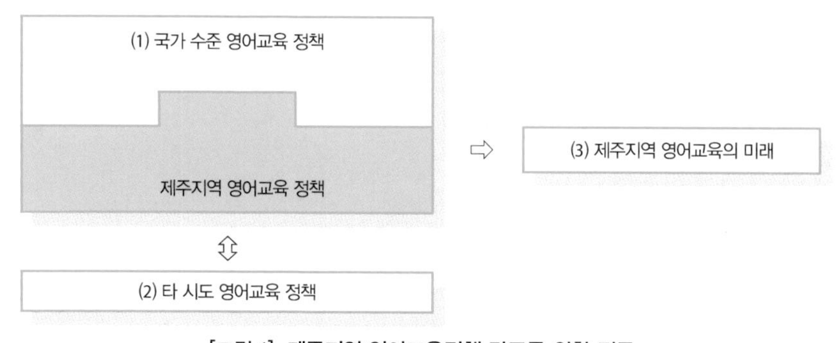

[그림 1] 제주지역 영어교육정책 탐구를 위한 질문

위 질문에 대한 답을 찾아가는 첫 출발점으로 국가주도 영어교육정책을 살펴보았다. 국가주도의 교육정책을 기조로 하여 각 시도교육청은 지역 특성을 반영하여 중점적인 교육정책을 제시하고 시행하게 되므로 제주지역 영어교육정책의 특성과 그 적절성을 살펴보기 위해서는 국가 단위 영어교육정책의 특성을 먼저 살펴볼 필요가 있다. 이는 국가 수준의 영어교육정책과 지역 기반의 영어교육정책으로 이루어지는 영어 공교육의 전체적인 체계성을 돌아보는 계기도 될 것이다. 아울러 제주지역 영어교육정책의 주요 특성을 알아보기 위해 제주지역 영어교육 목표를 연도별로 비교하고 연도별 세부 계획을 비교·검토하였다. 두 번째로 제주지역 영어교육정책과 타 시도 영어교육정책과의 차이점 내지 유사점에 답하기 위해 제주도교육청을 포함하여 외국어(영어)교육 계획을 홈페이지를 통해 공시하고 있는 6개 지역 교육청(서울특별시교육청, 경기도교육청, 인천광역시교육청, 충청남도교육청, 전라북도교육청, 경상남도교육청)의 '외국어(영어)교육 운영계획'을 다양한 관점에서 비교해 보았다. 마지막으로 앞선 두 가지 질문에 대한 논의를 바탕으로 제주지역 영어교육정책의 미래 방향을 생각해 보았다.

2. 국가 수준의 영어교육정책

1) 영어과 국가교육과정

국가 수준의 영어교육정책을 이해하기 위해서는 우선 영어과 국가교육과정을 살펴볼 필요가 있다. 국가교육과정은 현재 초·중등교육의 기본적인 방향과 목표를 제시하고 교과목별 핵심 역량, 내용 체계 및 성취기준 등을 구체적으로 제공하고 있다. 따라서 학교 교육의 근간을 이루며 사실상 교과목별 교육 성과를 판단하는 기준이 되고 있다. 현재 2022년을 기준으로 전면 적용되어 운영되고 있는 2015 개정 영어과 교육과정의 주요 내용은 〈표 1〉과 같다.

〈표 1〉 2015 개정 영어과 교육과정 주요 내용 (교육부, 2014)

구분		내용
성격		• 국제어로서의 영어 / 글로벌 및 지식 정보화 시대에 따른 영어 의사소통 능력의 중요성 / EFL 상황에서의 학교 영어과의 중요성 (이소영, 2016: 502)
영어교육 목표		• 영어로 듣기, 말하기, 읽기, 쓰기 능력을 습득하여 기초적인 의사소통능력을 기른다 • 평생교육으로서의 영어에 대한 흥미와 동기 및 자신감을 유지하도록 한다 • 국제사회 문화 이해, 다문화 이해, 국제사회 이해 능력과 태도를 기른다 • 영어 정보 문해력 등을 포함하여 정보의 진위 및 가치 판단 능력을 기른다
학교급별 목표	초	• 학습자들이 영어 학습에 흥미와 자신감을 가지고 일상생활에서 사용되는 기초적인 영어를 이해하고 표현하는 능력을 길러 영어로 의사소통할 수 있는 기초를 마련한다
	중	• 학습자들이 초등학교에서 배운 영어를 토대로 친숙하고 일반적인 주제에 관한 기본적인 영어를 이해하고 표현하는 능력을 갖추게 하는 것을 목표로 한다
	고	• 학습자들이 중학교에서 배운 영어를 토대로 일반적인 주제에 관한 영어를 이해하고 표현하는 영어 의사소통능력을 심화·발전시켜 나가는 것을 목표로 한다
영어과 핵심역량		• 영어 의사소통 역량, 자기관리 역량, 공동체 역량, 지식정보처리 역량

전체 목표 및 학교급별 목표에서 드러나는 영어 교과의 주요 방향을 보면, 영어 의사소통 능력 배양, 영어에 대한 흥미와 자신감 유지, 세계시민으로서의 타문화 및 자국 문화에 대한 이해 등을 들 수 있다. 아울러 2009 개정 교육과정과 비교하여 2015 개정 교육과정은 학습량의 적정화를 강조하고 있는데, 이를 위해 초등에서는 71개(2009 교육과정)에서 45개(2015 교육과정)로 성취기준이 축소되었고 중학교에서는 47개에서 34개로 성취기준이 축소되었다(김성혜, 2020). 아울러 듣기 및 말하기 중심의 초등학교와 중학교에서는 듣기와 말하기 관련 성취기준의 비중이 각각 62%와 56%이며 읽기와 쓰기 중심의 고등학교 과정은 읽기와 쓰기 관련 성취기준을 58%로 하였다(인천광

역시교육청, 2021). 이소영(2016)은 현행 2015 개정 영어과 교육과정이 핵심 역량 선정의 문제, 내용 체계표의 구성요소 및 세부 사항의 타당성, 언어기능별 성취기준의 연계성 등에 문제점이 있음을 지적하고 있지만, 국가교육과정이 영어 공교육의 근간을 이루며 시작점과 목표가 되고 있음은 부인할 수 없는 사실이다.

2) 영어교육 관련 국가정책

국가교육과정과 함께 영어교육과 관련하여 정부 차원에서 역점을 두고 추진하는 정책들이 있을 수 있다. 즉, 집권한 정부가 영어교육을 어떤 차원에서 바라보는가에 따라서 다양한 정책 제시와 그에 따른 정책 방향의 변화가 있었다. 다만 국가교육과정에서 영어 교과가 갖는 본질적인 목표에 충실하면서 장기적인 관점에서 의지를 갖고 정책을 추진하기보다는 입시정책 혹은 정치적인 관점에서 영어교육 정책을 시행해 왔다는 것은 아쉬운 점이다. 현재 침체기에 빠진 영어 공교육의 모습은 그러한 일관성 없는 영어교육정책의 당연한 귀결로 보인다. 김정렬(2019)이 지적한 대로, 현행 영어 공교육의 난맥상과 상관없이 미래 세대의 글로벌 역량 강화를 위해 실질적인 영어사용 능력을 증대해야 함에도 이를 해결하기 위한 혁신적인 방안이 없는 상황이다. 이런 점에서 지난 10여 년간 이루어진 영어교육 관련 정책과 관련 연구 등을 살펴보고 주요정책 내용을 도출해 보고자 한다.

영어교육과 관련하여 많은 관심을 기울인 정부는 이명박 정권으로 알려져 있다. 영어몰입교육 등 집권 초부터 영어교육과 관련된 이슈를 가지고 다양한 영어교육 관련 정책을 시행해 왔다. 김희삼 외(2010)에 따르면, 당시 시행된 주요 영어교육정책은 아래와 같은데, 국가영어능력시험 (NAET), 수준별 이동 수업, 국립학교 원어민 보조교사 등 일부를 제외하고는 현재까지도 국가 혹은 시도교육청 차원에서 시행되고 있는 정책들이다.

1. 국가영어능력평가(NEAT) 도입
2. 초등 3~4학년 영어 시수 확대 및 교과서 개발
3. 중등 회화수업 실시 및 수준별 이동 수업 확대
4. 영어교사 심화 연수 확대 및 TEE(Teaching English in English) 인증제 실시
5. 영어회화 전문강사 선발 배치
6. 초등영어 체험 교실 구축
7. 중등영어 전용 교실 구축
8. 초중등 EBS 영어교육방송 활용도 증대
9. 영어교육 중점학교(교과교실제) 운영 지원
10. 국립학교 원어민 보조교사(English Program in Korea: EPIK) 확충 및 관리체제 개편
11. 정부 초청 해외 영어봉사 장학생(Teach and Learn in Korea: TaLK) 사업
12. 농산어촌, 도시 저소득층 방학 중 집중캠프 운영
13. 농산어촌, 도서벽지 원어민 화상 강의 운영

김희삼 외(2010)는 위 영어교육정책에 대한 성과 분석을 바탕으로 영어교육 발전을 위한 정책과제로 (1) 영어 공교육 강화를 위한 영어교사의 자질과 교수 능력 향상, (2) 의사소통 중심의 수업 장려 및 TEE 수업 단계적 실시, (3) 평가방안의 개선: 듣기, 말하기, 쓰기 평가 비율 확대, (4) EFL 환경에서 제한된 영어 노출 기회를 확대할 방안 모색, (5) 영어체험 교실, 다독 프로그램, 중복투자가 이루어지는 온라인학습 환경의 효율화 등 영어교육 인프라 운영의 내실화와 효율화, (6) 영어 격차(English Divide) 해소를 위한 지원 강화, (7) 영어교육 강화 정책의 중·장기적 성과 파악을 위한 노력을 제시하였다. 이는 교사역량 강화, 수업 및 평가 개선, 영어 노출 기회 확대, 영어

교육 인프라 효율성 제고, 영어 격차 해소 등으로 요약될 수 있다.

다음으로 이문복, 김미경, 권서경, 정희정(2018)은 '학교 영어교육의 중장기 발전 방향과 과제'를 다루면서 향후 영어교육 관련 정책의 방향을 제시하였다. 이를 위한 연구자료의 하나로 학교 영어교육의 수요자인 학생, 교사, 학부모를 대상으로 설문조사를 실시하고 이를 바탕으로 (1) 미래 정보통신 기술을 활용한 학생 맞춤형 영어교육 서비스 제공, (2) 국가 단위의 학교급별 영어 진단 기준(CEFR-K) 개발, (3) 수준별 맞춤형 교육과정 및 교수·학습 자료 개발 및 보급, (4) 원어민 보조교사 및 영어회화 전문강사 활용 학습공동체 운영을 제안하였다.

첫 번째로 '미래 정보통신 기술을 활용한 학생 맞춤형 영어교육 서비스 제공'에서는, 번역기, 말하기·쓰기 자동채점 프로그램, 컴퓨터 기반학습 서비스 등 최신 기술을 학교현장에 적용하는데 여전히 한계가 있음을 지적하면서 이를 해결하기 위한 구체적인 방안으로 방과 후 자기 주도 학습을 위한 학습자료 개발, 교수·학습 내용 계획, 학생 맞춤형 추가 활동 제시에 정보통신 기술을 활용할 수 있다고 제안하고 있다. 다만 정보통신 기술이 보다 효율적으로 학교현장에서 사용되기 위해서는 교사의 인식 전환과 수요자 중심의 서비스를 제공하는 노력이 필요함을 언급하였다. 두 번째로 '국가 단위의 학교급별 영어 진단 기준 개발'에서는 수준별 성취기준을 바탕으로 평가가 진행될 필요가 있음을 강조하면서 이를 위해 학교급별 영어 역량 진단 시스템 개발 및 성취수준 개발·적용이 필요하며 영어 능숙도 성취기준 자료를 바탕으로 학생별로 영어 역량을 평가할 수 있는 진단 시스템을 제안하고 있다. 세 번째로 '수준별 맞춤형 교육과정 및 교수·학습자료 개발 및 보급'은 사회 경제적 차이가 영어 격차로 이어지는 현상을 지적하면서 학생 수준별로 적절한 교육 활동이 제공되는 프로그램을 개발하고 보급할 필요가 있음을 제안하고 있다. 즉, 학생 수준의 차이로 인한 교수·학습상의 문제는 영어교육에서 지속적인 문제였다. 따라서 수준별 교수·학습 방법과 성과에 대한 구체적인 기술을 제공하고 학생 스스로 학년이라는 획일성에 구애받지 않고 자신의 수준에 맞는 흥미로운 콘텐츠 등을 통해 영어 학습에 대한 동기를 유지하며 자기 주도적인 학습을 진행할 필요가 있음을 제안하였다. 마지막으로 '원어민 보조교사 및 영어회화 전문강사 활용 학습공동체 운영'은 영어교사의 말하기 능력을 지속적으로 유지하고 향상하기 위한 방안으로 제시되었다.

최근에 영어교육과 관련하여 제안된 국가정책으로는 2019년에 발표된 '초등학교 영어교육 내실화 계획'이 있으며 주요 내용을 정리하면 〈표 2〉와 같다.

〈표 2〉 초등학교 영어교육 내실화 계획 주요 내용 (교육부, 2019)

목표	영어 의사소통능력 및 미래 핵심 역량 신장 모든 학생에게 양질의 영어교육 기회와 환경제공			
세부 추진 과제	**출발:** 함께 출발하는 영어교육	**성장:** 즐겁게 배우는 영어수업	**자기 주도:** 스스로 성장하는 영어 학습	**교사역량:** 출발과 성장을 지원하는 선생님
	• 자신감과 기초를 다지는 영어 학습 책임지도 • 즐거운 영어 학습과 자연스러운 영어습득을 경험하는 '영어놀이터' • 교육격차 완화를 위한 소외지역 초등학교 영어교육 지원 확대: 영어캠프, 화상 수업, 영어체험 활동, TaLK 원어민 확대 배치	• 영어과 핵심역량을 신장하는 영어 수업 및 영어교육 활동 지원-영어수업개선, 국외학교와 쌍방향 화상 수업, 동아리 및 체험 활동 지원 • 영어 말하기 교수·학습 지원을 위한 AI 활용 '영어 말하기 연습시스템' 구축	• 균형 잡힌 언어능력을 완성하는 온라인 영어독서 지원 • 학생의 흥미와 관심을 반영한 다양한 주제의 영어 학습콘텐츠 지원-영어 노출 기회 확대 • 중학교 영어과 교육과정과 연계를 위한 초등 6학년 겨울방학 프로그램	• 내실 있는 영어수업 운영을 위한 초등교사 연수 프로그램 지원: 연수 주제 확대, 연구방법 개선 • 모든 학교에 영어 전담교사 등 영어 능력 우수교사 배치 추진

위 계획은 초등영어에 중점을 두고 있는 관계로 중등교육에 확대·적용하는 문제는 또 다른 논의가 필요할 것이다. 다만 출발(기초 확립 및 교육격차 완화), 성장(영어수업 및 교육 활동 지원), 자기 주도(자기 주도 학습을 위한 콘텐츠·프로그램 지원), 교사역량(교사 영어 능력 제고)을 세부기준으로 하여 주요 계획을 제시한 점은 중등 영어교육 정책에도 적용 가능한 기준이 될 것으로 보인다. 위 계획에서 주목할 만한 정책으로는 '영어놀이터', 'AI 활용 영어 말하기 연습시스템 구축', '중학교 영어과 교육과정과 연계 프로그램' 등이 있다. '영어놀이터'의 경우, 영어도서, 스마트기기, 영어 학습 도구가 구비된 공간에서 흥미와 관심을 두고 자기 주도적 학습을 진행할 수 있는 환경을 제공하는 것이다. 'AI 활용 영어 말하기 연습시스템'은 음성인식 및 합성, 자연언어 처리 기술을 활용하여 AI가 맞춤형의 개별화된 교수·학습, 영어콘텐츠, 피드백을 제공하는 것으로 자기 주도적 학습과 영어 노출과 사용의 기회를 확대할 수 있을 것으로 보인다. 비록 코로나 이전에 추진된 계획이지만, 최근 원격교육으로 인해 심화되고 있는 영어 격차를 극복하기 위한 방안의 하나로도 보이며, 실제 2021학년도부터 'AI 펭톡'이란 이름으로 전국 초등학교에서 활용되고 있다. 마지막으로 '중학교 영어과 교육과정 연계 프로그램'은 읽기 및 문법 교육이 본격화되는 중학교 영어교육과정에 적응하는데 기여할 것으로 보인다.

이상으로 영어 공교육 관련 주요 국가정책 및 관련 연구를 살펴보았다. 구체적인 방안 및 세부 사항에서는 다소 상이한 점도 있지만, 실질적인 영어 사용의 측면과 현재의 문제점과 미래의 방향을 중심으로 국가교육과정을 어떻게 효율적이고 효과적으로 운영하고 보완할지를 제안한 것으로 보인다. 다시 말해서, 국가교육과정에서 요구하는 목표인 영어 의사소통능력 배양을 중심으로 현재 드러나고 있는 영어 공교육의 문제를 해결하고 미래사회를 대비하기 위한 선도적인 노력이 포함되어 있는 것으로 보인다. 이는 (1)

영어교사의 역량 강화, (2) 영어교육 인프라의 지속적인 구축, (3) 개별화된 교수 학습과 자기 주도적 학습을 위한 방안, (4) 영어 격차 해소를 위한 노력 등으로 요약될 수 있으며 지역 수준의 영어교육정책을 분석하고 평가하는 기준도 될 것이다

3. 제주지역 영어교육 정책

1) 제주지역 영어교육정책의 특성 및 적절성

제주도교육청에서 2021년에 공시한 외국어(영어)교육[1] 운영 관련 세부정책을 요약하면 〈표 3〉과 같다.

〈표 3〉 2021년 제주도교육청 외국어교육 운영 계획(제주도교육청, 2021: 24)

의사소통 중심 외국어교육		
학생 참여 중심 외국어교육 활성화	외국어 교수 인력 운영	외국어 교수 인력 수업역량 강화
• 영어캠프 운영 • 제주 청소년 모의 유엔 운영 • 외국과 영어 화상 수업 운영 • 초등 3, 4학년 영어 보완교재 보급 및 활용 • 초등학교 영어놀이터 프로그램 운영 • 중·고교 영어 듣기능력평가 시행 • AI 활용 영어 말하기 프로그램 운영: 초등학교(신규) • 외국어교육 자율프로그램 운영(신규) • 학생 영어 동아리 운영(신규)	• 베스트 영어교사 운영 • 영어회화 전문강사 운영 • 원어민 보조교사 채용 및 배치	• 영어교육 컨설팅단 운영 • 영어교사 심화 연수 운영 • 외국어교육 연구회 지원 • TEE 인증 영어교사 선발: 우수 및 최우수 단계 • 원어민 보조교사 수업컨설팅 및 근무 평가제 운영

---

1 제주도교육청을 포함하여 대부분의 시도교육청이 영어뿐만 아니라 일본어, 중국어, 독일어 등을 포함하는 '외국어교육' 운영계획으로 공시하고 있으나 본 글에서는 '외국어(영어)교육 계획'으로 병기하고자 함.

국가교육과정과 국가정책 등에서 중심에 두고 있는 '의사소통'을 기본으로 하여 '학생 참여 중심의 외국어(영어)교육 프로그램', '교사역량' 및 '수업역량 강화'의 하위 영역에 중점을 두고 세부 계획을 제시하고 있다. 여기서 주목할 점은 'AI 활용 영어 말하기 프로그램'이 신규 정책으로 포함되었다는 점인데, 이는 2019년에 발표된 '초등학교 영어교육 활성화 계획'에 포함되어 시행 예정이었던 정책으로 코로나 상황과 맞물려 AI 기반 영어교육이 본격적으로 공교육에 포함된 예로 볼 수 있다.

우선 제주지역 영어교육정책의 주요 내용과 특성을 살펴보기 위한 출발점으로 2015년부터 2021년까지 '외국어(영어)교육 운영계획'에 제시된 외국어(영어)교육의 목적을 살펴보면 〈표 4〉와 같다.

〈표 4〉 2015~2021년 제주도교육청 외국어(영어)교육 목적

년도	외국어(영어)교육 목적
2015~2016	□ 국제자유도시와 제주 영어 교육도시를 선도할 수 있는 외국어 의사소통능력 배양 □ 외국어 친화적 환경 조성을 통한 국제이해 및 글로벌 마인드 함양 □ **사교육 수요 및 지역·계층 간 영어교육격차 해소를 통한 공교육 신뢰 제고**
2017~2018	□ 국제자유도시와 제주 영어 교육도시를 선도할 수 있는 외국어 의사소통능력 배양 □ 외국어 친화적 환경 조성을 통한 국제이해 및 글로벌 마인드 함양 □ **영어권 국가의 수업체험 및 교육 활동 참여를 통한 교사의 의사소통능력 향상** □ **학생 참여형 배움 중심 수업 활동으로 과정 중심평가의 내실화 기여**
2019~2021	□ **의사소통 중심 외국어교육 활성화** □ 외국어 친화적 환경 조성을 통한 국제이해 및 글로벌 마인드 함양 □ 영어권 국가의 수업체험 및 교육 활동 참여를 통한 교사의 의사소통능력 향상 □ 학생 참여형 배움 중심 수업 활동으로 과정 중심평가의 내실화 기여

외국어(영어)교육의 목적은 지난 7년간 세 번 정도의 변화가 있었지만, '의

사소통 능력(중심)'과 '국제이해와 글로벌 마인드'와 같은 목적은 지속적으로 유지되어 왔다. 2015~2016년에는 영어 격차 해소를 통한 영어 공교육 회복이 강조되었으며 2017년부터 현재까지는 교사역량 강화 및 학생 중심 수업과 과정 중심평가의 내실화가 강조되고 있다. 따라서 (1) 의사소통, (2) 국제이해 및 글로벌 마인드, (3) 영어 격차 해소, (4) 교사역량 강화, (5) 학생 중심 수업 및 평가 개선이 지난 7년간 제주지역 영어교육의 주된 목표가 되어 왔다. 이는 영어과 국가교육과정에서 목표로 하는 '의사소통능력', '국제문화 이해'와 국가정책 및 관련 연구에서 강조해 온 '영어 격차 해소를 위한 노력', '영어교사의 역량 강화', '개별화된 교수 학습과 자기 주도적 학습을 위한 방안'과 사실상 맥을 같이하고 있어서 국가 단위에서 강조하는 정책적 기조와도 일치함을 알 수 있다.

이를 보다 구체적으로 살펴보기 위해 세부 계획을 중심으로 지난 7년간 어떤 정책이 계획되고 추진되어 왔는지 살펴보았다. 〈표 5〉는 2015년부터 현재까지 외국어(영어)교육 운영을 위한 세부 계획을 유목화하여 연도별로 제시한 것이다.

외국어(영어)교육 계획의 체계성, 지속성 등을 면밀히 분석하기 위해 각 사업을 (1) 외국어(영어) 교수 인력 강화, (2) 외국어(영어) 수업 개선 노력, (3) 외국어(영어) 교사역량 강화, (4) 외국어(영어)교육 강화를 위한 비교과 활동, (5) 외국어(영어) 수업 지원으로 유목화하고 각 영역별로 어떤 세부사업이 얼마큼의 지속성을 갖고 추진되었는지 살펴보았다.

첫째, 정규교사 외에 외국어 교수 인력의 강화를 위한 정책으로 원어민 보조교사 및 영어회화 전문강사에 대한 운영이 지속적으로 이루어지고 있다. 다만 개별 외국어 교수 인력의 운영에만 중점을 두고 있어서 정규교사를 포함한 각 집단이 상호 협력하는 방안이 필요할 것으로 보인다. 두 번째로

〈표 5〉 연도별 제주지역 외국어(영어)교육 운영 세부 계획

구분	2015	2016	2017	2018	2019	2020	2021
외국어(영어) 교수 인력 강화	원어민 보조교사 배치·운영	원어민 보조교사 배치·운영	원어민 보조교사 배치·운영	원어민 보조교사 배치·운영	원어민 보조교사 배치·운영	원어민 보조교사 배치·운영	원어민 보조교사 배치·운영
	정부초청영어봉사장학생(TaLK) 배치·운영	정부초청영어봉사장학생(TaLK) 배치·운영	정부초청영어봉사장학생(TaLK) 배치·운영				
	영어회화 전문강사 배치·운영	영어회화 전문강사 배치·운영	영어회화 전문강사 배치·운영	영어회화 전문강사 배치·운영	영어회화 전문강사 배치·운영	영어회화 전문강사 배치·운영	영어회화 전문강사 배치·운영
외국어(영어) 수업 개선 노력	외국어 수업 개선 지원	외국어 수업 개선 지원	외국어 수업 개선 지원	외국어 수업 개선 지원	외국어 수업 개선 지원	외국어 수업 개선 지원	외국어 수업 개선 지원
	외국어교육 지원단 및 외국어교육 컨설팅단 운영	외국어교육 지원단 및 외국어교육 컨설팅단 운영	외국어교육 지원단 및 외국어교육 컨설팅단 운영	외국어교육 지원단 및 외국어교육 컨설팅단 운영	외국어교육 지원단 및 외국어교육 컨설팅단 운영	외국어교육 지원단 및 외국어교육 컨설팅단 운영	외국어교육 지원단 및 외국어교육 컨설팅단 운영
		배움 중심의 영어교육과정 재구성 장학 자료 개발	배움 중심의 영어교육과정 재구성 장학 자료 개발				
외국어(영어) 교사 역량 강화	TEE 인증제 및 베스트 영어 교사제 시행	TEE 인증제 및 베스트 영어 교사제 시행	TEE 인증제 및 베스트 영어 교사제 시행	TEE 인증제 및 베스트 영어 교사제 시행	TEE 인증제 및 베스트 영어 교사제 시행	TEE 인증제 및 베스트 영어 교사제 시행	TEE 인증제 및 베스트 영어 교사제 시행
			교육과정 벤치마킹 현장체험 국외 파견 및 국제학교 파견	교육과정 벤치마킹 현장체험 국외 파견 및 국제학교 파견	교원 해외 및 국제학교 파견 근무 연수 운영	교원 해외 및 국제학교 파견 근무 연수 운영	교원 국제학교 파견 및 파견 근무 연수 운영
			영어교사 심화 연수 파견 운영	영어교사 심화 연수 파견 운영	영어교사 심화 연수 파견 운영	영어교사 심화 연수 파견 운영	영어교사 심화 연수 운영
			저경력 영어교사 배움 중심 수업 직무연수 운영				
				문화협정 제2외국어 교원 국외 연수	문화협정 제2외국어 교원 국외 연수	문화협정 제2외국어 교원 국외 연수	문화협정 제2외국어 교원 국외 연수
				하와이 교사 초청			
					영어교사 단기연수 운영	영어교사 단기연수 운영	

구분	2015	2016	2017	2018	2019	2020	2021
외국어(영어) 교육 강화 비교과 활동	외국어 관련 경시대회 운영	외국어 관련 경연대회 운영	외국어 관련 경연대회 운영	외국어 관련 경연대회 운영	외국어 관련 경연대회 운영	외국어 관련 경연대회 운영	
	제주 글로벌 외국어 축제 운영	제주 글로벌 다문화 축제 운영	제주 글로벌 다문화 축제 운영	제주 글로벌 다문화 축제 운영	제주 글로벌 다문화 축제 운영	제주 글로벌 다문화 축제 운영	
	'들엄시민' 학부모동아리 운영	'들엄시민' '읽엄시민' 학부모 동아리운영	'들엄시민' 학부모동아리 운영	'들엄시민' 학부모동아리 운영	'들엄시민' 학부모동아리 운영	'들엄시민' 학부모동아리 운영	'들엄시민' 학부모동아리 운영
	체험영어 캠프 운영	체험영어 캠프 운영	체험영어 캠프 운영	체험영어 캠프 운영	체험영어 캠프 운영	체험영어 캠프 운영	체험영어 캠프 운영
			청소년 모의 유엔 운영		제주 청소년 모의 유엔 운영	제주 청소년 모의 유엔 운영	제주 청소년 모의 유엔 운영
							외국어교육 자율프로그램 운영 지원
							학생 영어 동아리운영 지원
							제주 외국어 축전 운영
외국어(영어) 수업 지원	중·고교 영어 듣기능력 평가 시행	중·고교 영어 듣기능력 평가 시행	중·고교 영어 듣기능력 평가 시행	중·고교 영어 듣기능력 평가 시행	중·고교 영어 듣기능력 평가 시행	중·고교 영어 듣기능력 평가 시행	중·고교 영어 듣기능력 평가 시행
	EBSe 영어교육 방송 활용지원	EBSe 영어교육 방송 활용지원	EBSe 영어교육 방송 활용지원	EBSe 영어교육 방송 활용지원	EBSe 영어교육 방송 활용지원	EBSe 영어교육 방송 활용지원	EBSe 영어교육 방송 활용지원
			글로벌 화상교육 프로그램 운영	글로벌 화상교육 프로그램 운영	외국과의 영어 화상 수업 운영 지원	외국과의 영어 화상 수업 운영 지원	외국과의 영어 화상 수업 운영 지원
			초등영어 보완교재 개발	초등영어 보완교재 개발	초등영어 보완교재 개발·보급	초등영어 보완교재 개발·보급	초등영어 보완교재 보급·활용
						초등 영어놀이터 구축·운영	초등 영어놀이터 구축·운영
							AI 활용 영어 말하기 시스템(펭톡) 활용지원

수업 개선 노력은 외고 중심의 정책 혹은 컨설팅 중심의 지원으로 국한되어 있어서 수업 개선의 효과가 보다 광범위하게 확산될 수 있는 노력도 병행될 필요가 있을 것 같다. 세 번째로 외국어교사의 역량 강화 측면에서 다양한 정책이 시행되고 있음을 알 수 있는데, 일부 사업(예, 저경력 교사 연수, 하와이 교사 초청, 영어교사 단기연수)은 일회성으로 끝나거나 오래 지속되지 않았으며 'TEE 인증제'와 '베스트 영어 교사제'[2]를 제외하고는 2017년 이후부터 대부분의 사업이 시행되었다. 교사역량 강화는 장기적인 관점에서 지속적으로 이루어져야 적절한 효과를 볼 수 있다는 점에서 향후 보다 체계적으로 지속성을 갖고 시행될 필요가 있을 것이다. 네 번째로 외국어교육 강화를 위한 비교과 활동은 다른 영역에 비해 대부분의 사업이 지속적으로 시행되어 왔다. 2021년에 처음으로 시행된 '외국어 자율프로그램' 및 '학생 영어 동아리'를 제외하고는 교과 외로 학생들의 관심과 흥미를 이끌 수 있는 활동으로 자리매김하고 있는 것으로 보인다. 마지막으로 외국어 관련 수업을 지원하기 위한 다양한 사업이 진행되었는데, 영어 교육방송 활용과 초등영어 보완 교재('영어야 혼디놀게')와 같은 듣기 평가 및 외국어(영어) 교재 지원, 외국과의 화상 영어수업, 영어놀이터, AI 활용 말하기 연습시스템과 같은 외국어(영어) 교수·학습 지원으로 나누어 볼 수 있다. 최근 정부 정책으로 도입된 '초등 영어놀이터'와 '펭톡 활용 영어 말하기'를 제외하고 2017년부터 진행되어온 '외국과의 화상 영어수업'과 '초등영어 보완교재' 활용 부분은 적절한 성과 분석이 필요한 시점으로 여겨진다.

---

2 엄밀하게 'TEE 인증제'는 영어교사 역량 강화의 측면으로, '베스트 교사제'는 원어민 교사를 대신한다는 점에서 영어 교수 인력 강화의 범주에 포함되어야 함. 하지만 '베스트 교사제'가 'TEE 인증제'와 연동되어 있다는 점과 정규임용 교원을 대상으로 한다는 점에서 본 연구에서는 '외국어교사 역량 강화' 영역에 포함시켰음.

마지막으로 각 세부 계획의 적절성 혹은 타당성을 살펴보기 위해 앞서 논의된 국가교육과정과 국가 단위 주요정책을 기준으로 그 관련성을 살펴보았다.

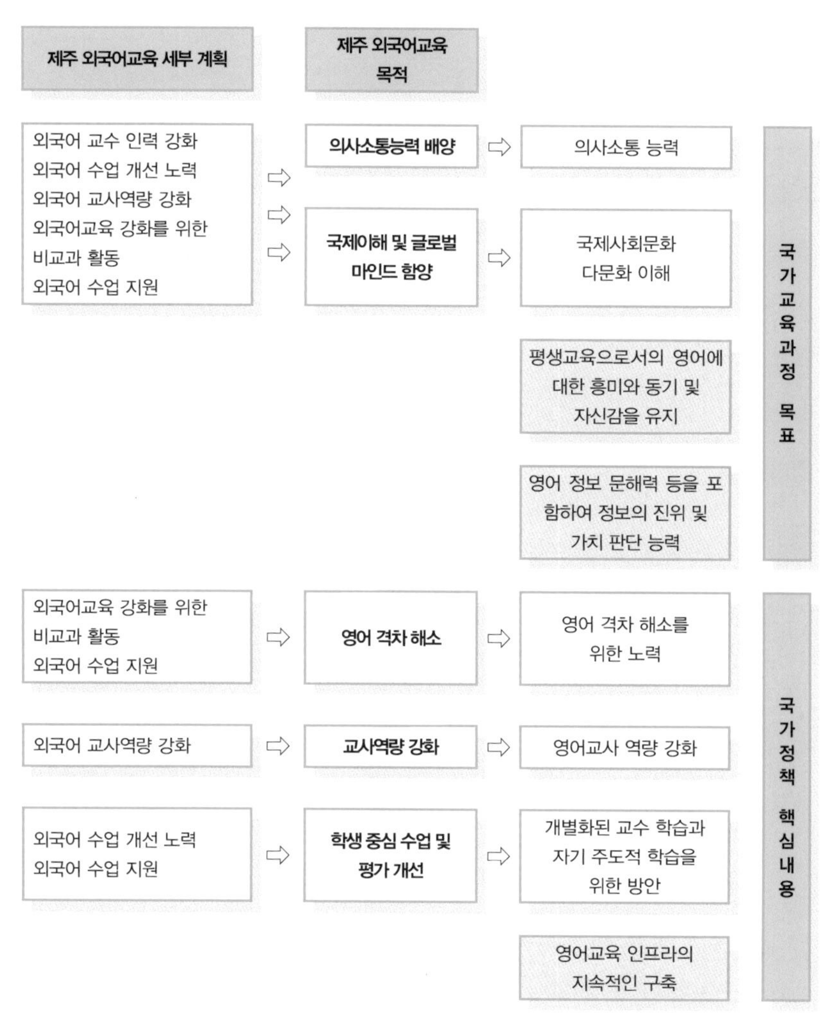

[그림 2] 국가교육과정, 국가정책, 제주 외국어교육 목적, 세부 계획 관련성

위 [그림 2]에 제시된 것처럼, 국가 교육과정의 4가지 목표 중에서 '의사

소통 능력' 및 '국제사회 문화 및 다문화 이해'는 제주 외국어(영어)교육 목적과도 부합하여 구체적인 세부 계획을 통해 강화되고 있음을 알 수 있다. 다만 교육과정의 나머지 목표인 '평생교육으로서의 영어에 대한 흥미와 동기 및 자신감을 유지'와 '영어 정보 문해력 등을 포함하여 정보의 진위 및 가치 판단 능력'의 경우는 구체적인 정책을 통해 달성되기보다는 영어교과수업내용에 담겨야 하는 것으로 보인다. 다음으로 국가 영어교육정책의 측면에서 그간 강조되어 온 '영어 격차 해소를 위한 노력(체험영어캠프, AI 활용 영어 말하기 시스템 활용지원 등)', '영어교사의 역량 강화(TEE 인증제 및 베스트 영어 교사제, 영어교사 심화 연수 등)', '개별화된 교수 학습과 자기 주도적 학습을 위한 방안(초등영어 보완교재 보급·활용, EBSe 영어교육방송 활용지원, 초등 영어놀이터 구축·운영 등)'은 괄호 안의 예로 제시된 것처럼 제주지역 외국어(영어)교육 정책 속에 포함되어 온 것으로 보인다. 나머지 '영어교육 인프라의 지속적인 구축'은 영어(외국어) 교과만의 세부정책으로 이루어지기보다는 전반적인 학교 교육의 차원에서 다루어지고 있는 것으로 보인다. 이 점은 2021년 제주도교육청 7개 핵심과제 중 '배움의 질 향상 위한 원격수업 지원'과 '4차 산업혁명 대비 미래 교육'에서 그 근거를 찾을 수 있다. 구체적으로 원격수업 인프라 확충을 위해 '안정적인 공공 플랫폼 지원', '콘텐츠 개발 및 공유', '원격수업 효과 제고를 위한 교사지원'을 계획하고 있으며, '소프트웨어 및 AI 교육 활성화', '공간혁신과 학교시설 복합화'를 통한 미래 교육을 준비하고 있는데 이 점은 외국어(영어)교육 관련 인프라를 확장하는데 직·간접적인 영향을 줄 것으로 보인다.

이상으로 제주지역 외국어(영어)교육 세부 계획을 하위 영역별로 유목화하여 체계성 및 지속성을 살펴보고 국가교육과정 및 주요 정책과의 비교를 통해 적절성을 검토하였다. 결과적으로 '외국어 교수 인력 강화', '교사역량 강화', '수업 개선', '(맞춤형의 자기 주도 학습과 영어 격차 해소를 위한) 비교과 활동', '수업 지원'이 어느 정도의 체계성과 지속성을 가지고 운영된 것으로 보인다. 아울러 국가 단위 주요 정책과의 관련성도 보여서 국가정책과 상호보완적인 적절한 세부 계획이 운영되고 있는 것으로 여겨진다. 다만 지역 수준 영어교육정책의 체계성, 지속성, 적절성뿐만 아니라, 해당 정책의 효과성 혹은 확산성도 중요한 부분인데 이전 계획에 대한 종합적인 성과 분석이 없는 점은 아쉬운 부분이다. 따라서 시행 전에는 각 세부정책이 해당 영역의 목적에 얼마나 부합하는지를 면밀히 검토하여 이를 보완할 필요가 있으며, 시행 후에는 체계적인 환류 과정을 통해서 각 세부 계획에 대한 성과 분석과 개선 및 보완이 이루어질 필요가 있을 것이다.

2) 제주지역 영어교육정책의 차별성

앞에서 제주지역 영어교육정책의 내적인 체계성 및 지속성 그리고 국가 단위 정책과의 관련성을 분석하고 각 세부 계획의 적절성을 살펴보았다. 이번에는 제주지역과 타 시도교육청의 영어교육정책을 비교함으로써 제주지역 영어교육정책이 강조하고 있는 부분과 보완할 부분을 파악하고자 한다. 이를 위해서 제주도교육청과 같이 별도의 구체적인 외국어(영어)교육 운영계획을 공시하고 있는 6개 시도교육청(서울특별시교육청, 경기도교육청, 인천광역시교육청, 충청남도교육청, 전라북도교육청, 경상남도교육청)의 외국어(영어)교육 운영 계획과 제주지역 외국어(영어)교육 정책을 비교하였다. 먼저 제주를 포함한 각 시도교육청의 2021년 외국어(영어)교육 관련 주요 목적을 살펴보면 〈표 6〉과 같다.

〈표 6〉 시도교육청별 외국어(영어)교육 목표(2021년 기준)

시도교육청	외국어(영어) 교육목표
제주도 교육청	• 의사소통 중심 외국어교육 활성화 • 외국어 친화적 환경 조성을 통한 국제이해 및 글로벌 마인드 함양 • 영어권 국가의 수업체험 및 교육 활동 참여를 통한 교사의 의사소통 능력 향상 • 학생 참여형 배움 중심 수업 활동으로 과정 중심평가의 내실화 기여
서울특별시 교육청	• 글로벌 역량 함양을 위한 영어교육으로 전환 • **교육과정에 맞는 단계별 학생 맞춤형 영어교육 실시** • 미래역량 함양 수업을 위한 영어교사 역량 강화 • **영어교육 지원인력 지원 및 교육 자원을 활용한 영어교육격차 해소**
경기도 교육청	• **다양한 외국어교육 환경변화에 능동적으로 대처하는 외국어 수업 운영** • 외국어 사용 기회 확대로 창의적 의사소통역량 신장을 위한 외국어 교육 실현 • **학생 수준과 지역 특성에 맞는 맞춤형 지원으로 외국어 교육격차 해소** • **다양한 매체 및 정보통신 기술을 활용한 미래형 외국어 교실 수업 지원**
인천광역시 교육청[3]	• 영어과 교육과정 개정 및 수능 영어 절대평가 도입 등 영어교육 환경변화에 따른 의사소통 중심 영어교육을 통한 영어 공교육 내실화
충청남도 교육청	• 의사소통능력 중심 외국어 능력 신장 • 외국어 교과 교수·학습 방법 개선과 교사 전문성 신장 • **외국어 교육격차 해소를 위한 다양한 학습 환경 조성과 콘텐츠 제공** • 글로벌 인재 육성을 위한 국제이해 교육 지원 확산
전라북도 교육청	• 실용적인 외국어교육을 통한 외국어 의사소통능력 배양 • 참여와 협력 중심의 외국어 수업 내실화로 학교 교육 만족도 제고 • **사교육 감소 및 지역·계층 간 외국어 교육격차 해소를 통한 공교육 신뢰 제고**
경상남도 교육청	• 외국어 의사소통능력 및 미래역량 신장을 통한 글로벌 인재 육성 • 외국어과 교원 및 전문인력 역량 강화와 활용 극대화를 통한 공교육 내실화

2021학년도 제주도교육청 외국어(영어)교육 운영계획에 따르면, '의사소통능력 배양', '국제이해 및 글로벌 마인드 함양', '교사역량 강화', '학생 중

3 타 시도교육청과 달리 외국어(영어)교육 목표를 명시적으로 언급하고 있지 않아서 '주요 내용'으로 제시한 부분을 인용하였으며 시도교육청 간 비교 분석에서는 제외하였음.

심 수업 및 평가 개선'을 목적으로 하고 있다. 이는 타 시도교육청의 목표에도 사실상 모두 반영되어 있는 관계로 타 시도교육청에서만 강조되고 있는 목표만 굵은 글씨로 표시하였다(〈표 6〉 참조). 타 시도에서만 제시된 외국어(영어)교육 목표를 보면, (1) 수준별 맞춤형 외국어교육(서울시, 경기도교육청), (2) 영어 격차 해소(서울시, 경기도, 충남, 전북 교육청), (3) 외국어 환경변화에 대처하는 수업 운영(경기도교육청), (4) 정보통신 기술을 활용한 미래형 수업(경기도교육청)을 들 수 있다. 이 중에서 '영어 격차 해소'는 과거 2015~2016년에 제주도교육청에서도 강조했던 목표이지만, '수준별 맞춤형 외국어교육', '외국어 환경변화에 대처하는 수업 운영', '정보통신 기술을 활용한 미래형 수업'은 외국어(영어) 교과 안에서의 목표로는 명시적으로 제시된 적이 없다. 물론 이런 목표가 없는 경우도 관련 정책 내용이 다른 영역의 세부 계획을 통해 이루어질 수 있다. 이 점에서 '수준별 맞춤형 교육'과 같은 목표는 '초등영어 보완교재 보급·활용', 'EBSe 영어교육방송 활용지원', '초등 영어놀이터 구축·운영' 등과 같은 프로그램을 통해서 이루어질 수 있으며, '미래형 수업'도 제주도교육청 핵심과제인 '4차 산업혁명을 대비한 미래 교육계획'을 통해 직·간접적으로 다루어질 수 있다.

각 시도교육청의 외국어(영어)교육 관련 정책은 지역적 특성을 고려하는 것이므로 옳고 그름을 판단할 수 있는 영역은 아니다. 하지만 구체적인 세부 계획이 전체적인 목표에 준하여 준비되고 시행된다는 점에서 타 시도의 외국어(영어)교육 계획에서 강조되는 목표도 참고할 필요가 있다. 따라서 '개별화된 맞춤형의 수준별 교육'과 '정보통신 기술을 활용한 미래형 수업'은 향후 제주지역 외국어(영어)교육의 목표에 포함하여 보다 구체적인 정책을 통해 구현할 필요도 있을 것이다. 이런 점에서 각 시도교육청에서 계획하여 시행하고 있는 '수준별·맞춤형 외국어(영어)교육'과 '정보통신 기술을 활용한 미래형 수업' 관련 정책을 구체적으로 살펴보면 〈표 7〉과 같다.

〈표 7〉 시도교육청별 수준별·맞춤형 및 최신기술기반 외국어(영어)교육 계획

시도교육청	수준별 맞춤형 외국어(영어)교육	최신기술기반 외국어(영어)교육
제주도 교육청	-	• AI 기반 말하기 시스템 활용(펭톡)
서울특별시 교육청	• 영어과 수요자 맞춤형 연수	• 초등영어 말하기 연습시스템(AI 펭톡) 활용지원
경기도 교육청	• 영어교육격차 해소 교육과정 연계 학교선택형 학생 맞춤형 영어교육격차 해소 프로그램 운영 • 온-오프라인 병행 교육과정 연계 학생 맞춤형 영어교육격차 해소 프로그램 운영	• AI 기반 영어 말하기 프로그램(펭톡)
인천광역시 교육청	-	• 인공지능 영어 말하기 연습시스템(AI 펭톡) 운영
충청남도 교육청	-	• 인공지능(AI) 역량 강화 연수 • 인공지능(AI) 활용 영어수업 사례 공유 • 인공지능(AI) 활용 영어교육 전문적 교사 학습공동체 활성화
전라북도 교육청	• 맞춤형 수업 개선 연수 지원	• 초등학생 영어 말하기 연습시스템 지원 AI 기반
경상남도 교육청	-	• 초등학생 영어 말하기 시스템 구축 및 활용지원

〈표 7〉에서 보면, '수준별 맞춤형 외국어(영어)교육'을 목표로 했던 서울과 경기지역 외국어(영어)교육 계획에는 관련된 구체적인 세부 계획이 포함되어 있다. 아울러 전북의 경우, 목표에는 명시하지 않았지만, 세부 계획에 맞춤형 수업 관련 내용이 있다. 반면, '최신 기술을 활용한 외국어(영어) 수업'의 측면에서 대부분의 교육청은 교육부의 '초등영어 내실화 계획'에서 제시한 AI 기

반 영어 말하기 연습시스템(펭톡)을 활용하고 있다. 이는 인공지능 기술을 활용하였다는 점에서 주목할 필요가 있지만, 사실상 국가정책으로 시행되고 있다는 점에서 지역별 외국어(영어)교육의 특색을 보여주는 것은 아닐 수 있다.

반면에 충남교육청의 경우는 교사역량 강화 차원에서 선제적으로 인공지능 관련 연수 및 수업 공유와 인공지능 관련 전문적 교사학습공동체의 활성화 등을 계획으로 제시하고 있다. 결과적으로 타 시도교육청의 외국어(영어)교육에서만 목표로 하는 '수준별 맞춤형 외국어교육'과 '최신 기술 기반 외국어교육'의 경우, 목표 상의 차별성과는 달리 새로운 내용이 있기보다는 국가정책을 반영하는 경우가 많았고 '최신기술기반 교육'을 목표로 하지 않은 교육청이 보다 적극적인 인공지능 관련 정책을 제시하는 경우도 있었다. 아울러 수준별 맞춤형 수업을 강조한 서울 및 경기 교육청이 연관된 세부 계획을 운영하고 있었다.

한편 제주지역에서만 강조되고 있는 외국어(영어)교육 관련 세부정책 내용을 객관적으로 살펴보기 위해 언어자료에 대한 계량화된 분석 중 하나인 '코퍼스 기반 키워드 분석'(고광윤, 2009; Jhang & Hong, 2012)을 실시하였다. 즉, 각 시도교육청의 '외국어(영어)교육 계획' 문서에서 나머지 다른 시도교육청의 동일한 문서보다 통계적으로 유의미하게 자주 사용되는 어휘를 코퍼스 분석 프로그램(*Antconc*)을 활용하여 추출하였는데, 해당 교육청의 관련 문서에서만 자주 사용되었다는 점에서 직·간접적으로 그 시도교육청 외국어(영어)교육의 주요 내용 혹은 특성을 드러낸다고 볼 수 있다(하명정, 2013; Culpeper, 2009). 추출된 키워드 중에서 '의사소통중심', '수업', '운영', '외국어 교육과정', '수립', '전개', '단계', '지원', '점검' 등과 같이 '외국어(영어)교육 계획'과 관련된 문서에서 일반적으로 많이 사용될 수밖에 없는 어휘는 삭제하였으며 그 외 시도교육청별 키워드를 제시하면 아래와 같다.

〈표 8〉 시도교육청별 주요 키워드

시도교육청	주요 키워드	
제주도교육청	• 들엄시민 • 원어민 보조교사 • 베스트 영어 교사제	• 수업컨설팅 • 학부모동아리 • TEE
서울시교육청	• 문화 간 소통능력 • 전문학습공동체	• 주제기반
경기도교육청	• 경기교육 모아 • 으뜸 학교 • 연구회 • 상호국제교류동아리 • 선택형 • 외국어 공감 학생동아리	• 외국어교육센터 • 학생주도형 • 국제교류 • 프로젝트 • 영어교육 격차 해소
인천광역시교육청	• 동아시아국제교육원 • 원어민 교사 • 공공도서관	• 교육협력사업 • 옹진 • 수업공개
충청남도교육청	• 인공지능 • 독서교육	• 전문적 교사학습공동체 • 중등교사
전라북도교육청	• 문화체험	• 미국
경상남도교육청	• 외국어고등학교	• 김해외국어고등학교

제주도교육청 외국어(영어)교육 계획에서 다른 시도교육청보다 많이 언급된 어휘로 '들엄시민', '원어민 보조교사', '베스트 영어 교사제', '수업컨설팅', '학부모동아리', 'TEE'가 추출되었다. 우선 다소 생소한 용어인 '들엄시민'은 '듣다 보면'의 제주어로 홍정실(2021: 5-6)은 아래와 같이 프로그램 개요와 목적을 설명하고 있다.

> 영어 애니메이션을 자막 없이 듣는 제주도 학부모동아리 이름이다. 들엄시민 학부모동아리는 자녀들이 영어를 사교육을 통한 공부가 아니라 생활 속에서 자연스럽게 언어로 익히기를 바라며 실천하는 동아리이다.

초등학교 3학년 이상의 자녀를 둔 학부모의 가입을 권장하며, 집에서 매일 꾸준히 자녀와 함께 영어 애니메이션을 자막 없이 보는 활동을 한다.

이는 제주지역에서만 시행되고 있는 프로그램으로 같이 도출된 키워드인 '학부모동아리'와는 밀접한 관계가 있다. 아울러 '베스트 영어 교사제'도 제주지역에서만 시행되는 제도로 우수한 한국인 영어교사가 원어민 보조교사를 대신하는 것이다. 함께 제시된 키워드인 'TEE', 즉 '영어로 진행하는 영어 수업'과도 연계하여 진행되는 제도이다. 그 외 '원어민 보조교사'와 수업컨설팅'에 대한 용어가 자주 사용된 것으로 보아 타 시도에 비해 관련된 계획이 강조되고 있음을 유추할 수 있다.

여기서 '들엄시민'의 경우는 국가 단위 정책 중에서 '개별화된 교수 학습과 자기 주도적 학습을 위한 방안'으로서 이해될 수 있으며 '베스트 영어 교사제'는 '영어교사의 역량 강화'와 관련성이 있다. 특히, 이 프로그램들은 실증 연구를 통해서 그 성과가 분석되었다(장모나, 2016; 홍정실, 2021). 홍정실(2021)은 들엄시민 동아리 활동에 1년 이상 참여한 학생 및 학부모를 대상으로 면담 중심의 질적 연구를 진행하고 성과 및 보완책을 제시하였는데, 우선 운영의 측면에서, 4가지 언어기능의 균형적인 발달을 위해 초등과 중등 들엄시민 간 연계가 필요함을 지적하였다. 즉, 영어 읽기와 쓰기를 어려워하는 중학생을 위해 초·중등 들엄시민 간의 연계가 필요하며 같은 맥락에서 영어 단어 쓰기를 어려워하는 초등학교 고학년 학생을 위해 영어 자막과 함께 애니메이션을 보게 한다면 문자언어에 익숙해질 수 있음을 제안하였다. 아울러 중등 들엄시민 활동은 듣기 비중이 낮아지는 중학교 과정에 듣기 활동에 대한 보완을 제공할 수 있는 것으로 파악되었다. 들엄시민 활동에 대한 학부모의 만족도를 향상시키기 위해 원어민과의 나들이 행사를 확대할 필요가 있으며 현행 들엄시민 활동의 수업 모형이 방과 후 영어 프로그램으로도 적용되어 학부모가 함께 참여할 수 없는 학생들에게도 자연스러운 영어 듣기 기회를 제공할 필요가 있음을 제안하였다.

다음으로 장모나(2016)는 지난 2010년부터 교실 영어사용의 강화를 위해 시행된 'TEE 인증제'와 원어민 보조교사를 대체하기 위해 2013년부터 제주에서 시행 중인 '베스트 영어 교사제'에 대한 교사의 인식과 교사, 학생, 학부모의 만족도를 조사하였다. 구체적인 연구결과를 보면, 제주지역 초등 영어 전담 교사는 TEE 수업에 대해 긍정적인 관심을 보였으나 실제로 영어로 하는 수업은 많이 이루어지지 않았으며 교실 영어사용이 제한되는 이유로 학생들의 이해 부족을 주요 요인으로 응답하였다. 아울러 설문에 참여한 교사의 3분의 2 정도가 베스트 교사제 확대에 긍정적인 의견을 보였다. 베스트 영어교사는 자신감이 높은 반면, 만족도는 낮았으나 학부모와 학생은 베스트 영어교사가 진행하는 영어수업에 대해서 전반적으로 높은 만족도를 보였다. 베스트 영어교사는 원어민 교사를 대체한다는 자부심을 보였으나 초과 수업, 수업 외 업무에 대한 부담, 영어로 진행하는 수업에 대한 부담감을 보였다. 따라서 제주지역의 베스트 영어교사 제도는 시행상 개선이 필요한 부분이 있지만 학생 및 학부모에게는 만족을 주고 있는 것으로 파악되었다.

결과적으로 제주지역의 대표적인 영어교육 관련 정책인 '베스트 영어 교사제'와 '들엄시민 학부모동아리'는 비교적으로 성공적으로 시행되고 있으나 그 효과를 더욱 확산시킬 수 있는 추가적인 노력이 필요할 것으로 보인다. 하지만 지역 특성을 고려하여 '개별화된 교수 학습과 자기 주도적 학습을 위한 방안' 및 '영어교사의 역량 강화'와 같은 국가 단위의 정책을 보완하고 있다는 점에서는 긍정적인 지역 수준의 정책으로 이해될 수 있을 것이다.

4. 제주 미래 교육을 위한 방향

지금까지 제주지역 영어교육정책의 주요 내용 및 특색, 국가 단위 정책과의 관련성, 타 시도교육청 외국어(영어)교육 정책과의 비교를 통해서 제주지역에서 시행되는 외국어(영어)교육 계획의 특성과 그 적절성 등을 살펴보고 그 역할을 되짚어 보았다.

먼저 2015 개정 영어과 교육과정 목표에서 강조하는 '의사소통 능력'과 '국제사회 문화 및 다문화 이해'는 현재 제주지역 외국어(영어)교육의 목적과도 일치하며 국가정책에서 강조해 온 '영어 격차 해소를 위한 노력', '영어교사의 역량 강화', '개별화된 교수 학습과 자기 주도적 학습을 위한 방안'도 제주지역 외국어(영어)교육 목적에 직·간접적으로 포함된 것으로 보였다. 목적에 따른 세부 계획의 경우, 전반적인 체계성 및 지속성에는 크게 문제가 없었고 국가 단위 정책과의 연계성 측면에서도 적절하게 국가교육과정 목표 및 주요 국가정책을 보완하는 역할을 보였다. 다만 각 세부 계획의 성과 분석에 따른 환류 체계가 명확하게 드러나지 않는 등 개선이 필요한 부분도 보였다. 다음으로 외국어(영어)교육 계획(2021년 기준)상 타 시도교육청과의 차별성을 살펴보았을 때, 타 시도에서만 제시된 목적으로 수준별 맞춤형 외국어교육, 영어 격차 해소, 외국어 환경변화에 대처하는 수업 운영, 정보통신 기술을 활용한 미래형 수업 등이 있었다. 제주지역에서만 시행되는 영어교육정책으로는 자기 주도적 학습방안에 강조를 둔 '들엄시민 학부모동아리'와 교사역량 강화를 위한 '베스트 영어 교사제'가 있었는데 이는 지역적 특성을 고려하면서 국가정책을 보완할 수 있는 제도로 여겨진다.

국가 수준에서의 교육정책과 지역 수준에서의 교육정책은 그 역할이 다르며 상호 협력적 관계에 있어야 한다(성병창, 2015). 교과별 국가교육과정이 존재하고 많은 관련 정책이 국가 주도로 연구되고 시행되는 상황에서 지역 수준의 교육정책이 분명한 자신의 역할을 찾는 것은 쉽지 않은 일로 보인다. 다만 국가정책을 교육현장에서 실제로 운영해야 하는 교사와 학교는 각 시도교육청에서 관할하고 있다는 점에서 각 시도교육청은 국가정책을 효과적으로 운영하기 위하여 지역 특성을 고려한 세부 계획을 제시하고 시행할 필요가 있으며 지역만의 요구 및 특색을 반영한 특화된 영어교육정책 개발도 필요할 것으로 보인다.

이와 관련하여 최근 모든 분야에서 강조되고 있으며 국가주도 교육정책 및 타 시도 교육정책에서 계획되고 시행되고 있는 인공지능 분야를 제주지역 미래 교육에 활용할 수 있는 방안을 고민해 보고자 한다. 무엇보다 인공지능 기술이 제공하는 개별화 및 맞춤형 교수·학습의 가능성은 현재 우리나라 교육이 품고 있는 다양한 문제를 해결하는 좋은 출발점이 될 것으로 보인다. 따라서 인공지능 기반 영어교육과 제주교육의 미래를 논의할 때, 인공지능 챗봇, 번역기 활용과 같은 영어수업 안에서의 논의도 필요하지만, 보다 체계적인 관점에서 주요 영역별로 구분하여 생각해 볼 필요가 있다. 이에 홍선주, 조보경, 최인선, 박경진(2020: 18-21)이 제안한 대로 아래와 같이 교육과정, 교수 학습 및 평가, 학생 지도 및 지원으로 구분하여 인공지능 활용방안을 생각해 볼 수 있다.

○ **교육과정:** AI는 교사와 학교경영자 혹은 관리자가 교육과정의 개발과 운영, 평가와 개선 관련 자동화 및 효율적 업무를 지원함.

○ **교수 학습 및 평가:** AI는 교육프로그램의 분석, 설계 및 개발, 실행, 평가의 절차 속에서, 학생의 역량과 수준을 진단·분석하고, 목표 설정을 유도하며, 학습계약을 생성하도록 지원함.

- AI는 교사가 교육 내용을 선정하고 조직하는 업무를 도와주는 한편, 학습자의 특성에 맞게 재구조화하는 과정을 거쳐서 맞춤화된 개별 학습을 지원함.
- 교육의 실행 단계에서 학생의 학습 상황을 실시간 확인하며, 개인별 맞춤형 학습을 위해 적시적인 비계(scaffolding)를 제공할 수 있음.
- AI는 협력 학습을 위해 최적화된 팀 구성을 도와주거나, 과제 수행 관련 안내, 자원 제공, 협력 활동 도구 제공 등을 지원해 줄 수 있음.
- AI는 학생의 글쓰기 과제물 등을 자동채점하고 표절을 방지하는 역할을 수행할 수 있으며, 아울러 교사는 시험을 위한 문항 출제나 학생의 숙달 정도의 평가를 효율적으로 수행할 수 있음.

○ **학생 지도 및 지원:** AI는 맞춤화된 진로 설계를 지원할 수 있으며, AI 챗봇을 활용하여 학생의 학교생활과 적응에 대한 정보를 상시 도와줄 수 있음.

위에 제시된 영역별 활용방안 중에서 개별 교과목과 관련되는 것은 교육과정과 교수·학습 및 평가 영역으로 여겨진다. 따라서 인공지능을 활용한 영어교육정책을 계획할 때, 어떤 영역에서의 활용이 더 필요한지를 확인하고 우선적으로 관련 계획을 세우고 시행할 필요가 있을 것이다. 현재 인공지능 기술과 연관되어 시행되고 있는 영어교육정책은 초등에서 활용되고 있는 'AI 기반 말하기 연습시스템'인 '펭톡'의 활용이다. 이는 '교수·학습 및 평가 영역'에서 교육의 실행 단계에서 이루어지는 개인별 맞춤형 학습 지원이 될 것이다. 아울러 '교수·학습 및 평가' 영역에서 가능한 영어교육정책으로 학습자 특성에 맞게 수업을 설계하고 학습콘텐츠를 제공하는데 인공지능 기술을 어떻게 활용할지 그리고 과제물 채점 혹은 수행평가 등에 인공지능 기술을 어떻게 활용할지 등을 고려할 수 있을 것이다.

이런 맥락에서 부산시교육청은 지난 2019년에 인공지능을 교육에 활용하는 방안과 실제 활용 사례를 제시한 '인공지능 기반 교육 가이드북'(부산시교육청, 2019)을 출간하였으며 대구시교육청도 2019년에 초·중등학교의 AI 및 에듀테크 활용정책을 추진했다. 이는 체계적으로 인공지능 관련 정책을 계획하고 추진하며 학교현장에서의 수용을 높이는데 도움이 될 것이다. 따라서 인공지능 기반 영어교육과 제주교육의 미래를 생각할 때도 학교 교육의 주요 영역에 따른 체계적인 접근과 관련 근거와 안내서가 필요할 것으로 보인다. 이는 정책의 하향식 추진이 가져올 수 있는 부작용을 막고 교육현장 즉, 교사의 능동적인 상향식 참여를 유도하는 방안이 될 것이다.

아마도 많은 사람들이 어떤 일을 한다고 해서 반드시 따라갈 필요는 없을 것이다. 마찬가지로 현재 많은 이들이 인공지능, 빅데이터, 음성인식과 합성, 기계번역 등을 언급하며 영어교육 분야의 새로운 패러다임으로 열광한다고 해서 반드시 쫓아갈 필요는 없을 것이다. 인공지능 기술이 영어교육의 성공을 보장하는 만병통치약은 아니기 때문이다. 존 듀이는 "If we teach today's students as we taught yesterday's, we rob them of tomorrow."라고 말했다. 아마도 인공지능 기술도 과거에는 유행하다가 이제는 평범한 교수법이 되어버린 많은 것 중 하나가 될 수도 있을 것이다. 중요한 것은 현재의 교육방법에 머무르지 않고 끊임없이 현재의 교육방식에 대해 성찰하고 개선하는 것이다. 즉, 어제의 방식대로 현재의 아이들을 가르침으로써 그들의 미래를 빼앗지 않는 것이 중요할 것이다. 따라서 현재 아이들의 미래를 위한 영어교육 방식의 하나로 인공지능 기술이 제주지역 영어교육정책에 녹아들기를 기대해 본다.

제5장

손 명 철

제주 미래 교육을 위한 장소 기반 교육*

"미래는 예측하는 것이 아니라 창조하는 것이다."

- The Brundtland Report, 1987 -

"장소 기반 교육의 주요 강점 가운데 하나는 그것이 특정 장소의 고유한 특성에 초점을 맞출 수 있으며, 이러한 방법을 통해 오늘날 많은 교실에서 나타나는 것처럼 학교와 학습자의 삶 사이의 분리를 극복하는데 도움을 줄 수 있다는 것이다."

- Gregory Smith, 2002 -

* 이 글은 '손명철(2021). 지속 가능한 제주의 미래를 위한 장소 기반 교육: 생태환경교육과 지역 지식을 중심으로. 제주도연구, 56, 115-135.'의 내용을 일부 수정·보완한 것임.

1. 들머리

제주의 미래는 과연 어떤 모습일까? 제주의 미래 교육은 어떤 모습이며, 또 어떤 모습이어야 하는가? 제주의 미래는 한반도의 미래, 더 나아가 지구촌의 미래와 무관할 수 없다. 제주의 미래 교육 역시 한국의 미래 교육, 그리고 세계 여러 나라의 미래 교육과 밀접한 연관을 가진다. 그렇다고 제주의 미래와 미래 교육이 한국과 지구촌 여러 나라의 미래와 미래 교육에 종속되어 있다거나 수많은 변이 중 하나에 불과하다고 말하려는 것은 아니다.

현실 세계(real world)는 지구적 규모의 변화 기제(global processes)와 지역 수준의 다양한 대응(local responses)이 맞물려 상호 생성적인 과정(global-local nexus)을 거치면서 생성과 변화를 거듭하기 때문이다. 따라서 제주의 미래 교육을 보다 정확하고 깊이 있게 이해하기 위해서는 그보다 상위 수준의 공간 단위인 한국과 세계의 미래 교육에 대한 이해가 선행될 필요가 있으며, 역으로 제주의 미래 교육이 어떤 모습으로 전개될 것인가를 미리 예측할 수 있으면 한국과 세계의 미래 교육의 모습도 어느 정도 예측이 가능하게 될 것이다.

오늘날 많은 이들이 지구촌이 당면한 주요 문제 가운데 하나로 기후위기와 지구 생태계 파괴를 꼽고 있다. 최근 인간의 영향으로 인한 개체 수 감소와 서식지 파괴를 모면하고 온전한 생태계를 유지하는 곳은 지구상에 3%도 채 안 된다는 연구결과가 발표되었다(한겨레, 2021.4.19.). 최근 전 세계가 고통을 받는 코로나-19 바이러스 팬데믹 사태도 결국 지구 생태계에 대한 인간의 과도한 개입과 파괴에서 비롯된 것으로 밝혀지고 있다. 이제 제주뿐만 아니라 전 세계 인류는 지구환경과 생태계에 대한 인식과 태도에 근본적인 전환이 필요하고, 이를 일상에서 실천해야 할 절박한 상황에 놓여 있다.

지구촌 인류의 지속 가능한 삶을 위협하는 기후위기와 생태파괴에 직면하여, 2015년 유엔은 17개 '지속가능발전 목표(Sustainable Development Goals: SDGs)라는 의제를 채택하여 전 세계 여러 국가에 실천을 권장하고 있다. 이들 목표 중에는 '13. 기후변화와 그 영향을 방지하기 위한 긴급한 행동의 실시(Climate action)', '14. 지속가능 개발을 위한 대양, 바다 및 해양자원 보존 및 지속 가능한 사용(Life underwater)', '15. 육상 생태계의 보호, 복원 및 지속 가능한 이용 증진, 산림의 지속 가능한 관리, 사막화 방지, 토지 황폐화 중지, 복원 및 생물 다양성 손실 중지(Life on land)' 등 모두 3개의 지구환경에 관한 목표가 비중 있게 설정되어 있다. 유엔의 지속가능발전 목표는 유네스코를 통해 세계시민교육으로 이어져 전 세계 초·중등학교의 교육실천 프로그램으로 확장되고 있다.

한국은 현재 2022 개정 〈국민과 함께 하는 미래형 교육과정〉을 추진 중이다. 새로운 교육과정은 4차 산업혁명, 인구 감소, 감염병 확산 등 불확실성이 증가하는 미래사회에 대응하기 위해 생태 전환 교육 및 민주시민 교육 등을 교육목표와 내용에 반영하고 지속 가능한 미래를 위한 역량 함양을 지향하고 있다(이상수, 2021; 교육부, 2021b). 교육부는 환경생태교육을 교육과정에 반영하고 교원 역량을 제고하기 위해 전체 교원을 대상으로 기후위기 대응 및 탄소 중립 연수를 개설하며, '탄소 중립 사회를 위한 학교환경교육 지원 방안'을 수립하고, 학교환경교육 전담기관 지정 및 플랫폼 구축, 시도교육청 및 관계기관과 탄소 중립 실천 행동 협업 강화 등 다양한 시책과 제도를 마련하고 있다(교육부, 2021a).

제주 역시 미래 교육을 위한 논의와 준비에 박차를 가하는 중이다. 생태주의를 존엄주의 및 돌봄 민주주의와 함께 학교 교육의 이념적 토대로 재구성하고, 교육과정을 생태적으로 전환하며, 학교를 물리적 공간이 아니라 '장소화'하여 학교 내에 환대의 구조를 만들고 서로가 서로에게 좋은 배경이 되어주는 민주적인 삶의 현장으로 탈바꿈토록 하자는 논의가 진행되고 있다(이수광, 2020).

이 연구는 위와 같은 시대적 배경과 문제의식을 토대로 바람직한 제주의 미래를 만들어 가기 위해 다양한 장소 기반 교육을 실천하자고 제안하려는 것이다. 제주라는 장소, 곧 학습자의 일상생활 공간에 기반을 둔 환경생태교육을 통해 미래 세대에게 생태적 자아와 생태적 장소감을 함양할 수 있도록 도와줌으로써, 지구적 규모의 기후위기에 슬기롭게 대처하고 생태적으로 건강한 삶터를 만들어 갈 수 있도록 준비해야 한다. 또한 오랫동안 제주의 자연환경에 적응하여 살아오면서 체득하고 전승해 온 제주인들의 지역 지식을 발굴하고 이를 학교 교육과정에 포함하여 가르침으로써, 제주에 대한 이해를 높이고 제주인으로서 자긍심을 기르는 계기를 마련하자고 제언하고자 한다.

이 연구는 주로 문헌 연구에 의존하고 있으며, 주요 연구 질문 혹은 연구 내용은 아래와 같다. 첫째, 장소 기반 교육이란 무엇이며, 그것은 제주 미래 교육에 어떻게 기여할 수 있는가? 둘째, 장소 기반 생태환경교육은 어떻게 연구되어 왔으며, 이것이 제주의 미래 교육에 주는 시사점은 무엇인가? 셋째, 지역 지식이란 무엇이며, 구체적인 제주의 사례는 어떤 것이 있는가?

이 연구에서 사용하는 주요 용어는 대체로 아래와 같은 의미를 가진다.

■ 장소 기반 교육(Place-Based Education: PBE)

학습자의 일상적인 삶이 펼쳐지는 장소(place)를 교육과정에 포함하여 이루어지는 교육을 말한다. 또한 특정 지역의 지식과 기술, 현안을 교육과정에 포함하여 가르치는 것이며, 학습자의 문화적응과 사회화의 토대가 된 학습 경험들을 회복시켜주려는 노력이라고도 할 수 있다. 여기서 장소(지역/지역사회)는 학습의 대상이며, 동시에 학습의 장(field)이 되기 때문에 교실이나 학교의 울타리를 넘어 지역사회로 교육이 확장된다는 의미에서 마을 교육공동체나 통합교육 혹은 융복합 교육과도 유사한 맥락을 가진다. 장소 기반학습(Place-Based Learning), 장소 기반 교육과정(Place-Based Curriculum), 지역사회기반교육(Community-Based Education) 등의 용어들도 유사한 의미로 사용되고 있으며, 여기서는 장소, 지역, 지역사회, 마을이라는 용어도 문맥에 따라 비슷한 의미로 병용하기로 한다.

■ 제주 미래 교육(Education for Future of Juju Island)

제주 미래 교육은 크게 '제주 미래에 대한 교육'과 '제주 미래를 위한 교육'으로 구분할 수 있다. 이 연구에서는 먼 미래에 제주에서 펼쳐질 교육이 아니라, 바람직한 삶터로서의 제주를 만들어 가기 위해 현재와 미래에 이르기까지 지속적으로 실천해야 할 교육이라는 의미로 사용한다.

■ 생태환경교육(Ecological Environment Education)

기존의 환경교육과 최근의 생태교육을 모두 포괄하는 넓은 의미로 사용한다. 문맥에 따라 환경교육, 생태교육, 환경 및 생태교육이란 용어도 병용한다.

■ 지역 지식(Local Knowledge)

현대의 과학과 기술에 토대를 둔 보편적 지식이 아니라, 특정 지역의 주민들이 자연 및 인문환경에 적응하여 오랫동안 살아오면서 체득하고 전승해온 고유한 지식을 말한다. 지역 지식은 토착 지식(indigenous knowledge), 전통 지식(traditional knowledge), 민속 지식(folk knowledge)과 유사한 의미를 지니며, 연구자에 따라 전통 토착 지식(traditional-indigenous knowledge) 또는 지역 전통 지식(local-traditional knowledge)이라는 용어를 사용하기도 한다. 지역 지식은 학문 주권 혹은 지식 주권의 차원에서 학문적 오리엔탈리즘을 극복하는 하나의 대안으로 논의되기도 한다.

2. 장소 기반 교육 논의와 국내 연구 사례

1) 장소 기반 교육의 논의 과정

장소 기반 교육은 2000년대 들어와 영어권, 특히 미국의 교육학자들에 의해 활발하게 논의되고 연구 성과도 다수 발표되고 있다(Smith, 2002; Sobel, 2004; Powers, 2004; Gruenewald & Smith, 2007). 그러나 학습자가 거주하는 마을(local settings) 속에서 질적 경험을 제공한다는 교육적 지향은 이미 오래 전 존 듀이의 『경험과 교육』(1938), 그리고 레이첼 카슨의 『침묵의 봄』(1962)에서도 언급되고 강조된 바 있다. 따라서 장소 기반 교육이 21세기에 새로 등장한 완전히 새로운 교육 형태라고 말하기는 어렵다.

장소 기반 교육은 교육과정에 마을을 포함하기 때문에 지리적 장소가 곧 학습자의 교육환경이 된다. 이때 장소는 학습을 위한 맥락을 제공하기도 한다. 그것은 기본적으로 학습자 중심적이며, 마을 주민들이 제공하는 경험과 지식, 기술에 의해 진작되고 향상된다. 특정 주제 중심의 교육이 이루어지지만 때로는 사회과학이나 언어 분야의 포괄적인 학습도 가능하다. 그것은 하나의 방법론일 수도 있고, 구체적인 실천사례일 수도 있다. 특히 장소 기반 교육은 학생과 교사 모두에게 가치와 태도 등 정의적 측면의 역량 함양과 학습 동기를 유발하는 데 도움을 준다(Coleman, 2014).

미국의 스미스는 장소 기반 교육과 관련된 선행연구 성과들을 분석하면서, 아래와 같이 다섯 가지 공통적인 연구 패턴을 파악하여 정리하였다(Smith, 2002; 조수진, 2014).

첫째, 구전된 역사와 기록된 역사 등을 활용하여 진행하는 문화연구(Cultural Studies)이다. 장소 기반 교육에서 교사와 학생들은 자신뿐 아니라 가족, 이웃들의 일상적 삶과 밀접한 관련을 가지는 지역의 역사적, 문화적 사건이나 현상을 조사 주제로 선정하여 조사하고 학습한다. 학생들은 장소에 초점을 둔 문화연구를 통해 지역사회의 현상을 직접 경험하거나 문화적, 역사적 자료들을 조사함으로써 지역 현상과 자료에 대한 분석능력과 종합능력을 기른다. 또한 이러한 조사와 학습 활동을 통해 학생들은 자신이 사는 장소에 보다 직접 연계감을 형성하며, 그 장소만의 지역 지식 또는 토착 지식과 고유한 특성을 기반으로 하여 점차 학습에 대한 관심과 영역을 확장해 나가기도 한다. 장소에 고유한 지역 지식을 학습하는 것은 비지역적 지식을 배제하려는 것이 아니라, 이 둘의 조화와 균형을 통해 학생들에게 지역적, 국가적, 세계적 시민으로 자라도록 다중시민성을 함양하려는 것이 궁극적인 목적이라 할 수 있다.

둘째, 수질검사와 서식지 관찰 등을 통해 수행하는 자연연구(Nature Studies)이다. 마을의 자연현상을 직접 탐구하는 것은 학습에 많은 도움이 되는데, 이를 토대로 더 먼 곳에 있거나 추상적인 자연현상에도 관심을 가지고 탐구하는 계기가 만들어질 수 있다. 학생들은 자신의 주변에서 만나는 자연현상에 대해 호기심을 가지고 있지만, 교실에서 교과서로 배우는 과학지식은 개념적 정의나 보편적 법칙에 집중하고 한정하는 경우가 많다. 이로 인해 학생들의 일상적 삶과 학교에서 배우는 지식 사이에 거리가 생기고 학생들의 흥미와 호기심을 저하하는 문제점이 나타난다. 장소 기반 교육을 통해 학생들은 학교를 벗어나 마을 하천과 강의 수질을 검사하고 야생동식물의 서식지를 면밀히 관찰하여 보고서를 작성한다. 더 나아가 자연환경을 보전하고 가꾸기 위해 서식지를 정비하거나 개선하고, 야생을 복원하기 위해 그 지역 고유종을 심거나 작은 습지를 만들기도 한다. 이러한 활동은 학습 목표 측면에서 볼 때 지식과 기능, 가치·태도뿐 아니라 행동·실천의 영역으로까지 학습 활동이 확장되는 것을 의미한다.

셋째, 지역사회의 변화를 실현하는 실생활 문제 해결(Real-World Problem Solving)에 관한 연구이다. 학생들은 장소 기반 교육을 통해 학교나 지역사회가 안고 있는 실생활 문제를 발견하고 이를 해결하는 과정에 참여한다. 이때 실생활 문제는 대부분 학생들이 거주하는 특정 장소에 뿌리를 두고 있으며, 학생들의 참여 과정은 자발적이고 민주적으로 진행된다. 학생들은 지역사회의 다양한 문제들을 확인하고, 그중 하나를 선택하여 집중적으로 조사한다. 그 문제는 어떤 특징을 지니고 있으며 어떤 요인들이 관련되어 있는가, 잠재적인 해결 방안은 무엇이며, 문제 해결을 위해 어떤 조직이 필요하고 누가 참여할 것인가 등을 숙고하게 된다. 이러한 과정은 주로 문제 해결 프로젝트 학습 방식으로 진행되는데, 교사의 도움을 받아 대부분 학생 주도적으로 실행된다. 학생들은 이런 활동을 통해 지역사회의 실제적인 문제에 관심을 기울이고, 이를 주도적으로 해결하려는 노력을 경주함으로써 지역사회 주체로서의 정체성을 형성하고 문제 해결의 효능감을 경험하기도 한다.

넷째, 지역사회에 소재한 사업체 및 구성원들과 서로 교류하면서 연수 기회를 얻고 일자리 물색(Internships and Entrepreneurial Opportunities)하는 것과 관련된 연구이다. 장소 기반 교육의 또 하나의 패턴은 학교 교육과 학생들의 졸업 후 일자리를 지역사회 안에서 연결하는 것이다. 자신이 거주하는 마을에서 경제적 기회를 찾거나 일자리를 얻으려는 학생들은 자기 지역사회에 더 많은 관심을 두게 되고 자기 거주지에 더 깊은 소속감과 정착의식을 지니게 된다. 학교 교육과 지역사회 내의 취업 기회를 연결해주는 교육방식은 학생들에게 자신감과 삶의 주도성을 길러주며, 자신이 거주하는 마을에 남아 가족과 이웃들에게도 실질적인 도움을 준다. 이는 곧 인구의 대도시 집중을 완화하고 지역 균형 발전에도 기여할 수 있다.

다섯째, 마을 회의와 각종 협의회 같은 지역사회 의사결정기구에 참여(Induction into Community Process)와 관련한 연구이다. 장소 기반 교육의 가장 포괄적인 패턴은 학생들을 마을에 소재한 일자리로 연결할 뿐만 아니라, 지역사회의 다양한 단체에 가입하고 회의에 참석하여 중요한 의사결정 과정에 직접 참여토록 유도하는 것이다. 이러한 참여를 통해 학생들은 공공기관과 다른 사람들에게 자신의 경험과 정보를 제공함으로써 지역사회에서 진정한 지적, 활동적 주체로 서는 경험을 하게 된다. 이때 아동이나 학생들은 성인이나 특정 전문가들과 동등한 자격을 갖춘 시민으로 받아들여져야 하며, 지역사회 문제에 대한 이들의 지식과 경험, 관점, 요구, 통찰력을 자유롭게 제공하고 공유할 수 있는 기회가 마련되어야 한다. 이런 여건이 주어질 때 학생들도 지역사회의 의사결정에 독립된 주체로서 참여할 수 있고, 이를 통해 지역사회에 대한 폭넓은 관심과 자발적인 헌신을 기대할 수 있게 된다.

미국의 경우 장소 기반 교육은 대학 선수과목(AP)과 여타 고급 심화 과정 과목에서도 성공적으로 적용되어왔다. 이처럼 장소 기반 교육은 교육 과정상의 내용과 수업방법, 두 가지를 모두 포함하는 개념이다. 이것은 결국 다음과 같은 6가지 바람직한 교육적 결과를 가능하게 한다(Smith, 2002; Knapp, 2005).

- 다학문적이고 주제적인 내용을 도출할 수 있다
- 호기심에 바탕을 둔 학생설계 학습을 진작한다
- 지역사회 내에 연계망을 형성함으로써 교사들이 학생들의 학습 경험을 촉진할 수 있도록 도와준다
- 마을이나 지역사회의 현상들에 기초한 교육과정을 개발한다
- 자신과 타인에 대한 문제 해결 및 지리적 장소(마을 혹은 지역사회)의 생태적, 경제적, 역사적, 문화적인 문제 해결의 실마리를 마련한다
- 진정성 있는 자료를 수집하고 분석할 수 있다

2) 장소 기반 교육 관련 국내 연구 사례

다음으로 한국에서의 장소 기반 교육에 대한 논의와 구체적인 연구 사례들을 살펴보기로 한다. 외국 특히 미국에서는 장소 기반 교육과 관련한 이론적 논의가 주로 교육학자들, 그중에서도 교육과정 연구자들을 중심으로 시작되고, 이후 이론적 논의와 함께 과학(Buxton & Provenzo, 2011), 역사(Percoco, 2017), 환경(Gruenewald & Smith, 2007) 등 여러 분야에서 구체적인 사례연구들이 진행되고 있다. 반면 한국에서는 교육학계의 이론적, 실천적 논의를 거의 찾아보기 어려우며, 처음부터 환경 등 몇몇 교과에서 먼저 경험적인 연구들이 이루어졌다.

한국에서 장소 기반 교육과 관련하여 가장 먼저 논의가 시작되고 실제적인 연구도 비교적 많이 이루어진 분야는 환경 및 생태교육 분야이며, 그 밖에 미술과 사회, 특히 지리교육 분야에서도 연구 성과가 발표되고 있으나 양적으로 많은 편은 아니다. 여기에서는 분야별로 연구 사례들을 조금 더 상세히 살펴보고자 한다.

우선 국내에서 장소 기반 교육과 관련하여 가장 많은 논의와 연구가 이루

어진 분야는 환경 및 생태교육 분야이다. 2005년 본격적인 연구 성과가 나온 이후 최근까지 약 10여 편의 연구가 이루어졌다. 이 중 다수가 특히 2015년 이후에 발표되었다.

2005년 박사학위 논문으로 연구된 〈장소 기반 환경교육에서 장소감의 발달과 환경 의식의 변화〉(권영락, 2005)는 한국에서 나온 최초의 본격적인 장소기반연구이면서 이후 장소 기반 교육뿐 아니라 환경교육과 생태교육 분야에서도 지속적으로 인용되고 있는 중요한 연구 성과라 할 수 있다. 연구자는 안산시와 시흥시에 거주하는 주민들을 대상으로 진행하는 '시화호 생명 지킴이' 생태안내자 양성과정 프로그램에 직접 참여하여, 이 프로그램이 참가자들의 장소감 발달과 환경 의식 변화에 어떤 영향을 주는가를 설문과 심층면담을 통해 조사하였다. 연구결과 생태안내자 양성과정에 대한 참여는 참가자들에게 '자연과 지역에 대해 관심을 두는 계기'와 '삶에서의 변화의 계기'를 제공하였으며, 이들의 장소감형성과 발달에 긍정적인 영향을 주었다. 특히 자신의 거주지역에 대해 공단 도시, 오염도시, 우범지역과 같은 부정적인 이미지를 가지고 있었으나, 양성과정 참여를 통해 이런 이미지가 감소하였거나 '그래도 살 만한 곳'이라는 긍정적인 장소 애착심이 생겨났다. 애착심이 생기면서 지역에 대한 관심도 증가하였는데, 이는 자신의 거주지역에 대한 이해를 높이고 정서적 유대를 강화하였으며 다른 지역으로의 이주 욕구를 감소시키기도 하였다. 생태안내자 양성과정에의 참여는 환경 의식과 행동의 변화에도 긍정적인 영향을 주었다. 대부분의 참가자에게서 친환경적 태도로의 변화가 나타났으며, 일부는 자연관의 변화와 같은 근본적인 변화도 나타났다. 환경 행동 측면에서의 변화도 나타났는데, 전기, 가스, 수돗물 같은 자원 절약이나 재활용품 사용과 같은 일상생활에서의 친환경적 행동 증가, 그리고 생협이나 주말농장과 같은 사회적 활동에 대한 참여의 증가로 확인되었다.

이후 사범대 학생들을 대상으로 한 예비 환경교사를 위한 장소 기반 환경 오리엔티어링 프로그램의 개발 및 적용에 관한 연구(김명기, 2011), 교육대학 재학생들을 대상으로 한 초등 예비교사를 위한 교양 과목에서 장소 기반 환경교육 프로그램의 실천에 대한 연구(윤옥경, 2016)가 이루어졌다. 이들은 환경교육에 관한 프로그램을 개발하여 그 효과를 검토한 결과 환경 감수성 함양에 긍정적인 영향을 미쳤으며 환경문제 해결에도 보다 적극적인 태도를 보이는 것으로 나타났다. 동일한 공동저자에 의해 장소 기반 환경교육을 통한 학습자와 자연 간의 상호작용 양상 및 장소감 변화에 대한 연구도 연속적으로 발표되었다(정해림, 임미연, 2015; 2016; 2017). 이들 연구는 서울시 도봉구 소재 지역 환경교육 기관에서 운영하는 지역 생태탐사 프로그램에 참여한 중학생 9명을 대상으로 참여관찰을 통해 이루어졌다. 연구결과 학습자들은 자연과 직접 접촉하고, 자연의 관점을 취해 보고, 자연을 자신의 일상과 연결하는 다양한 상호작용 양상을 보였다. 다시 말하면, 도시 속 자연과 직접 만나면서 다양한 감각적 탐색과 풍부한 감정적 체험을 통해 자연에 대한 이해와 관심을 증진하고, 자연의 입장에서 느껴보고 상황을 이해하는 인지적, 정의적 관여를 통해 자연과 공감하고 자연을 자신과의 관련성 속에서 바라보며, 일상 속에서 자연과 상호작용하고 자연을 다시 일상으로 확장하는 자기 환경화를 통해 자연과의 친화적인 관계를 발전시켜 나가고 있었다.

그 밖에 서울에너지드림센터에서 주관하는 장소 기반 환경교육 프로그램의 현황과 과제를 다룬 연구(육경숙, 2017), 서울시 노원구 서울시립과학관에서 진행하는 도심 속 자연 자원을 활용한 생태교육 프로그램의 효과와 만족도에 대한 연구(최승혜, 최정인, 유정숙, 2020) 등이 있다. 이들은 모두 서울 같은 대도시에 거주하는 학생과 시민들을 대상으로 한 장소 기반 환경 및 생태교육 프로그램의 교육적 효과를 측정하고 개선방안을 모색하려는 실천적 연구들이다.

미술교육 분야에서는 우선 초등학교 5학년 학생들을 대상으로 장소 기반 미술교육 프로그램을 개발하여 이것이 학습자의 장소감과 환경 감수성 증진에 얼마나 기여하는가를 확인하고 검증하는 실행연구가 이루어졌다(권현지, 2012). 연구결과 학습자의 인식 대상이자 인식 맥락인 장소에 대한 유대는 곧 환경에 대한 가치관을 형성하며 책임 있는 환경 행동의 실천으로 연결될 수 있기 때문에 환경에 관한 미술교육은 장소를 토대로 이루어져야 한다는 점, 장소 기반 미술교육은 학습자의 장소감과 환경 감수성, 그리고 친환경적 행동 가능성 증진에 모두 효과적이라는 결론을 도출하였다. 최근에는 장소기반학습의 미술 교육적 의의와 가치를 탐색하는 연구가 이루어졌다(최인희, 2020). 이 연구를 통해 장소 기반 미술교육은 창의적 사고를 유발하고 교육성취도를 높이며, 학습자의 내적 학습 동기를 강화할 뿐만 아니라, 장소감과 장소 애착감을 고취하는 것으로 밝혀졌다.

사회과에서는 일반사회와 지리 분야에서 연구 성과가 나타날 뿐 역사 분야에서는 아직 찾아보기 어렵다. 우선 일반사회 분야에서는 장소 기반이란 용어 대신 지역사회기반이라는 용어를 사용하여 시민교육의 필요성과 개념적 조건에 대한 연구가 이루어졌다(김민호, 2011). 이 연구에서는 지역사회기반 시민교육의 필요성을 지역사회 내 풀뿌리 민주주의 미정착, 지역사회의 경제적 자생력 약화 및 지역 간 불평등 심화, 인격적으로 소통할 수 있는 지역사회 공간의 축소, 지역 문화에 대한 차등적 인식을 근거로 제시하였다. 또한 지역사회기반 시민교육을 구현하기 위해 지역민들이 갖추어야 할 자질로는 지역 지식, 다중정체성, 주체성, 역사의식, 지역사회 참여, 연대성을 제안하고 있다. 장소 기반 교육의 사회과 교육적 의의를 폭넓게 탐색하고 초등학생들을 대상으로 몇 가지 사례를 분석한 연구도 발표되었다(조수진, 2014). 이 연구를 통해 장소 기반 교육은 장소 이해와 장소 애착을 기반으로 하는 건전한 정체성을 형성하며, 민주시민에게 요구되는 사회과 핵심 역량의 함양, 지역사회 개선에 기여하는 시민적 참여의 활성화, 지역에 뿌리 내린 주체적인 세계시민 양성에 기여한다는 결론을 얻었다. 또한 서울의 초등학생들을 대상으로 한 학교 앞 통학로에 자전거 전용도로 설치하기, 제주 초등학생들을 대상으로 한 마을 명소 8곳 탐구하기 등을 통해 학생들은 자신들이 살아가는 장소를 개선하기 위해 자발적으로 참여하는 거주민이 되었으며, 자기 마을에 대한 자긍심과 애향심을 바탕으로 지역사회 발전에 기여하는 시민적 역량이 함양되고 있음을 확인하였다.

지리교육 분야에서는, 먼저 지리교육에서 장소학습의 의의와 접근방식을 다룬 연구가 발표되고 여기서 장소 기반 교육에 대한 언급이 처음으로 나왔다(남호엽, 2005). 이 연구에 따르면 장소학습은 학습자들이 살아가는 생활공간으로서 장소에 주목하고 그 사회적 의미를 해석하도록 도와준다. 장소학습은 공간 스케일에 따라 접근방식을 유형화할 수 있는데, 생활 지리 학습에 기초한 장소감의 발달, 국지적 장소의 이해에 기초한 지역 정체성, 민족 정체성, 세계 시민성의 형성 같은 것이 그것이다. 장소에 기반을 둔 서울시 고등학생들의 자아 정체성 교육에 관한 연구(임은진, 2011)도 넓은 의미에서 장소 기반 교육에 포함할 수 있다. 일상생활 세계에서 직접 경험하는 의미의 중심이라 할 수 있는 장소와, 장소와의 심리적이고 감정적인 관계를 뜻하는 장소 유대감을 이론적 토대로 하여, 교사에게 의미 있는 장소 소개, 학습자에게 의미 있는 장소에 대한 사진 준비와 그 이유를 쓰고 발표하기를 통해 학습자들은 스스로 자신의 정체성을 명료화하고 있음을 밝히고 있다. 최근에는 다문화 교육을 장소에 대한 비판교육학으로 재개념화하면서 그 실천 전략을 탐색하는 연구도 등장하였다(조철기, 2016; 2020). 이들 연구에 의하면 장소에 대한 비판교육학은 장소 기반 교육과 비판교육학을 결합하여 새롭게 대두된 것으로, 장소 기반 교육은 주로 시골에 초점을 두는 반면, 비판교육학은 도시에 초점을 둔다. 그러나 모두 다문화주의에 관심을 가지면서 사회변혁이라는 목적을 공유하게 되는데, 장소에 대한 비판교육학으로서의 다문화 교육은 학습자를 다문화 행위자와 타자적 상상력을 지닌 인간으로 양성하는데 주안점을 둔다는 것이다.

앞에서 살펴본 바와 같이, 장소 기반 교육은 특정 분야나 교과에 한정되지 않는 범교과적 성격을 지니고 있다. 과학(생물, 지구과학 등), 사회(역사, 지리, 일반사회), 미술 등 다양한 분야에서 실제적인 연구가 이루어질 수 있으나, 아직 한국의 경우엔 이론적 논의와 실천적 연구 면에서 모두 출발단계에 머물고 있다.

3. 장소 기반 교육을 통한 제주의 지역 지식과 생태환경교육

1) 지식의 유형과 지역 지식

지식은 학자에 따라 여러 유형으로 분류된다. 세계적인 다문화 교육 전문가 뱅크스는 철학적 인식론이나 지식 사회학적 관점이 아니라 학교 교육의 관점에서 아래와 같이 지식의 유형을 다섯 가지로 구분하였다(모경환 외, 2016).

첫째, 개인적·문화적 지식(personal and cultural knowledge)이다. 이는 학생들이 가정, 가족, 지역사회의 문화 안에서 개인적 경험을 통해 얻은 개념, 설명, 해석으로 구성된다. 교육자들의 과제는 학생들의 개인적·문화적 지식을 수업에서 효과적으로 활용하는 동시에 학생들의 문화적 한계를 넘어설 수 있도록 돕는 것이다.

둘째, 대중적 지식(popular knowledge)이다. 이는 TV, 영화, 비디오, DVD,

CD 및 그 외 대중 매체들 속에 제도화되어 있는 사실, 해석, 신념 등을 말한다. 대개 명시적이지 않은 간접적이고 미묘한 방식으로 전달된다.

셋째, 주류 학문 지식(mainstream academic knowledge)이다. 이는 행동과학과 사회과학의 전통적이고 권위 있는 지식을 구성하는 개념, 패러다임, 이론, 설명으로 이루어진다. 객관적 진리가 존재하며 인간의 이해 관심, 가치관, 관점의 영향을 받지 않은 엄격하고 객관적인 연구 절차를 통해서 증명될 수 있다는 것을 전제로 한다. 대개 서구 중심적 가치와 세계관을 반영한다.

넷째, 변혁적 학문 지식(transformative academic knowledge)이다. 이는 주류 학문 지식에 도전하고 역사적, 문학적 규준(canon)을 확장시키는 개념, 패러다임, 주제, 설명을 의미한다. 지식의 본질 및 목적에 대한 포스트모더니즘의 가정과 목표들을 반영한다.

다섯째, 교수용 지식(pedagogical knowledge)이다. 이는 교과서, 교사용 지도서, 미디어에 담겨 있는 수업을 위한 사실, 개념, 일반화를 말한다. 또한 수업용 교재 및 자료 속에 담겨 있는 정보의 변형 및 정보에 대한 해석도 포함한다.

이처럼 다양한 지식의 유형 중 한국의 학교 교육과정은 거의 전적으로 주류 학문 지식과 교수용 지식에 의존하고 있다. 근대 이후 주류 학문 지식과 교수용 지식은 주로 유럽과 미국을 비롯한 서구에서 만들어져 전 세계로 확산하였다. 한국의 대학과 초·중등학교 역시 한국 사회에서 배태되고 연구된 지식이 아니라 서구에서 생산된 지식을 일방적으로 받아들여 교육하고 전수하여 왔다. 한국은 지식의 생산지가 아니라 소비지였으며, 한국인은 지식 생산의 주체가 아니라 객체의 위치에 머물렀다. 특히 한국의 초·중등학교 학생들은 대체로 교사의 설명식, 전달식 교실 수업 속에서 스스로 호기심을 가지고 자연현상을 관찰하거나 사회 문제에 관심을 가지고 이를 해결하려는 노력을 시도하기가 쉽지 않다. 교실에서 학습자는 대부분 교사가 전달하는 지식의 수용자 입장에서 벗어나기 어렵다.

장소 기반 교육은 해당 장소의 고유성을 중시하기 때문에 기본적으로 지역 지식 혹은 토착 지식에 관심을 가진다. 뱅크스가 분류한 지식의 유형에 따르면 지역 지식은 개인적·문화적 지식에 가까운 것으로 볼 수 있다. 장소 기반 교육은 특정 지역의 고유한 지식에 관심을 가지고 학생 스스로 이를 조사, 관찰, 발굴하고 체계화함으로써 학습자를 지식의 일방적인 소비자가 아니라 생산자, 창출자의 위치로 전환할 수 있다.

최근 한국에서도 학문 주권 혹은 지식 주권의 차원에서 지역 지식이나 전통 지식, 또는 토착 지식과 관련한 논의가 활발하게 이루어지고 있으며, 이론적, 경험적 연구들도 다수 발표되고 있다(임재해, 2002; 2013; 2015; 박성용, 2010; 조숙정, 2007; 2012; 2019; 김재호, 2015). 이들 연구는 주로 민속학과 인류학 분야에서 주도하고 있으며, 전통농업 지식과 관련해서는 농학 분야에서, 그리고 국제적인 지식재산권과 관련해서는 법학 분야에서도 논의가 이루어지고 있다.

현재까지의 논의와 연구에 따르면, 지역 지식이란 특정 지역사회에 거주하는 사람들이 오랜 시일에 걸쳐 생성하고 지속적으로 발전시키는 지식을 말한다. 그것은:

- 경험에 토대를 두고
- 수 세기에 걸쳐 사용되면서 때때로 검증되고
- 지역사회에서의 실천(practices), 제도, 관계 및 의식(rituals)에 내재해 있으며
- 개인이나 공동체에 의해 유지되고
- 역동적이면서 가변적이다.

지역 지식은 어떤 지역의 종족집단이나 원주민에 한정되지 않는다. 시골 사람에 한정되는 것도 아니다. 시골과 도시, 정착민과 유목민, 원주민과 이주민 등 모든 지역사회는 지역 지식을 가진다(Warburton et al., 1999). 지역 지식

은 모든 문화나 사회에 고유하다. 노년층과 청년층은 다양한 유형의 지식을 가진다. 그리고 여성과 남성, 농부와 상인, 교양인과 비교양인 모두 서로 다른 종류의 지식을 가진다. 그것은 다른 유형의 지식과 마찬가지로, 변화하는 환경에 맞게 조정되기 때문에 역동적이고 끊임없이 변화한다는 사실을 아는 것이 중요하다. 시간이 지남에 따라 지역 지식도 변하기 때문에, 어떤 기술이나 관행이 그 지역 고유의 것인지, 아니면 외부에서 채택된 것인지, 또는 지역적인 것과 외부 요소가 혼합된 것인지 판별하기가 쉽지 않을 때가 있다. 대개 혼합된 것인 경우가 많다. 장소 기반 교육을 통해 특정 장소의 지역 지식을 조사하고 발굴할 때에도 이런 점에 특히 유념할 필요가 있다.

2) 장소 기반 교육을 통한 제주의 지역 지식 발굴과 교육

제주도는 삼다(바람, 돌, 여자), 삼무(도둑, 거지, 대문)와 함께 삼재(三災: 水災, 風災, 旱災)의 섬으로 알려져 있다. 제주인들은 혹독한 기후환경에 대응하면서 제주의 역사와 문화를 창조하고 지역 정체성을 형성해온 것이다. 제주에 사는 사람들에게 삶의 터전이면서 동시에 학습의 장이고 사회화의 맥락이기도 한 제주는, 조사하고 발굴하여 후세대에 교육하고 전승해야 할 지역 지식의 자원이 다른 지역보다 풍부하다고 볼 수 있다. 오랜 세월 척박하고 작은 화산섬을 터전으로 때론 자연환경에 적응하고 때로는 이를 개간하고 변화시키면서 제주만의 고유한 삶의 문화를 형성해왔기 때문이다. 특히 제주 섬 곳곳에 소재한 돌담과 밭담, 해안 마을 앞 바다에 설치한 수백 개의 원담에는 제주 땅에서 살아온 선인들의 자연 친화적인 가치관과 삶의 지혜가 내재해 있으며, 실증적이고 실험적인 현대 과학으로 설명하기 어려운 토착 지식과 기술이 담겨 있다. 주민들의 생업과 관련하여 해안 마을 해녀들의 물질과 중산

간 마을에서 행해져 온 목축문화에도 마찬가지로 오랜 세월 일상 속에서 축적해온 지역 지식과 기술이 포함되어 있다.

제주 사람들은 전통적으로 바다의 일터를 '바다밧'(바다밭)이라 불러왔으며, 이 곳은 마을 공유지이기 때문에 공동어로가 행해졌다. 급변하는 바다 상황에 슬기롭게 대처하면서 안전하고 성공적인 어로 활동을 위해서는 효율적이고 원활한 의사소통이 필요하였고 그러한 필요에 의해 바다밧 이름이 정해졌다. 바다밧 이름은 풍향, 조류, 지형지물, 수산물의 종류 등 복잡한 바다 환경을 정확하게 반영하여 표현하려는 노력의 결과인 것이다(고광민, 고승욱, 박정근, 2018). 따라서 이러한 바다밧 이름에도 지역 지식은 깊게 내재하고 있으며, 제주에는 지역 지식과 관련된 실제적인 연구 성과들이 많이 누적되어 있는 편이다(고광민, 1998; 1999; 2003; 2004; 2016; 고광민, 강정식, 1996).

마을에서 초가집의 지붕을 이을 때도 보통 한반도 중부지방에서는 볏짚을 이용하였으나, 제주는 벼 재배 조건이 열악하여 볏짚을 구하기 어렵기 때문에 새를 사용하였다. 그런데 외부 사람들은 새와 억새를 구분하기 쉽지 않아 제주 전통 가옥의 지붕을 억새로 만들었다고 알고 있는 경우가 많다. 외부 사람들은 이에 대한 관심도 많지 않을뿐더러, 억새와 새를 직접 본 경험이 거의 없기 때문이다. 인터넷을 통한 지식검색에서도 억새와 새를 정확하게 구분하여 안내하는 곳이 별로 없다. 그러나 제주 사람들, 특히 전통 가옥의 지붕을 직접 잇거나 그것을 주변에서 본 사람들은 억새와 새가 완전히 다른 식물임을 알고 있으며, 왜 제주 사람들은 억새가 아니라 새로 지붕을 만들고 새왓(새가 자라는 밭)을 가꾸는지도 안다. 억새와 새를 구분할 수 있고, 왜 제주에서는 억새가 아니라 새로 지붕을 잇는지를 아는 것, 이것도 일종의 지역 지식 혹은 토착 지식이라 할 수 있다. 이처럼 지역 지식은 열등한 지식이 아니라 고유한 지식인 것이다. 이는 교육과정의 지역화를 정당화해주는 논리적 근거가 되기도 한다.

최근 제주지역에서 해녀의 토착 지식 혹은 민속 지식에 관한 연구(좌혜경, 2008; 김민호, 2017)와 초등학교 지역화 교과서에 선정된 토착 지식에 대한 연구(문현식, 김민호, 2020)가 이루어진 것은 반갑고 주목할 만한 일이다.

3) 제주의 장소 기반 생태환경교육 방안

제주는 사면이 바다로 둘러싸인 화산섬이다. 그만큼 지구적 환경위기에 쉽게 노출될 수 있는 취약한 여건을 가지고 있다. 이런 자연환경과 물리적 조건을 토대로 주민들의 삶을 풍요롭고 건강하게 지속해야 하는 중대한 과제를 안고 있기도 하다. '세계환경수도', '유네스코 자연환경 분야 3관왕'(생물권 보전지역 지정, 세계자연유산 등재, 세계지오파크 인증), 최근의 '탄소 제로섬'(Carbon Zero Island) 등은 모두 이러한 제주의 물리적 여건을 고려하여 미래에도 지속 가능한 제주를 만들기 위한 실천적 비전을 상징적으로 보여준다. 제주의 지속 가능한 미래를 담보하기 위해서는 자라나는 차세대들뿐만 아니라 성인들을 위한 생태환경교육이 제주에서 더욱 필요한 이유이기도 하다.

제주에서의 생태환경교육은 국가 수준의 공식 교육과정을 통해 초·중등학교에서, 그리고 지방자치단체와 시민단체, 그 밖의 공익기관이나 여러 단체들에 의해 지속적이고 활발하게 이루어지고 있다. 그러나 이 연구에서 초점을 두고 있는 장소를 기반으로 한 생태환경교육에 대한 논의와 연구 성과는 적어도 용어상, 형식상으로는 아직 찾아보기 어렵다. 따라서 향후 제주의 생태환경교육은 장소 기반 교육의 개념 틀 속에서 보다 체계적으로 이루어질 필요가 있다.

제주는 바다와 인근의 작은 섬들, 해안의 인구 밀집 지역, 중산간 지대의 평원과 초지, 제주인의 생명수를 함양하는 곶자왈, 수많은 오름, 그리고 한반도 남쪽에서 제일 높은 한라산이 있어 장소 기반 생태환경교육에 매우 적합한 여건을 지니고 있다. 학습자의 일상 공간이 곧 바다고 초원인 곳도 많이 있다. 제주의 어느 곳에서도 이런 자연과 생태환경에 쉽게 접근할 수 있다.

장소 기반 생태환경교육을 통해 미래의 주역인 학습자들에게 자연에 대한 지식과 기능뿐만 아니라 가치·태도, 나아가 행동·실천 역량까지 길러줌으로써 지금부터 지속 가능한 제주의 미래를 만들어 가야 할 것이다. 제주에서의 장소 기반 생태환경교육은 장소와 장소감, 장소 소속감과 애착, 장소 유대감을 통해 제주에 대한 관심과 이해, 공감력을 높이고, 나아가 자기 환경화(personalization of environment)와 자연의 의인화(personifying of nature), 생태적 자아(ecological self)와 생태적 정체성(ecological identity), 그리고 생태적 문해력(ecological literacy) 함양을 통해 제주를 넘어 한반도와 아시아, 그리고 지구촌의 환경문제에 관심을 가지고 이를 개선하고 해결하려는 세계시민 의식을 길러주는 데에도 기여할 수 있을 것이다.

4. 제주 미래 교육을 위한 방향

이 연구는 장소 기반 교육을 통해 지금부터 바람직한 제주의 미래를 위한 교육을 준비하고 실천하자고 제안하려는 목적으로 진행되었다.

장소 기반 교육은 학습자의 일상생활 터전인 장소 혹은 지역사회를 학습의 대상이자 학습의 장으로 삼아 교육과정에 포함한다. 학교 교육과 학생들의 일상적 삶 사이에 가로놓인 보이지 않는 장벽을 없앰으로써 최근 논의되고 있는 마을 교육공동체의 실현에 기여할 수 있다.

지구촌은 지금 기후위기와 환경파괴로 심각한 문제에 직면해 있다. 유라시아 대륙 동쪽 끝에 자리 잡은 화산섬 제주는 기후위기에 더욱 취약할 수 있다. 장소 기반 생태환경교육을 통해 미래 제주의 주역인 학습자들에게 환경 감수성과 생태적 자아, 생태적 문해력을 길러줌으로써 제주의 자연환경을 이해하고 아끼고 가꾸는 태도와 실천적 행동을 기대할 수 있다. 생태환경교육은 궁극적으로 제주의 자연뿐만 아니라 한반도와 아시아, 그리고 지구촌 전체 환경에 관심을 가지고 환경친화적인 자세와 이를 실천하는 세계시민 의식을 함양하는데 그 목적이 있기 때문이다.

한국의 교육과정과 교과서는 다양한 지식의 유형 가운데 주류 학문 지식과 교수용 지식에 편중되어 있다. 장소 기반 교육은 특정 지역의 주민들이 오랜 세월 자연환경에 적응하면서 체득하고 전승해온 지역 지식 혹은 토착 지식을 강조한다. 제주는 특히 지역 지식 관련 자원이 풍부한 편이며, 이에 대한 연구 성과도 다수 누적되어 있다. 따라서 학습자들은 제주에 산재한 지역 지식을 조사하고 발굴하여 선조들의 삶의 지혜를 이해하고 제주인으로서의 자긍심과 정체성을 확립하는 계기를 마련할 수 있다. 이는 곧 지식 주권을 되찾는 일이며, 학생들이 지식의 단순한 소비자가 아니라 지식생산자로 당당히 설 수 있는 길을 여는 것이기도 하다. 지역 지식의 발굴과 교육은 교육과정의 지역화를 정당화하는 논리적 근거가 되는 동시에 교육과정 지역화를 의미 있게 구현하는 지름길이 되기도 할 것이다.

이 연구는 장소 기반 교육을 통해 바람직한 제주의 미래 교육을 구상해본 것으로, 아직은 시론적이고 이론적인 논의에 머물고 있다. 향후 보다 구체적이고 경험적인 연구가 풍부하게 이루어져 더욱 내실 있는 학문적, 교육적 논의의 지평이 활짝 열리길 기대한다.

제3부

지역사회를 통합적으로

제6장

김홍탁

자기 연구를 통한 자유학기제와 마을 교육 경험 성찰*

1. 들머리

학생, 이른 아침부터 / 가시 같은 잔소리와 알람을 듣고 / 1톤 같은 이불을 걷어차며 / 산을 오르는 것 같은 발걸음으로 / 감옥 같은 학교에 가서 / 5시에 풀려난다 / 나는 내일도 이런 것을 / 반복해야겠지……

(김○○, 3학년 학생, 2016년 '詩詩한 청춘 자작시 공모전' 출품작)

시험 때문이다 / 엄마가 놀 틈을 안 주시는 것은 / 시험 때문이다 / 엄마가 게임을 하지 말라고 하신 것은 / 시험 때문이다 / 학원 숙제가 많아진 것은 / 시험 때문이다 / 우리가 공부하고 학교에 가는 것은 (후략)

(박○○, 1학년 학생, 2019년 '詩詩한 청춘 자작시 공모전' 출품작)

---

* 이 글은 '김홍탁(2021). 중학교 교사의 자기 연구(self-study)를 통한 자유학기제 경험 성찰: 마을 교육을 중심으로. 교육과학연구, 23(4), 29-68.'의 내용을 일부 수정·보완한 것임.

왜 중학교 학생에게 학교는 '감옥 같은' 곳일까? 그런데도 학생이 학교에 가고 공부하는 이유는 무엇일까? 열네 살, 중학교 1학년 학생은 이 물음에 '시험 때문이다'라고 답한다. 위 두 편의 시(詩)는 필자가 처음 학년 부장을 맡은 2016년부터 줄곧 학년 단위로 진행하는 '詩詩한 청춘 자작시 공모전'에 출품한 것이다. 각각 2016년과 2019년에 3학년과 1학년 학생이 창작한 시(詩)이다. 시험이 없는 중학교의 생활을 상상해 본 적이 있는가?

대개 한국의 교실 수업을 비교육적으로 만드는 주범을 대학 입시라고 이야기한다. 입시 때문에 교과서를 외우는 주입식 공부를 해야 하고, 고등학교 교육을 파행적으로 만드는 것에 그치지 않고, 고등학교 교육은 중학교와 초등학교 교육에 연쇄적인 영향을 미친다는 것이다. 그렇다면 대학을 입학하기 위해 치러야 하는 시험을 바꾸면 교실 수업이 자동으로 변할까? 교실 수업에서 나타나는 비교육적 문제가 입시와 연동되어 있는 것 같지만 사실은 경로 의존성(path dependency)에 기반을 두고 있기 때문에 자체의 관성과 제도화된 규범으로 독립적으로 존속해 간다(이혁규, 2013: 156-161). 중학교 1학년 교실 수업에서도 경로 의존성을 관찰할 수 있다. 지필식 총괄평가가 폐지되었음에도 불구하고 자유학기제 수업을 맡은 교사가 교과서 중심의 전달식 수업이 아닌 방식으로 실행하는데 곤란함을 겪는 것 역시 경로 의존성으로 설명할 수 있다.

자유학기제는 몇 안 되는 중학교에 초점을 둔 교육개혁 정책이다. 2012년에 대통령 선거 공약으로 처음 제안된 후 '꿈과 끼를 살려주는 교육과정 운영'이라는 목표 아래 국정과제로 채택되었다. 자유학기제는 2013년 전국 42개 시범 운영 연구학교에 처음 도입한 이후 2016년 3월부터 우리나라 전체 중학교에서 전면적으로 운영되고 있다. 정권이 교체된 후에도 지속하고 있을 뿐만 아니라 2018년도부터 한 학기가 아니라 한 학년으로 적용되는 '자유학년제'로 더욱 확대하고 있다. '이 또한 지나가리라'라는 식으로 냉소의 대상이 되었던 수많은 교육개혁 정책과 달리 현재까지 중학교 교육과정에 변화를 유발하고 있다. 많은 시행착오와 혼란이 학교현장에 있었음에도, 자유학기제는 공교육의 혁신과 교육과정 및 수업 개선을 목표로 나아가고 있다.

자유학기제는 교사가 경로 의존성을 벗어날 수 있는 좋은 기회이기도 하다. 왜냐하면 자유학기 교육과정이 가질 수 있는 자율성이 종래의 그것과 다른 차원에서 발휘된다(정영근 등, 2016: 375)는 점에서 중학교 교사들이 교육과정 전문가로 성장하는 데 의미 있는 영향을 미치고 있기 때문이다. 단위학교의 자율성이 이전보다는 획기적으로 높아진 만큼 교사의 전문성을 발휘할 공간이 넓어진 것이다. 자유학기제는 초등학교와 고등학교의 교육과정과 구분되고 중학교 교육과정의 완성도를 높이는 방안을 찾는데 좋은 수단으로 활용될 수 있으며, 교사에게 가르침과 배움의 '결정적인 순간'(Palmer, 2020: 263)을 만날 수 있는 기회가 많이 열려 있는 장(場)이다.

이 글은 제주시 애월읍에 소재한 한 중학교에서 자유학기제와 1학년부 기획 업무를 맡은 필자가 자기 연구(Self-study)를 통해 중학교 자유학기제를 운영한 경험을 성찰하는 데 목적이 있다. 다른 교육정책에 비해 교사의 자율성과 전문성을 신장하는 데 학습적 기능을 가지고 있는(성열관, 2018: 28) 자유학기제에서 동료 교사들과 함께 국가 교육과정에서 비롯되는 자율성의 한계 속에서도 전문성을 발휘하여 학교와 지역사회가 처한 상황을 반영한 교육과정을 운영한 경험을 성찰하는 것이다. 그 경험의 대표적인 사례가 바로 마을 교육이다. 필자가 자유학기제에서 마을 교육을 실천하며 경험한 것은 무엇이며, 그것이 의미하는 바는 무엇일까? 지난 3년간의 경험을 단지 과거로 회상하는 것에 그치지 않고 실제 중학교 자유학기 교육과정이 어떻게 운영되었는지를 돌아보는 것은 앞으로 자유학년제 교육과정, 나아가 중학교 교육과정 운영의 질적 성장을 지원하기 위해서도 필요한 작업이다.

필자는 사립학교에 재직하고 있다. 2007년에 임용하여 현재까지 사회과를 가르치고 있다. 2018년을 맞이하여 새 학년도의 업무 분장 과정에서 필자는 자유학기제 기획 및 운영 업무를 신청했다. 1학년 부장이라는 보직도 맡아야 하는 업무였다. 자유학기제가 처음 도입되었을 때 정책 목표의 우선순위가 진로 탐색에 있는 것으로 인식되었기 때문에 대개 진로 교사가 그 운영을 담당하였다. 그러나 자유학기제가 모든 중학교에서 전면 시행되고 운영의 시행착오를 거듭하면서 담당 부서를 진로부보다는 1학년부로 전환하는 것이 좋겠다는 의견이 제기되었다. 이를 반영하여 우리 학교에서도 2018년부터 1학년 부장이 업무 담당자가 되어 기획과 운영의 총괄을 맡기로 하였다. 이후 3년 동안 동일한 업무를 연속하여 맡아 학년 단위의 교육과정과 교사 교육과정의 개발 및 기획에 천착하였다.

이 글에서 필자가 이야기할 자유학기제의 경험은 결코 필자만의 것이 아니라는 점을 강조하고 싶다. 분명히 동료 교사들과 공동으로 작업한 결과물이다. 동료 교사들은 필자가 지난 3년간 자유학기제를 경험할 때, 동 학년 담임교사이자 강한 동료성을 바탕으로 함께 배우고 함께 성장한 '옆 반 선생님'이다. 따라서 이 자기 연구는 개인적이면서 공동의 성격을 지닌다. 다시 말해 사적이면서도 공적이라는 역설적 성격을 지닌다(Samaras, 2015: 113). 또한 이 글에 담긴 자유학기제 경험의 이야기들은 혁신학교나 연구학교로 지정된 학교의 것이 아니다. 보통의 중학교에서 순수한 자발성과 굳건한 자생력으로 실행한 경험들이다. 자유학기제를 구실로 동료 교사들과 협력적 학습을 통해 교육과정을 구성하고, 학교가 위치한 지역에서 삶과 연계한 학습을 다양하게 끌어낸 것이다. 학교와 마을을 연결한 배움, 다시 말해 배움의 장을 학교 담장을 넘어 마을로 확대한 사례이다.

2. 자유학기제와 마을 교육

1) 자유학기제

자유학기는 '중학교 교육과정 중 한 학기 또는 두 학기 동안 지식·경쟁 중심에서 벗어나 학생 참여형 수업과 이와 연계한 과정 중심평가를 실시하며, 학생의 소질과 적성을 키울 수 있는 다양한 체험 활동이 가능하도록 교육과정을 유연하게 운영하는 학기'(교육부, 2018: 71)를 뜻한다. 2015 개정 교육과정에서는 '학생들이 자신의 적성과 미래에 대해 탐색하고, 학습의 즐거움을 경험하여 스스로 공부하는 자기 주도적 학습 능력과 태도를 기를 수 있도록 자유학기를 운영한다.'(교육부, 2015: 11)라고 그 목적을 밝히고 있다.

우리나라의 학교 교육과정은 교과와 창의적 체험 활동으로 구성된다. 자유학기에는 교과 및 창의적 체험 활동의 수업 시수를 조정하여 '자유학기 활동'을 편성하여 운영한다. 다시 말해 자유학기 교육과정은 크게 교과 교육과정과 자유학기 활동 교육과정으로 구분되고, 자유학기 활동은 진로 탐색 활동, 주제선택 활동, 동아리 활동, 예술·체육 활동 등 4개의 영역으로 구성된다. 교육부(2018: 73)가 자유학기 활동의 세부 내용을 정리한 것에 따르면, 진로 탐색 활동은 '학생들이 적성과 소질을 탐색하여 스스로 미래를 설계해 나갈 수 있도록 체계적인 진로 학습 기회'를 제공함으로써 '진로 탐색 기회'를 갖는 것을 목적으로 한다. 주제선택 활동은 '전문 프로그램 학습 기회'를 제공하는 것으로서 '학생의 흥미, 관심사에 맞는 전문적이고 체계적인 학생 중심의 인문사회, 탐구, 교양 프로그램'을 내용으로 한다. 동아리 활동은 '학생들의 공통된 관심사를 바탕으로 구성된 자발적, 자율적 학생 중심 활동'을 내용으로 한다. 마지막으로 예술·체육 활동은 '학생의 희망을 반영한 다양한 문화·예술·체육 활동'을 내용으로 한다.

교육과정적 관점에서 자유학기는 중학교 교실을 변화시키기 위한 '교육과정 유연화 정책'이자 우리나라 교육과정에서 가장 진전된 '자율화 정책의 결정체'(정영근 등, 2016: 375)로 평가받고 있다. 그 이유는 우선 지필식 총괄평가를 폐지했다는 점을 들 수 있다. 지필식 총괄평가를 실시하지 않는다는 점에서 자유학기제는 '덜어내기 정책'이다(임종헌, 2016: 162). 자유학기의 긍정적 효과나 변화의 상당수가 평가의 변화에서 기인하고 있다는 점은 학교 교육에서 평가 자체에 대한 근본적인 문제의식을 환기시킨다(이정인, 유재봉, 2016).

자유학기에서는 일제식·총괄식 선다형 지필 평가를 실시하지 않고 교과 성취도를 산출하지 않기 때문에 고입 내신 성적에도 반영하지 않는다. 대신 과정 중심평가를 실시함으로써 학생의 발달과 성장을 지원한다는 평가 본래의 목적을 구현하고자 한다. 지필식 총괄평가의 폐지로 학생과 교사는 '소극적 자유'를 얻게 되었다(이정인, 유재봉, 2016). 평가로부터의 자유를 확보하는 것은 보다 자율적으로 학교 단위의 교육과정을 개발할 여지를 둔다(남아영, 2015: 68).

또 다른 이유는 '자유학기 활동' 편성을 위해 학교 자율적으로 교과와 창의적 체험 활동 시수를 조정하는 것이 필수적 과업이기 때문이다. 2015 개정 교육과정 총론(교육부, 2015)에 따르면, 자유학기에는 '해당 학기의 교과 및 창의적 체험 활동을 자유학기의 취지에 부합하도록 편성'해야 한다. 그리고 자유학기에는 '지역사회와 연계하여 진로 탐색 활동, 주제선택 활동, 동아리 활동, 예술·체육 활동 등 다양한 체험 중심의 자유학기 활동'을 개발해야 한다. 뿐만 아니라 교과 수업 시수가 감축되기 때문에, 줄어든 시간만큼 진도 나가기에 부담이 있으므로, 교과 내에서 교육과정 재구성이 필연적으로 이루어질 수밖에 없다.

2) 마을 교육

한 아이가 민주시민으로 성장하는 데 학교만으로는 다할 수 없는 과업이 존재하기에 학교 교육이 마을과 함께할 때 교육력이 커질 수 있음이 분명하다. '마을과 함께'라는 구호가 학교현장에서 혁신의 구호처럼 번진 것은 이미 오래전 일이다. 일부 시도교육청과 지방자치단체에서는 마을 교육을 지속적으로 실천할 수 있는 공동체를 구축하기 위한 정책적 노력을 하고 있다. 예를 들어, 학교 단위 수준의 교육혁신을 넘어 '혁신 교육지구와 마을 교육공동체는 어떻게 만들어지는가?'(김태정, 2019)라는 질문에 답을 찾고 있다.

마을 교육공동체는 마을을 기반으로 형성된 교육공동체를 말하는 것으로, 아직 그 개념에 대한 명확한 실제적·학술적 정의는 정립되어 있지 않다(임종헌, 2020: 235-236). 이인회(2020: 241)는 마을 교육공동체에 대한 몇 가지 접근방식과 정의에 차이가 있음에도 불구하고 공통점이 뚜렷하게 나타난다고 하였다. 그것은 마을을 기반으로 학교와 마을이 아이들을 함께 키우고, 마을이 아이들의 배움터가 되고, 아이들이 주인이 되는 것의 실천적 의미를 담고 있다는 점이다. 다시 말해 마을이 학교이고 교육생태계라는 것이다.

임종헌(2020)은 자유학기 교육과정 중 '자유학기 활동'의 발전 방향을 고찰한 연구에서 자유학기 교육과정이 횡적으로는 마을 교육과정으로의 발전이 가능함을 밝혔다. 학교와 교사, 그리고 학생의 관점에서 자유학기제는 수월성 학습에 대한 여유를 부여한다. 이에 따라 자유학기제가 장기적으로 마을 교육공동체를 촉진하는 교육과정적 매개체의 역할을 수행한다. 이 과정에서 형성되고 발전하는 마을 교육공동체가 자유학기 교육과정을 지원하는 선순환이 이루어질 수 있다는 기대감을 드러냈다.

이 글에 담긴 사례는 엄밀한 의미에서 마을 교육공동체를 구축하거나 마을 교육공동체의 프로세스에 따라 진행된 것이 아니다. 필자와 동료 교사들이 자유학기제에서 실천한 마을 교육의 사례는 학교가 주도하여 '마을을 통한 교육(learning through community), 마을에 관한 교육(learning about community) 마을을 위한 교육(learning for community)'을 구현하기 위해 마을 교육과정을 개발하여 운영한 것이다.

여기서 마을 교육과정이란 '학습자들이 주도적으로 마을 주민이나 마을과 의미 있는 관계를 맺고 배우는 실천하면서 삶에 필요한 역량을 키우고 마을의 주체로 성장하면서 마을을 학습생태계로 만들어 가는 교육과정'(조윤정 등, 2017: 96)을 의미한다. 학교의 마을 교육과정 실행은 미래에 마을 교육공동체를 세우거나 그 발전에 기여할 수 있다는 점에서도 의의가 있다.

마을이라는 말 속에는 더불어 살아가는 공간과 지속 가능한 시간, 그리고 다양하고 독특한 마을의 현상이 들어 있다. 마을의 공간과 시간, 그리고 현상은 모두 교육과정과 수업 속으로 스며들기 좋은 것이다(서용선 등, 2015). 이러한 점에서 제주지역은 학교와 마을이 서로 스미는 마을 교육을 실천하기에 매력적인 조건을 갖추고 있다. 어느 학교나 버스를 타거나 걸어서 밖으로 나가는 것이 여러 사정상 간단치 않은 일이나, 제주는 물리적 거리가 좁아 다양한 인문환경과 자연환경을 지닌 마을로 접근하는 것이 비교적 용이하다.

2015년 인구주택총조사 결과에 따르면 제주는 출생지에 거주하는 비율이 가장 높은 지역으로 비교적 동질적인 문화를 공유하고 있는 편이다. 한편으로는 제주 이주에 관한 대중 담론의 서사가 넘쳐날 만큼 인구 유입이 많아 공동체에 변화의 바람을 불어 왔다. 제주 지역사회에서 일어나는 현상들은 학생들의 삶과 맞닿아 있는 학습 요소로 충분히 학생들에게 흥미와 의미를 갖는다.

3. 자유학기제와 마을 교육 실천 경험의 의미

1) 자유학기제 비전을 공감하다

자유학기제 정책 도입 초기에 '진로 탐색'과 '수업 개선'이라는 일차적인 정책 목표를 어느 영역에 초점을 두고 운영할 것인가에 대해 교육부와 교육청, 시범 운영 연구학교 관계자들 사이에서 혼란이 있었다(김경애 등, 2018). 2013년 교육부가 발표한 '중학교 자유학기제 시범 운영계획'에서는 정책의 기본 방향으로 '진로교육 활성화'를 최우선 순위로 제시하였다. 2015년에 들어서는 '중학교 자유학기제 시행계획'에서 '학교 교육과정의 자율성 확대' 및 '학생 중심 교육과정 운영'이 최우선 순위로 제시되었다. 정책 목표의 방점이 초기에는 진로 탐색에 있던 것이 수업 개선으로 옮겨오는 양상을 확인할 수 있다. 자유학기제 정책과 관련된 신문 기사의 키워드를 분석한 연구(박수정, 김영태, 2018) 결과에서도 초기 정책 도입 시기 이후 2015년 3월을 기점으로 주요 키워드의 출현이 바뀌는 것을 알 수 있다. 즉, 전기에는 '진로'가, 후기에는 '수업'이 주요 키워드로 출현한 것이다.

[그림 1]에서 보는 바와 같이, 필자가 처음 자유학기제를 맡은 2018년에 제주시교육지원청이 학교로 공문으로 시행한 '2018학년도 자유학기(학년)제 운영계획'에서도 자유학기제의 비전이 '수업'과 '진로'라는 두 개의 축으로 균형 있게 제시되어 있는 것을 가시적으로 확인할 수 있었다.

함께해서 행복한 제주 자유학기(학년)제 운영

학생중심 수업-평가-기록 **함께하기**	꿈과 끼를 찾는 진로체험 **함께하기**

[그림 1] 2018학년도 자유학기(학년)제 운영 비전

그러나 많은 교사들이나 대부분의 학생들이 자유학기제 정책 목표의 중점 사항을 진로 탐색으로 인식하였다는 조사 결과(김위정, 2017)는 여전히 정책의 비전과 실제 운영 간 괴리가 있음을 보여준다. 자유학기제를 보다 의미 있게 운영하기 위하여 정책 목표에 대한 비전을 교사들이 이해하고 공유하는 것이 선행되어야만 한다. 비전에 대한 이해는 위로부터 추진된 자유학기제를 교사가 어떻게 수용하는가와 연관된 문제이기 때문이다. 외부의 교육개혁 정책이 궁극적으로 성공하기 위해서는 학교 내부의 자발적 내면화의 과정이 반드시 필요하다(성열관, 2018: 51).

필자는 다행히도 자유학기제 업무를 처음 맡기 수년 전에 자유학기제 정책의 비전을 깊이 있게 이해하는 경험을 하였다. 그 경험은 2014년에 제주특별자치도교육청(이하 '제주도교육청'이라고 함)에서 조직한 자유학기제 운영 장학지원단(이하 '지원단'이라고 함)에 참여하면서부터 시작되었다. 2014년 당시 자유학기제 선도 교육청으로 지정된 제주도교육청은 자유학기제의 정책 목표에 대한 학교현장의 이해를 돕고, 자유학기 교육과정 운영을 지원하기 위해 지원단을 조직하여 운영하였다. 지원단에 참여하여 활동한 경험은 자유학기제가 가리키는 나침반을 구체적으로 이해하는 데 큰 도움이 되었다.

지원단의 협의회에서는 이른바 정책 목표의 두 마리 토끼를 모두 잡으려는 인식이 강하다는 것을 확인할 수 있었다. 둘 다 잡으려는 것은 부담스러운 과업이지만, 정책의 초점을 진로 탐색으로 치우쳐 인식하고 있는 것에 대한 우려와 자유학기제를 수업 개선의 도구이자 발판으로 활용하고자 하는 의지가 인상적이었다. 그 대표적인 협의 내용을 옮기면 다음과 같다.

A 과장: 제주도교육청은 자유학기제 선도 교육청이며, 본 장학지원단은 자유학기제 운영계획이 학교현장에서 실현 가능하고 타당한 방향으로

수립 및 추진될 수 있도록 협의하고 지원하는 것이 주요 역할입니다. (중략) 교실 수업을 개선하는 것과 자유학기제를 운영하는 것을 연결하는 것이 필요합니다. 지금까지 나온 것 이외에 교실 수업을 개선하기 위한 좋은 아이디어를 말씀해 주세요. (중략) 학교현장과의 괴리를 줄일 수 있는 추진 과제를 마련해 봅시다. (중략) 솔직히 자유학기제의 실행이 교사들에게 수업 개선을 위한 마지막 자극이라는 심정을 갖고 있습니다. (중략) 시험을 보지 않고 남는 시간을 어떻게 교실 수업을 개선할 것인가에 대해 구상하는 것이 중요한 과제입니다.

B 교감: 현재 학교현장에서는 자유학기제에 대한 이해가 교실 수업 개선보다는 진로 체험이나 어떤 프로그램을 운영하는 것에 방점을 찍고 있는 듯합니다.

C 교사: 현장의 교사들의 인식을 바로잡기 위해 자유학기제 운영의 주요점이 교실 수업을 개선하는 것이라는 점을 홍보할 필요가 있습니다.

D 교사: 교실 수업을 개선하기 위해 무엇보다 교직원 간의 문화를 개선할 필요가 있었습니다.

E 장학사: 지난 협의회에 이어 (수업 개선을 위해) 교장 선생님들의 인식이 중요하다는 지적이 이어집니다. 7일에 예정된 워크숍에서 이러한 문제도 언급하도록 하겠습니다.

F 교사: 학교현장에서 혼란스러워 할 부분을 제대로 파악하고 정리할 필요가 있습니다. 자유학기제의 로드맵을 안내할 필요가 있습니다. 자유학기제의 준비 단계에서부터 학교가 무엇을 할 것인가에 대해 안내할 필요가 있습니다. (중략) 교실 수업 개선이 먼저인데, 자유학기제 실시 이후 시험 없이 수업에 집중시킬 수 있는 수업방법 개선에 대한 내용 제공이 많이 필요합니다. (2014.3.20., 2014.3.28. 협의록)

자유학기제 운영 선도 교육청으로서 자유학기제에 대한 학교현장의 정확한 이해를 도모하겠다는 비장함이 느껴질 정도였다. 무엇보다도 수업을 개선하는 데 교육청이 이전과 다른 접근법을 모색할 수 있겠다는 기대감에 설레던 기억이 또렷하게 남아 있다.

지원단의 역할 중 하나는 학생들이 자유학기제를 이해하는 것을 돕는 일이었는데, 대표적으로 각 학교별로 자유학기제의 실제 운영을 학생들의 목소리로 말하는 학생 기자단을 운영하였다. 필자는 2014년 7월, 도내 전체 중학교를 대상으로 한 학생 기자단 발대식에서 1학년 학생들을 대상으로 자유학기제의 이해를 돕는 강의를 하였다. 이 자리에서 학생들에게 전달한 메시지를 한 문장으로 요약하면 '자유학기제는 또 하나의 기회이다'라는 것이다. 한국 교육이 초등학교에서부터, 중학교, 고등학교에 이르기까지 대학 입시에 종속되어 있는 현실을 부인할 수 없는 상황에서 자유학기제가 만병통치약은 아니다. 그러나 단 한 학기만이라도 배움의 즐거움과 자아를 온전하게 발견할 수 있는 또 한 번의 기회가 주어졌으니 학생도, 교사도, 학교도 그 취지를 이해하고 함께 잘 운영해 보자는 의미였다.

필자는 자유학기제가 학교현장에 일으킨 긍정적인 '변화'가 새로운 '관성'이 될 수 있는 길을 찾으려고 했다. '수업 개선'과 '진로 탐색'이라는 자유학기제 정책의 비전을 이해한 것을 바탕으로, 학교 및 지역사회가 처한 상황 속에서 나름의 선택과 판단에 따라 교육과정과 수업을 실천하고자 했다. 이를 위해서는 업무 담당자이자 1학년 부장 교사인 필자가 자유학기 교육과정에서 자율성을 발휘할 수 있는지를 가늠해 보아야 했다.

2) 교사의 교육과정 자율성의 한계와 가능성을 가늠하다

자유학기제에서 교육과정 자율성이 구현되는 공간은 단위학교의 자유학기 교육과정을 편성할 때부터 생겨난다. 따라서 교육과정 자율성을 의미 있게 구현하기 위해서는 업무 담당자가 자유학기 교육과정 편성의 프로세스와 관련 지침 및 규정 등을 올바르게 이해하고 있는 것이 전제되어야 한다.

2018년, 자유학기제 업무와 1학년 부장을 맡은 첫해에 자유학기제를 운영하기 위한 교육과정을 편성하는 작업은 자유학기제 비전을 이해하는 것과는 다른 차원으로, 꽤 복잡하고 어색한 일이었다. 무엇보다도 필자가 이전까지 스스로를 학교 교육과정 편성과 운영의 주체라고 인식하지 못했기 때문이다. 그것은 일부 보직 교사, 대표적으로 교무부장의 영역에 있는 일이라고 여겨 왔다.

필자는 2018년에 자유학기제 업무를 처음 맡으면서 자유학기 교육과정을 어떻게 편성하여 운영해야 할지 당혹스러워 2015 개정 교육과정 총론과 해설서를 펼쳐보았다. 국가 교육과정 총론에 대한 이해도는 교육과정 실행에 유의미한 차이를 가져온다(이주연, 2019). 단위학교에서는 자유학기 활동의 4개 영역의 내용을 자율적으로 구성하여 다채롭게 운영할 수 있다. 2015 개정 교육과정 총론 해설에서는 '다양한 자유학기 활동'을 운영하기 위해 '학교의 여건과 지역의 특색을 고려'하고, '학생들이 희망하는 주제를 학습할 수 있도록' '교과 시수를 적절히 조정하고 교과 교육과정을 재구성'할 수 있다(교육부, 2018: 72)고 밝히고 있다.

자유학기제 업무 담당자가 자유학기 교육과정의 편성을 위해 국가 교육과정의 총론을 이해하는 일은 시작에 불과하다. 대개 학교에서 교육의 설계도인 국가 교육과정을 펼쳐보고 있는 교무부장이 매해 학교 교육과정을 편성하는 작업을 할 때나 자유학기제 업무 담당자가 자유학기제 운영계획을 세울 때 협업하여 교육과정을 편성한다.

현실적으로 자유학기 교육과정 편성·운영에서의 자율성은 국가 교육과정이라는 틀 속에서 단위학교 수준에서 스스로 자유학기 교육과정을 편성·운영할 수 있는 정도였다. 예를 들어, 교육부(2018: 63)에서 제시한 기준 수업 시수는 최소 필수 시수가 아닌 말 그대로 기준이 되는 것이기 때문에 학교는 교과(군)별로 20% 범위 내 증감을 통해 융통성 있는 학교 교육과정 편성·운영을 도모할 수 있다. 그런데 2009 개정 교육과정 이래 현재까지 적용되고 있는 교과(군)별 20% 증감 운영의 실제에서는 자율성의 한계로 인한 어려움이 발생한다. 학교와 교사의 교육과정 편성·운영에 자율성 확대가 필요하다는 점은 비단 자유학기 뿐만 아니라 혁신학교의 교육과정연구에서도 꾸준하게 제언하고 있는 점이기도 하다.

자유학기 활동을 최소한 170 시간 이상을 운영해야 하는 자유학기제에서 교과 수업 시수를 조정하는 일은 상당히 난해하고 예민한 일이다. 어떤 교과에서 시수를 조정해야 하는지에 대한 명확한 기준이 없다. 어느 교과가 자유학기 활동 운영에 더 적합한 것인지에 대해 합의된 바도 존재하지 않는다. 학교 전체 교사들이 참여하여 자유학기제 교과 시수를 조정하는 협의회에서 교사 간 갈등이 발생하기 쉽다. 이는 자유학기제가 시범 운영하던 초창기부터 관찰된 바이다(최상덕 등, 2015).

교사의 기존 교과 시수, 학생의 교과별 사교육 의존 정도, 교과 내용에 대한 학생들의 어려움, 학부모와 학생의 요구, 학력 저하 문제, 자유학기제에 대한 교사의 인식 등 교과 시수를 조정하는 데 고려하는 사항은 학교가 처한 현실적인 문제나 상황에 따라 다양하다(이경호, 2018). 결국 학교 구성원과의 민주적 협의 과정을 통해 구성원들로부터 좀 더 타당성을 인정받을 수 있도록 교과 시수를 조정한다. 한편, 자유학기 교육과정 중 자유학기 활동의 운영은 교육과정 편성에 따라 시수가 감축된 교과의 교사가 담당하게 되는 형편이므로 교사 위주로 수업이 꾸려지는 것이 현실이다. 자유학기 활동을 담당하기로 결정된 교사가 자신의 교과의 범주를 크게 벗어나지 않은 프로그램을 개발하여 운영하는 편이 보통이다.

〈표 1〉은 2020년 필자의 학교에서 교과 수업 시수를 감축한 7개 교과 교사가 자유학기 활동 영역별로 담당한 프로그램을 정리한 것이다.

〈표 1〉 수업 시수 감축 교과와 자유학기 활동 편성(2020년)

수업 시수 감축 교과	자유학기 활동	
	영역	프로그램
수학	주제선택 활동	활동 수학
기술가정	주제선택 활동	혼자서도 잘 해요
국어	진로 탐색 활동	마을 선생님과 동행하다
	동아리 활동	영화 토론 교실
과학	진로 탐색 활동	마을 선생님과 동행하다
	동아리 활동	과학 교실
도덕	동아리 활동	농구 교실
미술	예술·체육 활동	사회 참여 미술

교사의 자율성을 교육과정 맥락에서 명확하게 규정하기가 쉽지 않지만, 교육과정 자율화의 흐름 속에서 교사 자율성은 흔히 '교육과정 재구성'과 결부되어 연구되고 판단되어 왔다(최유리 등, 2017: 137). 지난 3년간 필자의 자유학기제 운영 경험은 국가 교육과정에서 비롯된 교육과정 자율성의 한계 속에서도 교사가 누릴 가능성의 틈을 찾고, 교육과정 재구성 측면에서 자율성을 발휘할 가능성을 찾는 과정이었다. 그 결과 자유학기 교육과정이 마을 교육과정으로 확장하여 운영될 수 있었다.

3) 어떻게 살 것인가? 마을 교육으로 배우다

2015 개정 교육과정 총론에서 자유학기에는 '지역사회와 연계하여' '다양한 체험 중심의 자유학기 활동을 운영한다'라거나 '학교 내외의 다양한 자원을 활용하여 진로 탐색 및 설계를 지원한다'라고 명문화되어 있다. '기존 학교 체제 안에서만 머무르는 것이 아니라 지역사회 등 외부의 인적·물적 자원을 적극 활용할 필요가 있다'(교육부, 2018: 74)라고 분명하게 밝힌다.

필자가 자유학기제 업무를 3년 동안 맡으면서 학교가 있는 지역사회의 특색과 학생의 삶을 반영하고 지역사회와 함께 구현해 가는 교육과정으로 구성하고자 노력한 것이 바로 마을 교육과정이다. 우리나라의 학교 교육과정 중에서 '자유학기 활동'은 마을과의 연계 가능성이 높은 교육과정(임종헌, 2020: 236)이라는 점에서 자유학기 동안 마을 교육을 실천하기에 적합하다.

〈표 2〉에서 보는 바와 같이, 자유학기 활동과 교과 교육과정을 아우르는 자유학기 교육과정을 개발하고 기획하는 과정에서 마을과 함께 시민을 길러내는 교육 경험을 펼쳐내기 위한 창조적 상상력을 발휘할 수 있었다. 그 과정에서 필자는 교육과정 개발자(curriculum developer) 혹은 기획자(curriculum planner)로서의 정체성을 세워 가는 경험을 하였다.

〈표 2〉 자유학기 교육과정에서 실천한 마을 교육 사례

마을 교육의 의미 구분	교육과정의 유형 구분		내용
마을에 관한 교육	자유학기 활동	진로 탐색 활동	마을 이해 프로젝트 - 현지 조사와 면담하기 실행하기

마을 교육의 의미 구분	교육과정의 유형 구분		내용
마을에 관한 교육	교과 교육과정	국어	마을 이해 프로젝트 - 현지 조사와 면담하기 사전 준비하기, 사후 자료 정리하기
		사회	마을 이해 프로젝트 - 현지 조사와 면담하기 사전 준비하기, 제주 4·3 사건 평화·인권교육
		정보/음악	마을 이해 프로젝트 - 현지 조사와 면담하기를 기록한 영상 제작하기
마을을 통한 교육	자유학기 활동	진로 탐색 활동	마을 선생님과 동행하다
마을을 위한 교육	자유학기 활동	예술·체육 활동	사회 참여 미술 교실 - 마을 가로수에 설치할 얀바밍(yarn bombing) 제작하기
		동아리 활동	목공 교실 - 마을 버스 정류장에 비치할 의자 제작하기

(1) 마을 선생님과 동행하다

자유학기제에서는 '학생들이 꿈과 끼를 찾을 수 있도록 다양한 진로 탐색의 기회를 주는 것이 중요'(교육부, 2018: 74)하기 때문에, 교사의 진로교육 전문성이 요구된다. 그러나 자유학기 동안 학생들의 꿈과 끼를 찾고 키울 수 있는 교사의 진로교육 전문성은 담보되어 있는가? 일반 교사에 대한 진로교육 전문성 함양을 위한 교육이 별도로 마련되어 있지 않다. 보통의 경우, 교사들이 담임을 맡으면서 학급 학생들과 자연스럽게 그들의 진로 희망 분야에 대해서 이야기를 나누거나 중등학교의 경우 상급 학교로의 진학을 위해 학교 및 학과 선택을 위한 상담의 과정에서 학생의 진로 탐색을 조언하는 등 현장에서 축적된 경험이나 교사가 살아온 삶의 경험에서 전문성을 쌓는 정도이다.

2018년 자유학기 활동 중 진로 탐색 활동을 처음으로 기획하며 교사의 진로교육 전문성에 한계가 있다는 점을 인정할 수밖에 없었다. 제주지역은 학교 밖에서 학생들이 직접 체험하며 자신의 진로를 탐색할 만한 인프라도 부족한 상황이라 활용 가능한 물적 자원이 빈약한 편인 데다가, 그마저도 이미 초등학교 시절에 진로 체험을 다녀온 경우가 많았다. 이러한 사정에서 진로 탐색 활동을 궁리한 결과로 개발한 것이 마을 선생님 수업이다. 마을 선생님 수업에 해당하는 진로 탐색 활동 프로그램의 이름으로 '마을 선생님과 동행하다'를 붙였다.

필자가 정의한 마을 선생님이란 우리 마을에 거주하는 직업인으로서, 직접 경험한 다양한 직업의 세계와 삶을 이야기함으로써 학생의 진로 탐색을 지원하는 교육 동반자를 의미한다. 2018년도부터 2020년까지 운영한 마을 선생님 수업에서 학생들은 다양한 직업 세계를 경험하거나 다채로운 삶을 경험한 직업인들의 이야기를 통해 마을 선생님의 직업 세계와 삶을 간접적으로 경험한다.

이와 같은 프로그램을 기획하는 데 크게 두 가지의 아이디어로부터 영감을 얻었다. 하나는 2018년 6월 22일에 자유학기제 업무 담당교사를 대상으로 제주도교육청에서 개최한 연수이다. 연수에서 강원도의 어느 중학교에서 운영한 마을 선생님 프로그램을 소개하였는데, 학교가 위치한 지역사회의 인적 자원을 활용한다는 점에서 매력적이었다. 자유학기 교육과정을 구상하던 시기에 강력한 모방 사례를 만나게 된 셈이다. 또 다른 하나는 예비교사 시절에 필자가 애정을 갖고 시청하였던 지상파 TV 예능 프로그램에 담긴 한 에피소드이다. 프로그램에 출연한 웹툰 '미생'의 작가 윤태호는 말했다.

> 꿈이라고 하는 게 단순히 만화가, 과학자, 연예인 이게 꿈이 아니라 '○○한 만화가'가 꿈이다. 그 직업을 어떤 태도로 수행하는 내가 있어야

한다. 중요한 건 그냥 만화가가 아닌 어떤 만화가가 되느냐이다.

학생의 진로를 탐색한다는 것은 직업을 결정하는 것으로 진로 탐색의 의미를 좁게 이해하여왔던 필자에게 그 방송의 장면은 뇌리에 오랫동안 각인되어 왔다. 그리고 진로 탐색 활동을 개발하는 데 학생들의 진로라는 것을 꼭 직업으로 생각하지 않아도 좋다는 인식의 전환을 가져왔다. 진로 탐색 활동에 학생들이 어떤 존재로 살아갈 것인가에 대한 물음을 찾아가는 경험을 담고 싶었다. 학생들이 무엇을 아는가(knowing), 그리고 무엇을 할 수 있는가(doing) 뿐만 아니라 무엇이 될 수 있는가(being)에 주목하기 위해서이다.

마을 교육과정 구성에 따라 자유학기제가 시작한 첫 사회 수업에서 학생들은 활동지에 마을 선생님을 섭외하기 위한 현수막의 문구를 작성한다. 자신의 진로 탐색을 동행할 마을 선생님을 본인의 손으로 섭외할 수 있다는 효능감과 더불어 각 마을에 게시된다는 부담감이 적지 않아 학생들은 한 글자 한 글자 진정성을 더해 써 내려간다. 다음은 학생들이 직접 작성한 문구의 일부이다.

> 시험만큼 중요한 우리들의 꿈 / 꿈이라는 보물을 찾아낼 수 있는 나침반이 되어 주세요. / 꿈을 향하는 길을 열어주실 마을 선생님을 찾습니다. / 꿈을 찾아 헤매는 아이들의 지도가 되어 주세요. / 무지개처럼 각양각색인 학생들에게 꿈과 희망을 주세요. / 마을 선생님과 함께 하는 꿈 찾아 삼만 리 / 사춘기 소년, 소녀에게 꿈을, 당신의 이야기를 들려주세요. / 미래 씨앗에게 필요한 물과 빛이 되어 주세요. / 새싹들의 물과 햇빛이 되어 주세요. / 학생들이 높이 뛰어 오를 수 있는 발판이 필요해요. / 꿈을 지명수배 합니다. 사례는 대한민국의 밝은 미래입니다.

위 현수막 문구를 조합하여 현수막을 제작하고, 우리 학교의 학군 내 마을 곳곳에 학생과 동료 선생님과 함께 현수막을 걸었다. 4차 산업혁명 시대에도 현수막이 갖는 홍보의 힘은 실로 위대했다. "여보세요, 마을에 걸린 현수막 보고 전화 드렸어요."라는 말로 시작하는 전화가 학교와 필자의 전화로 이어진다. 자유학기제 업무량의 상당 부분을 차지할 만큼 걸려오는 전화에 응대하는 일이 벅찰 정도로, 마을 분들은 과분할 만큼 많은 관심을 보이며 자발적으로 참여해 주었다.

매주 월요일마다 학생들은 마을 선생님을 만난다. 한 사람의 과거와 현재, 그리고 미래를 만난다. 학생들은 자신들이 직접 초대한 '방문객'이 경험한 직업과 삶의 이야기를 나누며, 단순히 '어떤 직업을 찾을 것인가'라는 물음보다 '그 직업을 어떤 태도로 수행할 것인가'라는 물음을 품는다. 이들에게 무슨 직업을 갖는다는 것보다 그 직업을 수행하는 자기 자신을 지금 탐색하고 발견하는 것이 중요하다.

2020년 12월 어느 날, 교무실 앞 복도 테이블에 3학년 학생과 교사가 마주 앉아 나눈 이야기를 우연히 듣게 되었다. 그 학생은 두 해 전 필자의 담임 학급의 학생이면서 필자가 운영한 자유학기제를 경험한 첫 학년이기도 하다. 대화의 내용은 특성화고등학교 취업자 전형을 지원하고자 하는 학생의 푸념이었다. 학생은 고등학교에 제출해야 할 자기소개서를 작성해야 하는데, 자신이 무엇을 하고 싶은지, 흥미나 관심 혹은 잘할 수 있는 것이 무엇인지를 도대체 모르겠다는 볼멘소리를 내놓는다. 다음은 이날 저녁에 필자가 작성한 성찰 일기의 일부이다.

> 요즘 3학년 학생들 중 일부는 특성화고등학교 취업자 전형에 응시하느라 분주하다. 전형 방법에 따라 자기소개서를 쓰느라 학생도 교사도 애

를 먹고 있다. 무엇보다 학생들은 자기 자신에 대해 깊이 있게 들여다보는 교육 경험이 부족하고, 이를 글로 담는 것도 여간 어려운 일이 아니다. (중략)

12월의 어느 날 교무실 안과 밖 복도에서 교사와 취업자 전형 응시 학생 간의 대화가 치열하다. 복도에서 본 한 학생은 장래에 '1인 크리에이터'가 되고 싶다고 말한다. 그 분야의 취업에 도움이 될 만한 관련 고교의 학과는 무엇이 있으며, 취업을 준비하기 위해 무엇을 어떻게 해야 하는지를 서술하는 것이 어렵다는 푸념이 장황하다. 무엇보다 자기 자신에 대해 아직 잘 모르겠다고 털어 놓는다. 그 장면을 지켜보다 그 학생을 담임교사로 만났던 2년 전으로 시간을 거슬러 갔다. 담임이자 1학년 부장으로 자유학기제를 기획하고 운영하며 학생의 진로 탐색을 조력하기 위한 교육과정과 프로그램을 운영하는 데 나름 노력했지만, 한 학기 동안의 경험이 학생의 관점에서 자신의 꿈과 끼를 찾는데 넉넉지 않았을 것이다. 2년 전 '자유학기 활동 중 진로 탐색 활동 경험이 그 학생에게 어떤 의미가 있었을까?'라는 물음표가 머릿속을 가득 채운다. '나를 공부하자'라는 슬로건을 내건 자유학기제의 의미를 다시 생각해 본다. (2020.12. 성찰 일기)

(2) 마을을 기반으로 한 주제 통합 수업을 실천하다

마을 이해 프로젝트는 국어과와 사회과 그리고 정보과 및 음악과가 융합하여 긴 호흡으로 진행한 수업이다. 수업의 장(場)은 자연스럽게 학교와 마을이 된다. 이 프로젝트는 주제 중심의 통합 교육과정을 구성하여 실행된다. 프로젝트 중 하나로, 진로 체험의 날 하루 동안 우리 학교의 학군 중 한 곳인 애월읍 유수암리에서 학생들은 마을을 현지 조사(field work)하고, 마을 분들을 면담(interview)하였다. 현지 조사와 면담하기는 지역을 연구하는 데 중요한 방법으로, 마을로 떠나기 전 교실 수업에서 치밀하게 배우고 준비해야 했다.

먼저 사회과 수업에서는 유수암리에 거주하는 우리 학교 마을 선생님이자 지역 연구학을 전공한 정신지 작가가 쓴 『할망은 희망』에 등장하는 제주 할머니와 할아버지의 생애사 중 여섯 편을 발췌하여 읽는다. '제주 할망 전문 인터뷰 작가'가 쓴 글을 읽으며 학생들은 인터뷰어(interviewer)가 인터뷰이(interviewee)에게 어떻게 질문을 하는지, 대화를 어떻게 이어 가는지, 할머니·할아버지의 생애사에 공통으로 등장하는 서사가 무엇인지 등을 파악한다. 그 대표적인 서사가 바로 제주 4·3 사건이라는 점을 학생들은 쉽사리 알아차린다. 면담자의 삶의 맥락을 이해해야 현장(마을)에서 마을 분들이 전하는 이야기를 학생들이 이해할 수 있기 때문에, 제주 4·3 사건의 배경과 전개 과정 등을 가르칠 수밖에 없다. 일종의 4·3 평화·인권교육이 사회과 수업에서 자연스럽게 실행된다.

국어과 '면담하기' 단원 수업에서는 면담하기의 절차와 실행 방법 등을 익히고, 모둠별로 실제 유수암리에서 만날 수 있는 인터뷰이를 상정하여 좋은 질문을 만드는 과정을 학습한다. 우리 학교 마을 선생님이기도 한 정신지 작가의 수업에서는 작가의 풍부한 현장 경험을 통해 현지 조사와 면담하기의 실제를 생생하게 배운다.

학생들이 인터뷰이로 선정한 마을 분들은 할머니·할아버지, 타 지역에서 삶의 터전을 제주시 애월읍으로 옮긴 이주민 등으로 크게 구분된다. 학생들은 주로 자신의 집 근처에 거주하거나 노인회장님, 청년회장님, 부녀회장님, 리사무장님 등 마을 자치조직의 대표들을 섭외한다. 섭외를 위해 자기를 상대방에게 소개하는 법, 면담의 취지를 간결하게 설명하고 개인정보 제공 동의 여부를 묻는 법 등을 학습하지만, 실제 섭외의 과정은 순탄치 않다. 마을 현지로 떠나기 전까지 인터뷰이를 섭외하지 못한 모둠도 많다. 그런 경우 현지 조사의 맛을 살려 현장에서 바로 인터뷰이를 섭외하여 면담하기를 진행한다.

2019년 10월, 마을 속으로 들어가는 당일, 유수암리를 크게 세 구역으로 나눠 버스에서 내린 뒤 학생들은 마을을 걸으며 사람을 만난다. 학생들을 만난 어느 할머니는 나무 그늘 아래에 앉자마자 기다렸다는 듯 이야기를 쏟아낸다.

> 내가 해방둥이 거든, 45년생. 그때는 너무 어려웠어, 너무 어려와 가지고 일단 공부는 제쳐 두고, 밥 먹기가 어려웠어. 완전 배고픈 시절이었어. (중략) 한 삼십 년 전부터는 살기가 좋아졌어. 그때부터는 쌀밥도 먹고 (중략) 여긴 산간 부락이거든, 옛날엔 해변이 살기 좋았어. (중략) 귤을 하기 시작하니깐 좀 편하더라고, 애들 학교도 보내고. (1학년 5반 인터뷰 기록지, 2019.10.14.)

2006 독일 월드컵이 열리던 해에 태어난 당시 1학년 학생들은 알 길 없는 쌀밥과 보리밥의 차이점과 제주 4·3 사건을 이야기로 듣고 물으며 살아 있는 경험을 한다. 동네 어르신의 이야기를 듣다 보면 영화나 소설 속 한 장면과 무척이나 닮은 내용을 알게 된다. 인생이 그야말로 극적이었던 마을 분들의 삶에 학생들은 몰입한다. 학생들이 마을 보건소에서 만난 한 할머니가 들려준 이야기는 현기영(2019)의 소설 『순이 삼촌』의 것과 많이 닮아 있다.

> 옛날 우리의 친정아버지는 나 여덟 살 때 산에 오르라고 해서 산에 올라갔다 걸려서 징역 살다가 집에 와서 한 며칠 사니깐, 또 어느 여름에 밭을 갈고 와서 발을 씻고 저녁을 먹으려고 하니깐 운동장에서 마이크로 뭐라 뭐라 해 (중략) 집에 가니깐 그걸로 끝이었어, 어디에 갔는지. 그러

니깐 여덟 살 때 아버지를 잃어버리니까 밭일도 못하고 어머니하고 우리 삼 남매 하고 (1학년 6반 인터뷰 기록지, 2019.10.14.)

그러고는 집에 돌아와서 점심 요기로 할머니가 내준 식은 고구마 한 자루씩 받아먹고 있노라니까 별안간 밖에서 호루라기 소리가 요란하고 고함 소리가 들렸다. "연설 들으러 나오시오! 한 사람도 빠짐없이 초등학교 운동장으로 모이시오!"(현기영, 2019: 64)

2020년에는 코로나 19사태와 사회적 거리두기로 인해 마을에서 서로 만나서 이야기하는 면담(面談)하기에 어려움이 많았다. 마을 현지로 나갈 수 있을지도 명확하게 알 수 없는 상황에서 프로젝트 수업은 쉼 없이 진행되었다. 특히, 2학기 들어 프로젝트를 실행하기 전까지 단 일주일을 제외하고는 원격수업이 진행되어 학생들과 랜선으로 만나 모든 준비를 해야 했다. 2019년에 교실에서 학생들과 대면하여 했던 수업을 온라인 공간에서 실행하는 것은 교사도 학생들에게도 너무 고된 일이다. 그러나 프로젝트 전체 개괄부터 현지 조사와 면담하기 방법에 대한 학습, 모둠 구성과 역할 분담, 구술자 섭외 확인과 당일 이동 경로 점검, 방역 준비 등 작은 일에도 최선을 다해 정성스럽게 진행해야 했다.

면담하기 수업을 진행한 국어과 선생님들은 우리 학교 온라인 수업 플랫폼인 밴드에서 학급당 5~6개의 모둠별 채팅창을 열어 놓고 학생들과 쉼 없이 만나느라 진땀을 뺐다. 학생들이 어느 정도 준비가 되어 있을지 솔직히 걱정이 매우 컸지만, 서로를 믿는 수밖에 없었다. 믿음의 마음을 랜선으로나마 학생들에게 전하고 싶었다. 다음은 프로젝트를 떠나기 며칠 전 필자가 각 반 밴드에 올린 글의 일부이다.

원격수업으로 준비하여 마을로 떠나는 일이 새롭네요. 코로나 19로 모든 것이 새로운 경험이 되는 것 같습니다. 자~걱정하지 마시고, 서로를 믿고 재미있고 의미 있게 잘~해 봅시다. 우리는 잘할 수 있습니다^^
(2020.10.12.)

전 학생이 한 마을로 갔던 2019년과 다르게 광복절 집회, 추석과 한글날 연휴 이후 강화된 방역 지침에 따른 거리두기를 위해서 1학년 전체 학생 150여 명을 35개의 모둠으로 나누고, 7개의 마을로 흩어져 향한다. 학생들은 인터뷰이에게 감사의 선물로 드리기 위해 준비한 동백꽃 마스크와 손 세정제를 잊지 않고 챙긴다. 마을에서 현지 조사와 면담하기, 그리고 마을 사진 찍기 미션을 마치고 학교로 돌아갈 버스를 기다리는 동안 마을 회관 앞마당은 아이들의 놀이터가 된다.

만남만큼 중요한 것이 헤어짐이다. 마을 경로당에서 한 모둠은 헤어지는 아쉬움을 '내 나이가 어때서'라는 제목의 노래에 맞춘 춤으로 승화하여 할머니들께 올린다. 학생들은 마을 이해 프로젝트를 통해 지역사회의 평범한 이웃의 경험을 추체험하며 존중과 이해, 공감의 가치들을 내면화한다.

정보과 및 음악과 수업에서는 그 소중한 만남을 영상으로 기록하는 방법을 배우고, 마을에서의 현지 조사와 면담하기가 끝난 뒤에는 인터뷰이의 삶을 영상으로 담아낸다. 제주어로 가득한 어르신들의 구술을 글로 풀어내는 작업은 난해한 번역의 연속이다.

마을 교육을 실천하며 1학년 교실과 우리 마을, 넓게는 제주 지역사회가 참 닮아 있다는 생각이 들었다. 언제나 새 학교 새 학년에 들어선 아이들 사이에서 소소한 다툼이 있기 마련이다. 열네 살 인생의 집합체인 교실 안에는 갈등이 상존한다. 이는 우리 학교가 위치한 제주시 애월읍이나 제주도도 마찬가지이다. 이주민과 선주민 사이에는 미묘한 긴장감이 흐르고, 자연 보존과 개발 문제는 오래되었지만 지금도 대립의 골이 깊다.

어떻게 공존할 것인가? 최근 3년간 학년부에서 자유학기제 운영의 비전을 '타인을 이해하고 평화롭게 공존하는 삶'(2018년)과 '더불어 삶'(2019년), 그리고 '함성 소리: 함께 성장하고 소통하는 우리'(2020년)로 세워 교육과정을 재구성한 연유도 이 질문에 대한 답을 찾을 수 있는 교육 경험을 구성하기 위해서이다. 학교 교육이 '무엇을 알아야 하는가?'라는 문제 못지않게 '어떻게 살 것인가?'의 질문을 보다 많이 다루었으면 좋겠다. 어떻게 살 것인가? 아직 이 질문을 단 한 번도 마음에 담아 보지 않은 학생들에게는 스스로 질문을 품을 수 있도록, 그 질문의 답을 찾아 헤매는 학생들에게는 조력의 발판이 될 수 있는 경험을 재구성하는 작업이 요구된다.

마을 선생님 수업이나 마을 이해 프로젝트는 자연스레 사람이 살아가는 이야기를 나누는 장이 된다. 자유학기제 업무 담당자인 나 역시 마을 선생님 현수막을 보고 연락해 온 많은 사람들로부터 그분들이 어떻게 살아왔는지에 대한 농도 짙은 삶의 이야기를 듣는다. 학생들도 마찬가지로 마을 선생님이나 현지 조사 간 마을에서 만난 사람들의 삶의 이야기를 공유하고 그 의미를 함께 탐색한다. 사람이 거울을 보며 자아를 구성하듯, 체험되고 말해진 이야기는 자아를 구성하는 데 좋은 경험이 될 것이다. 앞으로 우리 학생들은 어떤 이야기를 만들어 내며 살아갈까?

4) 학년 부장의 교육과정 리더십을 세워 가다

마을 교육을 비롯한 자유학기 교육과정을 운영한 지난 3년은 필자가 교육과정 리더십을 형성해 가는 실천적 경험의 시간이었다. 자유학기제라는 하향식 정책과 아래로부터의 교육과정 리더십이 만나는 색다른 경험이었다. 여기서 교육과정 리더십이란 자유학기제의 비전에 맞는 교육을 위해 이루어지는 교육과정의 개발 및 기획과 실행, 평가의 과정에서 동료 교사들과의 협력을 촉진하고 서로의 동기를 부여하며 영향력을 행사하는 것을 의미한다.

자유학기제는 교육과정의 두 수레바퀴인 자율성과 공동체성(교육과정디자인연구소, 2020: 50; 김평원, 2015: 81)을 경험하는 데 의의가 있다. 교사의 자발성과 자율성을 기반으로 학년부 및 자유학기 교육과정의 비전을 세우고 이를 구현할 수 있는 교육과정을 만들어 간다. 바쁜 일상 속에서 정해진 간격을 두고 만나는 것이 아니라 서로의 시간을 확보하여 수시로 만난다. 그 과정 자체가 동료 교사들과의 협력적 학습이 될 수 있도록 누군가는 만남의 질을 관리해야 한다. 이러한 점에서 자유학기제 업무를 담당하는 1학년 부장은 교육과정을 조망해야 하는 핵심 인물(key man)이다. 또한 학년 단위의 교육과정을 개발하고 운영하는 과정에서 동 학년 교사들의 협력적 의사소통을 촉진하는 리더십을 발휘할 것이 요구된다.

최소한 학년 단위에서 교사 간 협력적 학습을 끌어낼 수 있으려면 학년부 체제를 전문적 학습공동체의 성격으로 운영할 필요가 있다. 이러한 주장은 전통적으로 교과 교육과정 중심으로 운영되는 중등학교에서도 초등학교에서와 마찬가지로 학년 교육과정을 세우려는 노력으로 자연스럽게 동 학년 협의회가 동 교과 협의회 못지않게 그 역할과 중요성을 강조하는 것과 같은 맥락이다. 여기서 학년 부장은 전문적 학습공동체의 리더의 역할과 같이 협력적 관계를 기반으로 집단적 전문성을 신장할 수 있도록 교사의 배움을 디자인한다. 필자가 2018년 이전부터 학교 안과 밖에서 전문적 학습공동체를 직접 조직하여 운영하면서 성공과 좌절을 맛본 경험은 자유학기 교육과정을 기획해야 하는 학년 부장의 역할을 수행하는 데 큰 도움이 되었다.

돌이켜보니 자유학기제 동안 동료 교사들과 협력하여 교과의 벽을 넘어 교육과정을 개발하고 수업을 실행하는 데 애를 많이 썼다. 자유학기제가 처음 도입될 당시부터 교과 통합 수업 설계 및 운영이 중학교 수업의 변화를 위한 대안으로 제안되어 왔다(정광순, 2013). 중·고등학교는 교과 간의 경계가 굳건한 편인 데다가 교과별로 담당교사가 다르기 때문에, 초등학교에 비해 통합 교육과정을 운영하는 것에 품이 더 많이 드는 편이다. 그러나 자유학기제는 전통적인 학문 중심 교육과정이 틀을 깨는 대표적인 개혁 시도로, 교과목을 넘나드는 통합적 접근과 프로젝트 학습이 부각되는 효과를 낳고 있다(이상은, 2015: 20)는 점에서 긍정적으로 평가받고 있다.

매년 자유학기제를 앞두고 오롯이 교육과정 재구성을 위한 학년부 워크숍을 갖는다. 워크숍을 기획하여 만나고, 교육과정을 재구성하여 실제 교육과정을 구현하는 모든 순간마다 학년 부장에게 교육과정에서의 리더십 발휘가 요구된다.

새 학년도를 준비하는 2월과 다시 새 학기를 맞이하는 여름방학 기간은 교육과정 재구성을 위한 워크숍을 열기에 적합한 때이다. 2018년 여름방학이 시작하기 며칠 전에 워크숍 일정을 확정하기 위한 목적으로 간략한 안내문을 작성하여 1학년 전체 선생님들께 배부한다. 일정을 정한 뒤에는 교육과정 재구성을 위한 작업을 어떻게 할 것인지, 제한된 워크숍 시간 내에 협의의 질을 높이기 위한 방법이 무엇인지를 고민하여 구체적인 계획을 세워야 했다. 이 워크숍은 필자의 교직 생활 중 학교 안에서 동료 선생님들과 함께 교육과정을 재구성하는 첫 경험이었기 때문에, 필자도 아래의 안내문에 담겨 있는 글처럼, '무엇을 어떻게 해야 하는지'에 대한 경험적 지식이 부족했다.

다행스럽게도 전국 곳곳에서 자유학기제와 혁신학교 운영으로 교육과정 재구성 실천사례가 꾸준히 축적되어 왔다. 현장 교사들이 집필한 도서와 정부 출연 연구기관에서 발간한 연구보고서, 시도교육청 및 학교 홈페이지 등을 직접 찾아 사례를 활자로 만날 수 있었다. 워크숍이 있기 두 달 전에는 제주시교육지원청에서 자유학기제 담당교사를 대상으로 연 연수에서 '교육과정 재구성에 따른 프로젝트 학습 설계 및 적용'을 네 시간 남짓 실습하였는데, 이때 경험은 워크숍의 실제 운영 상황을 미리 전망하는 데 도움이 되었다.

교육과정 재구성을 통한 통합 교육과정을 운영하는 것은 필자를 포함하여 워크숍에 참여하는 대부분의 교사들에게 낯선 길과 같았다. 워크숍이 나아갈 방향, 다시 말해 워크숍에서 무엇을 하는지를 서로가 분명하게 인지하는 것이 중요하다. 워크숍 이전에 필자가 두 번째로 배부한 안내문에는 교과 간 교육과정 재구성이 무엇을 의미하는지를 이해할 수 있는 글과 도식, 그리고 워크숍 사전 과제를 제시하였다.

> 교육과정 재구성 워크숍에서 무엇을 하나요?
> 이번 워크숍에서는 '어떻게 가르칠 것인가'보다는 '무엇을 가르칠 것인가'라는 물음에 함께 고민하고 답을 찾아보고자 합니다. 일곱 분의 선생님들과 함께 집단지성을 발휘하여, 교과의 벽을 살짝(?) 허무는 교과 간 재구성(= 연결해서 가르치기 = 프로젝트 학습 = 교과 통합(융합) 수업)을 실천하고자 합니다.
> (중략) 길지 않은 워크숍 시간 동안 원활하게 협의하기 위해, 다음의 사전 과제가 있습니다. 〈Step 1. 진단과 도움〉, 〈Step 2. 마인드맵 그리기〉. 워크숍에서는 〈Step 3. 교과 간 재구성〉을 중점적으로 협의하겠습니다.

안내문에는 왜 교과 통합 교육과정을 지향하는가를 쉽게 이해할 수 있는 글을 인용하여 담고 싶었다. 왜냐하면 학교 안에서 통합 교육과정을 만드는 문화가 존재하지 않는 상황에서 '어떻게 통합할 것인가'라는 문제보다 '왜 통합해야 하는가'에 대한 동료 교사의 동의가 선행되어야 하기 때문이다.

안내문과 사전 과제를 배부하고 설명하기 위해 워크숍 참여 교사 모두가 점심시간에 짬을 내 모여 앉는다. 〈표 3〉에서 보는 바와 같이 워크숍은 세 단계로 크게 구분되는데, 〈Step 1. 진단과 도움〉, 〈Step 2. 마인드맵 그리기〉는 사전 과제에 해당한다. 각 교과의 교과서 목차와 교육 과정상 성취기준을 인쇄하여 배부하면 교과 간 재구성을 위한 사전 과제를 수행하는 데 도움이 된다.

〈표 3〉 교과 간 교육과정 재구성 워크숍 흐름도(2018년 사례)

순서	활동명	내용
Step 1.	진단과 도움	우리 학교 1학년 학생들을 살펴보고, '왜 교과를 가르치는가', '1학년 학생들에게 필요한 배움은 무엇인가', '중학교를 졸업하면 어떠한 인간으로 성장할 것인가' 등의 물음에 생각해 보면서 학생들이 성장하는 데 학교 교육과정이 어떤 도움을 줄 수 있는지를 고민해 봅시다.
Step 2.	마인드맵 그리기	지난 한 학기 동안 1학년 담당 선생님들과 이야기를 나눈 바에 의하면, 우리 1학년 학생들이 '타인을 이해하고 평화롭게 공존하는 삶'을 살아가기를 희망합니다. 선생님께서 가르치고 있는 교과에서 '타인을 이해하고 평화롭게 공존하는 삶'으로 연결할 수 있는 수업 아이디어(단원, 주제, 학습 내용, 성취기준 등)를 마인드맵 그리기로 정리해 보세요.
Step 3.	교과 간 재구성	'타인을 이해하고 평화롭게 공존하는 삶'과 연결된 통합 주제와 참여 교과를 선정하고, 구체적인 진행 계획 세우기

워크숍 당일에는 편안하고 자유롭게 생각을 나눌 수 있는 적당한 공간을 빌어 맛난 커피 한잔과 함께 오전부터 저녁까지 머리를 맞대고 집단지성을

발휘한다. 각자가 미리 구상한 사전 과제 〈Step 3. 교과 간 재구성〉에 대한 아이디어를 쏟아 낸다. 교직 경력이나 연령과 상관없이 어느 누구나 안전하게 자기 생각을 내놓을 수 있도록 수평적 의사소통을 끌어내는 데 각별히 유의한다.

교과 통합 교육과정에 관한 아이디어를 펼쳐내고 다듬기를 반복하며, 교과 통합을 위한 주제를 선정한다. 주제는 학년부에서 세운 비전이나 학생들의 삶과 부합하며, 그들의 흥미를 불러일으키면서도 각 교과 내 범위와 계열에 충돌하지 않으면서 통합 가능한 것으로 선정한다. 이어서 각 프로젝트에 참여할 교과를 결정한다. 그 과정을 노트북에 연결된 TV 화면으로 공유하며 진행하면 자유학기 교육과정에서 실행할 계획을 세세하게 정리하는 데 도움이 된다. 이때 각 교과가 언제 어느 정도의 시간을 들여 프로젝트에 참여할 것인지, 학생들이 수행하는 과제의 최종 결과물은 무엇인지, 필요로 하는 자원은 무엇이고 얼마의 예산이 필요한지 등을 최대한 구체적으로 기록하여 공유한다.

그렇게 '5-3=2', 갈등 해결하기, 마을 이해 프로젝트, 더불어 삶아 먹는 라볶이 프로젝트, 베플리 마켓(베풀다 + flea market), 난민 수업, 마을 선생님과 함께 하는 업 사이클링(up-cycling) 수업 등의 싹을 틔웠다.

〈표 4〉 교과 통합 교육과정 재구성 사례

연도	주제	내용	참여 교과
2018년	갈등 해결	고전 소설 〈토끼전〉을 각색한 희곡 〈토끼와 자라〉에 나타난 갈등을 연극으로 표현하고, 모의 형사 재판으로 갈등을 해결하기	국어, 사회, 음악, 미술

연도	주제	내용	참여 교과
2019년	마을 이해 프로젝트	현지 조사와 면담하기, 기록물 제작하기	국어, 사회, 정보
	베플리 마켓 프로젝트	베플리 마켓에 출품할 수제청의 레시피 제작하고, 수제청과 마켓을 홍보하기 위한 문구 및 포스트를 제작하기	기술가정, 국어, 영어, 정보
2020년	마을 이해 프로젝트	현지 조사와 면담하기, 기록물 제작하기	국어, 사회, 음악

교과 통합 수업이 실행될 때에는 학년 부장이 유의해야 할 역할이 있다. 각 교과마다 계획한 시기에 맞춰 동료 교사들에게 안내하며 프로젝트의 진행 과정과 속도를 확인하는 것이다. 아주 단순한 일 같지만, 바쁘게 돌아가는 학교생활에서 교과 간의 진도 운영을 실질적으로 공유하여 때를 맞춰 수업을 하는 것은 놓치기 쉬운 일이다. 프로젝트가 진행되는 중에는 자연스럽게 교무실에서의 교사 간 대화 주제가 수업이 된다. 교과 간 통합 수업을 실행하는 과정에서 동료 교사들과 협의하고 협력하는 것이 절대적으로 필요한데, 이를 위한 별도의 협의 시간을 마련하여 만나는 경우도 있지만, 일과 중에 통합 수업에 대해 동료 교사와 이야기를 나누는 것은 협의 시간을 확보하는 차원에서도 좋고, 일상적으로 수업에 대해 이야기할 수 있어서 좋다.

교육과정의 변화를 도모하는 데 드는 교사의 수고로움과 애씀은 무엇을 위한 것일까? 교과 통합 교육과정 구성이라는 낯선 길을 헤매면서 걸어가고, 드러나는 것보다 눈에 보이지 않는 데 더 많은 시간을 들여 학생과 동료 교사들과의 배움을 기획하며 학교 생태계 속 경로 의존성을 벗어나기 위해 노력한다. 그 과정에서 가장 수고롭고 애쓰는 교사 자기 자신이 성장한다. 자신이 생각하는 좋은 교육이란 무엇인지, 교사로서 구현하고 싶은 교육 경험이 무엇인지, 이를 위해 실천할 수 있는 방안이 무엇인지 등 교사 자신이 추구하는 교육의 방향을 정립하는 데 기여한다. 무엇보다 학생의 배움과 성장에 기여할 수 있을 것이다. 잘 만들어진 어느 한 교육 경험만으로 학생의 배움과 성장이 가능하다는 것을 확언할 수 없다. 배움과 성장이라는 것이 본질적으로 확인 가능한 것인지 그 성격이 모호하다. 게다가 다수의 학생 중에 어느 누구에게 의미 있는 경험이 또 다른 누구에게는 그 의미를 찾지 못하고 지나가 버릴지 모른다. 그리하여 혹시나 교사들이 더 애를 쓰거나 수고로워야만 하는 과정의 길을 굳이 나서지 않을 지도 모르겠다. 그러나 교사는 애초에 희망을 보는 직업이기에 품이 든 것에 비해 부족함이 있더라도, 그 누군가에게 의미가 있다고 여겨지는 경험을 반추하고 다시 잘 기획하여 펼쳐내면 이전보다 더 여럿이 의미를 찾아가게 될 것이라는 기대를 한다. 이와 같은 경험의 과정에서 교사 자신이 성장하게 된다.

4. 제주 미래 교육을 위한 방향

업무 담당자이자 1학년 부장으로서 중학교 자유학기제를 운영한 경험을 성찰한 자기 연구를 통해 자유학기제와 마을 교육의 실천과 관련하여 다음과 같은 시사점을 얻을 수 있었다.

첫째, 단위학교 수준에서 교육과정을 '함께 만들어 가는' 경험을 기획하여 실천할 필요가 있다. 자유학기제 운영을 위한 교육과정 구성은 2월 안에 마무리되고 있다. 3월 개학일부터는 정상적인 교육 활동이 시작되기 때문이다. 수년 전부터 각 시도교육청마다 3월 이전에 학교 교육계획 수립 주간을 운영하고 있으나, 학교의 교육계획 수립 과정이 형식적이고 획일적으로 진행된다는 지적이 계속 제기되고 있다. 나 홀로 컴퓨터 앞에 앉아 문서상의 계획을 세우는 관행에서 벗어나야 한다. 학교 구성원 간의 협의와 성찰을 바탕으로 학교 수준과 학년 수준에서 비전을 설정하고, 이를 구현할 수 있는 교육과정을 개발·기획하는 작업을 실천해 보자. 이를 위해 다음 해 2월에 어떻게 교육과정을 함께 만들어 갈 것인지 지금부터 학교 안에서 구체적인 전략과 액션 플랜을 세우자. 모방할 만한 강력한 사례를 참고하는 것도 단위학교 수준에서 준비하는 데 도움이 된다. 이때, 제주도교육청이 길라잡이의 역할을 수행하는 데 주저함이 없어야 한다. 교육청이 단위학교의 자율성을 제한하는 것과 자율성을 끌어내고 지지해 줄 수 있는 것을 구분하고, 후자의 방향으로 학교를 지원하는 것은 교육청이 해야 할 본연의 과업이기 때문이다. 우연에 의해서가 아니라 의도적으로 기획된 과정이 '함께 만들어 가는' 질을 담보할 수 있다. 마을 교육과정을 비롯한 자유학기 교육과정 세우기가 2월 '함께 만들어 가는' 경험에서부터 시작된다는 점에 유의하자.

둘째, 자유학기제 업무 담당자 혹은 1학년 부장의 전문성을 길러내는 데 정책적 노력이 요구된다. 자유학기제 업무는 학년 단위의 교육과정을 편성하는 것에서부터 교육과정 재구성에 이르기까지 담당자에게 교육과정 전문성이 요구된다. 자유학기제 업무는 대개 1학년 부장이 맡아서 하는 편이다. 이미 오래전부터 학교 혁신의 흐름 속에서 학교 조직을 교육과정 및 학년부 중심으로 재구조화하는 작업을 진행하면서 자연스럽게 학년 부장에게 요구되는 전문성이 무엇이냐는 질문이 제기되고 있다. 업무의 재구조화를 넘어서 학교 조직을 학습 조직으로 전환하는 일환으로 학년부를 전문적 학습공동체로 운영할 필요가 있다. 이를 위해 학년 부장에게 전문적 학습공동체의 리더로서 역할도 요구된다.

셋째, 자유학기제를 경험한 교사의 성장 이야기를 축적하여 공유하는 것이 필요하다. 자유학기제는 일반 학기에 비해 의미 있는 교육 경험을 시도해 볼 수 있는 경험의 장(場)이 분명하다. 그러나 중학교 교사들에게 자유학기제 업무는 기피 일 순위가 되었다(김이경, 민수빈, 2015; 이은화, 신상명, 2016)고 할 만큼, 업무 부담이 큰 것이 사실이다. 그런데도 각 학교마다 부담을 안고 동료들과 더불어 자유학기 교육과정을 의미 있게 실행하고 있는 교사들이 있다. 그들이 자유학기제를 통해 교사로서 성장하는 데 의의가 있었던 경험이 무엇인지, 그 경험의 프로세스는 구체적으로 어떠하였는지, 교사 자신에게 그 경험의 의미는 무엇인지 등을 학교를 넘어 공유하자. 좋은 것이 확산하는 데 효과적이다. 또한 현장에서 축적된 경험을 성찰하고 다른 교사들과 교류함으로써 교사의 전문성을 기를 수 있다. 이때 단순히 무엇 무엇을 했다는 것을 전달하는 것이 중요한 것이 아니라 그것이 교사와 학생들에게 어떤 의미가 있었는가와 같이 의미와 가치의 확산과 공유가 강조되어야 한다.

넷째, 마을 교육을 실천하기 위해 마을로 걸음을 옮겨야 한다. 대부분의 교사들에게 마을 교육은 아직 생소한 영역으로 남아 있다. 왜냐하면 경험할 기회가 없었기 때문이다. 흔히 경험한 만큼 보인다는 말처럼, 경험을 수반하지 않은 것은 관념적으로만 이해하는 수준에 머무르기 쉽다. 마을 교육도 그렇다. 마을로 걸음을 옮기면, 등하교하며, 출퇴근하며 학생들과 선생님이 수없이 지나쳤을 학교로 이어지는 마을 곳곳이 새롭게 보일 것이다. 마을을 우리들의 좋은 배움터로 만들 수 있는 아이디어가 새록새록 떠오를 것이다. 필자가 속한 학교처럼 보통의 학교에서 처음 시도해 볼 만한 프로젝트를 기획하여 실천해 보는 것이 좋겠다. 첫발을 떼는 것 못지않게 중요한 문제는 어떻게 지속 가능한 마을 교육을 실천할 것인가이다. 일찍이 강원도의 한 중학교에서 마을과 함께 아이들의 교육을 고민하며 마을 학교를 운영한 사례를 기록한 글에서 '처음 하는 시도가 어려운 게 아니다. 중요한 것은 내실 있게 오래 가는 것이다'(최형규, 2019: 210)라고 하였다. 제주도교육청에서 2020년부터 마을 교육공동체 선도학교를 선정하여 운영하고 있는데, 이 학교들의 경험으로부터 시사점을 얻을 수 있을 것으로 기대한다. 또한 마을 교육공동체를 세우기 위해서는 지방자치단체의 적극적인 역할이 필수적이며, 교육청과 지방자치단체와의 협업이 요구된다.

'우리의 문제는 현장에 답이 있다'(변기용, 2018: 24)라며 교육현장을 들여다보아야 한다는 요구가 있다. 학교에서 많은 교사들이 수고로움과 애씀을 마다하지 않고 의미 있는 교육을 실천하는 이야기가 들려온다. 그 이야기를 통해 교사의 경험과 삶을 들여다보는 연구가 이어져 나가기를 기대한다. 그 이야기가 교사 자신에 의해 현장으로부터 나올 수 있다면 금상첨화다. 아울러 이 글에서 전하는 교사의 이야기가 자유학기제를 경험하였거나 앞으로 경험할 동료 교사들, 그리고 현장의 목소리를 귀하게 여기는 연구자들에게 닿을 수 있기를 바란다. 글을 마치며 처음 자유학기제를 도입했을 때 중학교에 어떤 교육이 필요하다고 생각하였는지를 다시 한번 머릿속에 그려 본다.

제7장

정승모

제주 국제학교의 IB 디플로마 핵심과목 내용과 지역 연계*

1. 들머리

IB 교육과정(International Baccalaureate, 국제 바칼로레아)은 1968년 스위스에서 개발된 이래로 세계적으로 확장되고 있으며 세계적으로 이동성을 지닌 국제학교, 외국인학교 및 특수목적 고등학교에서 운영되는 교육과정이다(IBO, 2019). 최근에는 국제학교를 중심으로 성장하던 IB 교육과정이 이제는 국내의 공교육 영역으로도 확장하려는 모습을 보인다. 제주특별자치도교육청(이하 '제주도교육청'이라고 함)과 대구광역시교육청(이하 '대구시교육청'이라고 함)은 2020년 IB 교육과정의 운영을 목표로 2019년 4월 IB 교육과정을 운영하는 IBO와 교육과정에 대한 한글화 협의를 하였고, 교사 연수와 운영 예산 확보 등

* 이 글은 '정승모, 권상철(2019). IBDP(디플로마) 핵심과목의 내용과 지역 연계: 제주국제학교의 사례 검토, 한국지리환경교육학회지, 27(4), 17-38.'의 내용을 일부 수정·보완한 것임.

을 통해서 IB 교육과정의 공교육에서의 도입 의지를 드러내고 있다.

IB 교육과정의 도입 현황을 자세히 살펴보면 국내에서 IB 교육과정을 운영하는 학교는 13개교이며 2019년 7월까지 PYP 교육과정 9개교, MYP 교육과정 8개교, DP 교육과정 11개교, CP 교육과정 1개교가 운영 중이다. 학교별로는 외국인학교 및 유치원 9개교, 제주국제학교 2개교, 외국 교육기관 1개교, 외국어고등학교 1개교이다(IBO, 2019). 제주도교육청과 대구시교육청은 2019년 4월 IB 본부와 한국어 번역과 한국어 채점관을 양성하기로 하고 예산은 두 교육청이 지불하기로 하였다. 이 자리에서 제주도교육청은 1개의 시범학교운영, 대구시교육청은 35개의 IB 관심 학교와 1개의 후보학교 신청 계획을 밝혔다.

IB 교육과정의 세계적인 성장과 국내의 도입 시도와는 다르게 한국에서는 IB 교육과정의 공교육 도입에 대한 합의는 아직 이루어지지 않았다. IB 교육과정의 공교육 도입에 찬성하는 측에서는 IB 교육과정을 통한 평가 혁신, 논술형 교육의 도입을 통한 4차 산업시대의 대비 등을 들고 있다. 그러나 국내 교육계가 논술형 평가를 개발할 수 있는 역량이 있다는 점과 함께 IB 교육과정은 서구 중심의 사관을 반영한 교육이기 때문에 한국 사회에 적용하기에 적합하지 않다는 비판이 있다(사교육걱정없는세상, 2019; 인터뷰 365, 2019). 현재까지 IB 교육과정에 대한 쟁점은 이처럼 평가 및 논술형 교육을 해외에서 받아들여야 하는지에 대한 여부와 내용이 국내 교육과 맞지 않는 방식의 교육이라는 두 논의로 흐르고 있다. 이는 다른 국가의 IB 교육과정의 공교육 도입에서도 발생할 수 있는 논쟁이다. 이스라엘에서도 IB 교육과정의 공교육 도입에 대한 교육 관련자들의 인식은 로컬과 글로벌 가치의 긴장을 드러내는 논쟁으로 이어지곤 한다(Yemini, 2015). 즉 IB 교육과정의 글로벌한 가치와 우수성을 인정하지만 교육이 이루어지는 지역의 역사와 문화에 대한 내용의 부족에 대한 우려가 제기되는 것이다.

이처럼 IB 교육과정의 도입에 대한 비판 중에서 해외의 교육과정이라는 거부감과 국내의 상황과 연계가 부족하다는 비판은 IB 교육과정의 적용 대상이 공교육이라는 특성을 고려하였을 때 주목할 만하다. 해외 교육과정이라는 관점에 대해 '사교육 없는 세상'은 IB 교육과정의 지역 연계에 대한 정확한 판단은 유보하면서 'IB 교육과정을 통해서 만들어 낼 인재상이 실제로 얼마나 한국인다움과 국제적 마인드를 동시에 갖는 사람으로 키워낼 것인지에 대해서 적합성 검토'가 필요하다고 보았고(사교육걱정없는세상, 2019) 전교조 제주지부는 'IBDP 학교 도입은 지역에 관한 이해와 정체성을 담아내지 못하고 입시를 위한 특권 학교로 운영될 수 있다'라면서 'IBDP는 서구의 문화를 통합한 지식과 이해로 지역 정체성과 인식은 없다'라고 비판하였다(인터뷰 365, 2019). 전교조 제주지부는 IBDP 과정에서 나타나는 문제점을 명확히 안내해야 한다고 주장하면서 여섯 가지 반대 주장 중 하나로 IBDP는 지역에 대한 이해와 정체성을 담아내지 못한다고 주장하였다. 사교육걱정없는세상은 비교육적 입시 사교육을 제거하려는 대중운동으로 IBDP 한국어화보다 정부가 논술형 국가시험을 도입해야 함을 주장하면서 국가의 교육과정이 가지는 그 나라의 특수한 가치와 IBDP가 공존할 수 있을지 적합성을 검토해야 함을 제시하였다.

IB 교육과정에 대한 이와 같은 비판을 정리하자면 IB 교육과정은 전 세계를 대상으로 하는 교육과정이기 때문에 학습에 있어서 보편적 가치를 강조하게 되고 운영상으로는 어느 곳에서나 적용이 가능한 범용적인 구조를 가지고 있기 때문에 지역에 대한 관심과 특수성이 국가의 교육과정에 비해 IB 교육과정은 약화되어 있다는 시각이다(Paris, 2003; Drake, 2004; Wylie, 2008; Bunnell, 2010). 이는 IB 교육과정의 시초가 서구의 외교관 자녀를 위해서 만들어진 교육과정이고 지역의 학생들을 염두에 두고 개발한 교육과정이 아니기 때문에 지역적 가치와 특색이 교육과정에 반영되어 있지 않고 이러한 이유로 공교육에 전면적으로 적용하기에 맞지 않다는 관점이다(Poonoosamy, 2010). 만약 지역과의 연계가 IB 교육과정에 결여 되어 있고 보편적 가치와 범용적인 운영으로만 IB 교육과정이 구성되었다면 IB 교육과정을 한국의 공교육에 도입하는 것은 논란이 될 수 있다(Bunnell, 2016). 왜냐하면 공교육은 지역사회와 국내의 가치 및 요구를 수용하여 학생들에게 실재하는 우리 사회에 대한 관심, 지식 및 지역의 문제 해결 등을 교육 활동을 통해 가르치고 다루어야 할 공적인 성격을 가지고 있어야 하기 때문이다(Olsen, 1953; Epstein, 1995; Schafft & Biddle, 2013; Arum, 2000). 만약 IB 교육과정의 도입을 통해 지역과의 연계가 약화되고 학생이 IB 교육과정을 통해 학습에 있어서 주변 사회의 가치와 관심의 측면에서 단절이라는 흐름을 보인다면 이는 IB 도입에 또 다른 논란이 될 수 있다.

지금까지 IB 교육과정의 지역 연계에 대한 논의는 한국에서 그동안 본격적으로 논의되지 않았다. 그 이유는 IB 교육과정을 제한된 기관 또는 공간(국제학교, 영어 교육도시)에서 실현하거나(정승모, 권상철, 2018), 기존의 한국 교육과정을 유지하면서 필요한 학생들에게 IB 교육과정을 선택하도록 하면서 한국 교육 시스템을 보조하는 형태로(외국어 고등학교 국제반) 적용을 해 왔기 때문이다(박하식, 2014). 그러나 지역교육청들이 IB 교육과정을 공교육에 도입하려는 시도는 모든 학생을 대상으로 하는 공교육의 교육과정을 국제교육과정으로 전환하겠다는 의미로 이전처럼 IB 교육과정을 국내 교육과정에서 격리된 곳에서 운영하거나 보조하는 범주로 두는 것과는 다른 교육환경의 구조적인 변화라고 볼 수 있다. 이는 필연적으로 IB 교육과정에 대해 한국 사회, 한국의 가치 및 학교 주변의 지역사회를 수용할 수 있는 교육과정인지 여부에 대한 궁금증을 불러일으키며 공교육 도입에 앞서 한국 사회에 IB 교육과정 적용이 적합한지에 대한 검증을 필요로 하게 된다.

이 연구에서는 IB 교육과정 중고등학교 과정을 중심으로 IB 디플로마(DP) 교육과정 속의 지역 관련성 반영 여부를 확인하고자 한다. 이를 위하여 먼저 IB 디플로마 교육과정의 구조를 분석하였고 IB 디플로마의 교육 철학이 잘 드러나면서 동시에 참여자가 필수로 이수해야 하는 IB 핵심과목의 지침을 확인하여 IB 교육과정이 지역 연계를 어떻게 수용하는지 확인하였다. 이어서 분석된 내용을 바탕으로 IB 디플로마 교육과정을 운영하는 제주 국제학교 한 곳을 선정하여 졸업생 전체의 IB 핵심 교과의 학습 활동을 분석하여 실제 IB 디플로마 핵심 교과의 운영에서 지역 관련성이 어느 정도와 어떤 유형으로 드러나는지 운영의 실재를 확인해보려는 목적을 가진다.

연구 대상이 되는 국제학교는 국내의 유학 수요를 감당하려는 목적으로 11년 전인 2011년에 설립되었다. 따라서 11년 전에 새로 생겨난 학교 앞을 거주지로 삼고 있다는 것은 국제학교가 위치한 지역이 학생의 성장 및 정체성을 형성하며 지낸 배경을 지닌 학생일 가능성보다 국제학교에 재학하기 위해 위치한 지역으로 이주한 학생일 가능성이 높고 이는 국제학교가 위치한 지역에 대해 약한 지역성을 가지고 있는 학생일 가능성이 높다. 이러한 조건에도 불구하고 국제학교를 둘러싼 로컬, 즉 제주 및 한국이라는 지역적인 배경은 물리적인 생활의 반경으로 모든 학생이 대상 지역에서 지내고 있다는 점과 오랜 재학 기간으로 볼 때, IB 핵심 교과의 연구와 관심의 대상으로 학생이 학교가 위치한 지역을 고려할 수 있는 요건이 된다고 보았다.

학교 내의 사례의 대상으로 IB 디플로마를 운영하는 학교에서 IB 핵심 교과인 지식론(TOK), 소논문(EE), 비교과 활동(CAS)을 살펴보면서 지역성이 국제학교의 실재에 어떻게 드러나는지 확인해보았다. 또한 확인된 범주를 통해 IB 핵심과목에서 지역성을 드러내는 빈도를 찾아 학생이 IB 핵심과목을 수행하는데 지역성을 자신의 활동 및 연구에 어느 정도 출현하는지 확인하였다. 마지막으로 학생들의 활동 및 연구의 사례를 직접 들여다보고 어떠한 유형과 방식으로 지역성을 나타내고 있는지 판단하였다.

2. IB 디플로마(DP) 교육과정과 핵심과목

IB 교육과정의 역사는 1968년 공식적으로 고등과정인 IB 디플로마부터 시작되게 되었고 시간에 따라 교육과정을 늘려나가 현재는 초등과정(Primary Years Program), 중등과정(Middle Years Program), 고등과정(Diploma Program) 및 직업교육과정(Career-related Program)으로 나뉘어 운영되고 있다. IB 교육과정은 1968년 시작된 이래 외교관, 국제기구의 자녀들을 대상으로 소규모로 운영되다가 1990년 이후부터 세계적으로 확장하여 2018년 기준으로 9,549개의 학교에서 5백만 명의 학생들이 IB 교육과정으로 학습하고 있다. IB 교육과정은 스위스에서 고등과정을 시작으로 영어, 프랑스어, 스페인어로 제공되다가 최근에 일본 정부와 협력하여 일본어 IB가 추가되었고 같은 방식으로 한국어 IB도 추진 중이며 세계적으로 빠르게 성장하고 있는 교육과정이다. 고등과정인 IB 디플로마의 경우 최근에 빠르게 성장하고 있는데 IB 디플로마 취득 시험 지원자가 2010년 55,743명에서 2017년에는 92,746명으로 7년 사이에 63%의 성장을 기록할 정도로 빠른 성장을 보인다(IBO, 2018).

IB 교육과정은 국제 교육의 이념을 가지고 1960년대 시작한 이래로 세계화의 흐름과 국가 교육과정과의 대비를 통해서 그 정체성이 복잡하게 분화되었는데, IB 교육과정의 정체성은 이념적 그리고 실용적 측면의 교육적 측면에서 파악된다(IBO, 2018). IB 교육과정은 이념적으로는 국제적인 이해를 촉진하려는 목적을 가지고 있으며 세계 평화를 추구하는 세계시민을 길러 낸다는 이념을 가지고 있다. 이는 IB의 이념을 담은 IB 학습자상(像)에 분명하게 드러난다. IB 교육과정의 학습자상에서는 '지구를 보호하려는 공유된 생각과 공통된 인간성을 바탕으로 평화롭고 더 나은 세상을 만드는 것에 일조하는 세계적 시각을 가진 사람으로 발전시키는 것을 목적으로 한다'(IBO, 2018)라고 제시하고 있다. 즉 IB 교육과정의 학습자상에 나타난 IB 교육과정이 추구하고자 하는 가치는 한 국가의 이해와 상황을 넘어선 수준이며 이는 평화나 배려, 성찰처럼 보편적으로 적용 가능한 가치들이다. 이를 실현하기 위해서 IB 교육과정을 이수하는 학습자가 가지는 역량을 10가지 학습자상으로 제시하였는데 내용은 다음과 같다.

〈표 1〉 IB 학습자상

역량	내용
탐구하는 사람	호기심과 탐구 및 연구 기술의 배양, 배움에 대한 애정을 키우기
지식이 풍부한 사람	개념적인 이해, 과목 간 탐구, 지역과 세계적 사건에 관여하기
생각하는 사람	비판적이고 창의적인 사고, 합리적이고 윤리적인 결정을 내림
의사소통하는 사람	하나 이상의 언어를 사용, 다른 집단에 효과적으로 협력하기
원칙을 지키는 사람	진실, 정직, 공정성 지키기, 사람에 대한 존엄, 권리, 책임감 가지기
마음이 열린 사람	가치, 문화를 비판적으로 검토하며 다양한 관점을 경험으로 추구
배려하는 사람	공감, 동정, 존중, 봉사에 대한 헌신
도전하는 사람	새로운 생각, 혁신적인 전략으로 회복력을 가지고 도전하기
균형 있는 사람	자신이 사는 세상과 타인이 사는 세상과의 상호의존성을 인정하기
성찰하는 사람	사려 깊은 태도, 스스로의 강점과 약점을 이해하기

※ 출처: IBO 가이드 문서 학습자상(2018).

IB 교육과정의 정체성은 실용적인 것으로 바라볼 수 있다. 이는 세계적으로 적용이 가능한 교육과정을 운영하는 것으로 세계적 이동성을 지닌 학생들이 지역적 한계를 넘어서 학업을 수월하게 이어갈 수 있게 하는 동시에 전 세계의 대학에 입학할 수 있는 자격시험으로 인증된다는 점에 IB 교육과정의 실용적인 정체성이 있다(Cambridge & Thompson, 2010; Bailey, 2015). 실제로 IB 교육과정을 이수하는 제주 국제학교의 학생들은 졸업 후 IB 디플로마 학위를 가지고 미국, 영국, 홍콩, 싱가포르, 캐나다, 호주 등의 전 세계의 고등교육기관으로의 입학 및 학업을 확장해 나갈 뿐만 아니라 국내의 대학에서도 수능 및 한국 고등학교 졸업 자격이 아닌 IB 디플로마 학위를 통해서 입학하고 있다. 이러한 IB 교육과정의 실용적 성격은 국가 교육과정이 아닌 IB 교육과정을 선택하는 이유로 교육에서의 연속성과 질, 미래 진로의 선택 가능성을 최대화하며, 학생들은 자신의 진로로 초국가적인 미래를 추구하고 가능하다면 국경을 초월한 세계로 나가려는 동기를 지닌다(Doherty et al., 2009).

IB 교육과정은 전통적인 교육방식과는 다른 교육적 정체성을 형성하고 있다. 즉 IB 교육과정은 전통적인 학습 방식인 과목으로 구분된 백과사전식 지식의 강조보다는 인문적 소양, 실험 과학 및 경험적인 학습의 균형 잡힌 학습 프로그램을 통해서 비판적인 사고능력을 증진해 나간다는 교육학적 함의를 가지고 있다. IB 교육과정의 교육적 정체성은 고등과정인 디플로마 프로그램 모델을 통해서 [그림 1]과 같이 설명될 수 있다. 고등과정인 IB 디플로마 모델은 제일 중심에 IB 학습자상을 위치시키고 있다. 이는 IB 교육과정의 이념적 정체성에서 설명한 IB 학습자가 갖추어야 할 10가지 역량이다. 이를 달성하기 위해 가르침과 학습에 대한 접근방법이 제시된다. 학습에 대한 접근(ATL)이란 IB 교육과정을 학습하는 과정에서 사용하는 접근방식인데 배움의 방법으로 5가지(사고 기술, 의사소통 기술, 사회적 기술, 자기관리 기술, 연구 기술)의 방법이 있고, 가르침의 방법으로 6가지(질문에 기초, 개념적 이해, 지역과 세계에 대한 자료의 사용, 효과적이고 협력적인 팀워크, 학습자에 따른 개별화, 형성, 총합 평가의 사용)가 있다. 다음으로 구체적인 학생의 배움의 활동이 드러나는데, IB 핵심 교과라고 불리는 지식론(TOK), 소논문(EE), 창의·활동·봉사(CAS)가 자리 잡고 있다. IB 핵심 교과목들은 전통적인 방식의 구분된 교과목과는 다른 통합, 경험적 교과의 특성이 있고 IB 교육과정의 철학이 잘 드러나기 때문에 다른 교육과정들과 IB 교육과정이 구분되는 특징으로 제시된다.

IB 핵심교과목의 이념적 바탕에는 UWC(United World College) 운동이 있다. UWC(United World College)는 1962년 독일의 교육학자 Kurt Hahn에 의해서 시작된 것으로 그의 아웃워드 바운드 운동(Outward Bound Movement)에 의해서 설립된 학교이다. 이 학교는 사회, 신분, 경제력이나 문화에 대한 배경의 요인에 상관없이 학생의 잠재력과 동기에 의해서 학생을 선발하고 이를 위해 장학금 제도가 발달해 있다. 현재는 세계적으로 17개의 학교가 있다(Cambridge et al., 2010).

이는 학습에서의 인격 형성을 위해 경험적 학습 철학을 강조하는데, 행동을 통해 현재의 사회에 기여하는 방식인 IB 핵심 교육과정인 CAS, EE, TOK 형성에 영향을 주었다(Cambridge & Thompson, 2010). 가장 바깥쪽에는 6가지 선택 과목이 있는데 언어 습득, 언어와 문학, 사회, 과학, 수학, 예술이 자리하고 있다. IB 디플로마 모델의 구성 층위는 서로 유기적으로 영향을 주고받는다. 가르침과 학습에 대한 접근은 IB 학습자상을 구현하고자 하는 방법이고, 이들은 나머지 가르침과 학습의 방법 및 목적에 지속해서 영향을 준다. 선택 과목들에서 학습한 내용이 소논문과 지식론의 아이디어로 제공되거나 봉사 활동의 수행에 영향을 미치는 등의 방식으로 연관된다.

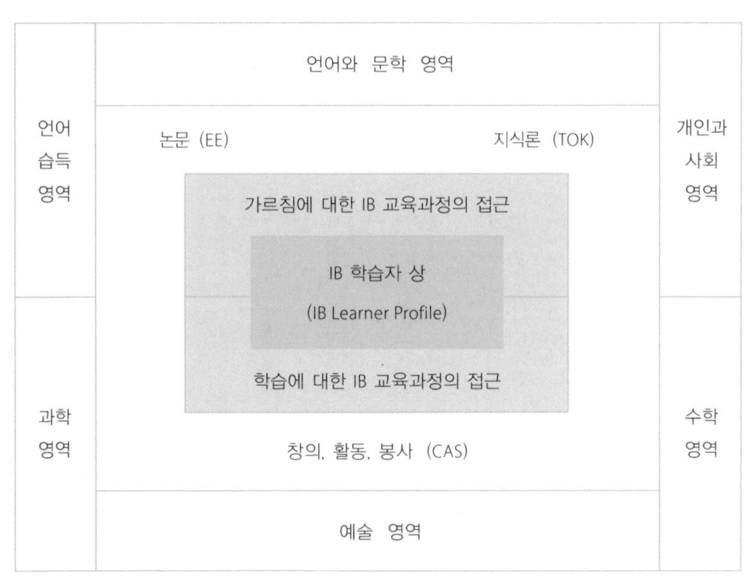

※ 출처: IBO(2017)

[그림 1] IB 디플로마 모델

IB 교육과정의 이념적 그리고 실용적 정체성을 고려한다면 IB 교육과정의 공교육 도입 중에 발생하는 찬반 논쟁의 핵심인 IB 교육과정의 지역 연계에 기초한 교육에 대한 의문은 자연스러운 현상으로 보인다. IB 교육과정은 인문, 실험적 학습을 중심으로 경험적인 학습 경험을 제공하며 균형 잡힌 사고를 바탕으로 비판적 사고력을 배양시키는 구조로 되어 있다. 이는 위에서 살펴본 것처럼 IB 교육과정이 세계적으로 확장하고 있는 동기이며 고등 교육기관까지 IB 교육과정의 교육학적 가치를 인정하고 있다. 그러나 이러한 이념적, 실용적 정체성이 국가의 지역적 가치를 반영하는지에 대한 여부와 교육과정 속에서 지역사회 수용이 이루어지는지에 대한 의문은 낳게 한다. 왜냐하면 IB 교육과정의 보편적이고 범용적인 정체성이 지역의 특수성을 간과하거나 외면하는 방식으로 운영될 수도 있다고 추측할 수 있기 때문이다.

IB 교육과정의 정체성을 고려할 때 IB 교육과정의 공교육 도입의 문제에 있어서 지역 관련성의 반영 여부는 교육적 가치를 논하기 위해 논쟁의 핵심적 측면으로 검토가 필요하다. 더욱이 IB 교육과정의 성공적 수행에 있어서 지역 연계를 핵심적 측면으로 볼 수 있는 이유는 IB 핵심 교과의 이념적 바탕을 차지하고 있는 UWC의 경험적 학습 철학을 전 세계를 대상으로 보편적인 방식을 통해 제시되는 지침의 한계를 극복하고 다양한 지역에서 경험적인 방식을 통해 IB 교육과정의 이념적 지향을 구체적으로 구현하는 키워드가 될 수 있기 때문이다. 따라서 IB 교육과정의 이념적, 실용적 정체성이 교육적 목적을 위해 유기적으로 작동하기 위해서는 IB 교육과정 속에 지역과의 연계가 어떻게 얼마나 수용되어 있는지 확인할 필요가 있다.

3. IB 핵심 교육과정과 지역 연계

1) IB 핵심 교육과정의 구성

TOK는 지식 이론의 과정으로 지식의 본질에 대한 탐구와 모든 과목에 대한 배움의 과정, 그리고 과목 간의 연결성에 대해 학습하는 과정이다. 이를 위해서 특정 사회적 이슈를 사례로 하여 지식 이론의 쟁점과 해석을 프레젠테이션으로 발표하고 매년 IBO가 제시하는 지식 이론 관련 토픽 중에서 하나의 문제에 대해 심도 있는 분석과 논리를 1,200~1,600 단어 분량의 논문으로 작성하는 과정으로 최소 100시간의 학습이 필요하다. TOK의 역할은 공유된 지식과 개인화된 지식 사이의 연결을 강조하려는 것인데 이런 방식을 통해서 개인은 자신의 관점을 알게 되고 타인과의 차이를 인식하게 만드는 것이다(IBO, 2019).

TOK를 통해서 얻기를 기대하는 역량은 첫째, 지식의 구조에 대해서 학문적 범주와 넓은 세계의 관계에 대해 지식의 구조에 대해 비판적 시각을 가지게 됨으로써 둘 사이의 연결성을 확인하게 하는 것이다. 둘째로 개인과 집단이 어떻게 지식을 구성하고 이렇게 구성된 지식이 어떻게 비판적으로 검증되어야 하는지 아는 것이다. 셋째 문화적 관점에 대한 다양함과 개인적, 이념적 가정에 대한 흥미를 발달시키는 것이다. 네 번째로 개인적 신념과 가정에 대해 비판적으로 돌아보는 것으로 사려 깊고 책임감 있으며 목적을 가지는 삶을 살아가게 하는 것이다. 마지막으로 지식은 행동과 헌신을 요구하는 책임을 가져온다는 것을 알게 하는 점이다. 이러한 다섯 가지 목적을 달성하기 위해 TOK를 학습하게 되는데 TOK의 구체적인 네 단계의 학습 내용은 다음과 같다.

〈표 2〉 TOK 학습 내용 중 지역 연계 관련 내용 일부 선별

학습 단계	TOK의 학습 내용
지식의 의미	- 지식은 세계의 한 면을 설명하는 것을 인식하기 - 개인화된 지식(개인의 앎의 과정에서 도달하는 결론)과 공유된 지식(모둠이나 여러 사람의 협력을 통해 알게 된 것)으로 나누기 - 공유된 지식과 개인화된 지식의 관계, 두 지식 사이의 균형을 확인하기
지식에 대한 주장과 질의	- 지식에 대한 질의를 할 때는 특정 내용이 아닌 지식 자체에 대한 질의를 해야 함 - 질의는 논쟁의 여지가 있음, 대답이 여러 개 나올 수 있음 일반적 용어를 사용해서 질의해야 함.
앎의 방법	- 앎은 8가지 방법(언어, 인식, 감정, 논리, 상상, 신념, 직관, 기억)이 있고 서로 상호작용 하면서 작동함 - 앎의 방법을 통해 우리와 내가 어떻게 알게 되는가를 확인함
지식의 영역	- 지식의 영역은 8가지(수학, 자연 과학, 인문 과학, 역사, 예술, 윤리, 종교 지식 구조, 토착 지식 구조)가 있음 - 지식의 8가지 영역을 학습하기 위해서 지식 프레임워크를 사용

※ 출처: IBO(2019).

EE 과정은 높은 수준의 연구와 글쓰기 능력을 배양시키고 지적 발견과 창의성 신장을 위한 활동으로 4,000자의 논문을 쓰는데 대상으로는 개별 과목이나 두 과목 간의 통합을 통한 World Studies Essay 방식 중 하나를 선택하여 관심 있는 분야에 대한 조사와 연구를 하게 된다. 논문을 쓰는 과정을 통해 대학에서 요구하는 독립된 연구 능력을 기르는 것을 목표로 하고 있다. 이를 위해서 EE 과정에는 공식 연구 발표, 구조화된 글쓰기가 있는데 EE를 쓰는 과정에서 지도교사와 정기적인 면담을 통해 자료와 정보 조사, 실험과 데이터 수집, 자료와 정보의 분석, 논문 개요 작성, 그리고 참고 문헌 작성 등의 과정으로 학술 논문 작성 방법과 과정을 체험하고 배우게 된다.

IBO에서는 EE를 가르치기 위한 여섯 가지 접근방법과 다섯 가지 배움의 접근방법을 제시하였는데 가르침에 대한 접근은 첫째, 주제에 대하여 실험적, 문제 프로젝트 기반, 사례 기반, 발견 학습 등의 형태인 질문에 기초한 연구 접근을 해야 하며 둘째, EE를 수행하면서 연구에 대해 개념적 이해를 해야 하고 셋째, 삶에 대한 연구로 사례연구의 대상을 지역과 세계적 이슈와 연계하여 실제 삶과 연관된 사례를 드는 것을 제시한다. 특히 지역적 사례의 중요성은 World studies Extended Essay를 선택한 학생에게 중요하다. 넷째, 효과적인 팀워크와 협력을 중시하며 다섯째, 모든 학습자에 적합하도록 가르침을 학생에 맞추어 개별성을 두어야 하며 마지막으로 평가에 대한 가르침이다. 배움에 대한 접근은 사고능력, 의사소통 능력, 사회적 능력, 자기 관리 능력, 연구 능력이 제시된다. EE의 네 가지 평가 기준은 지식과 이해의 정도, 방법의 적용과 분석의 수준, 표현과 검증의 방법, 연구 기술의 사용이 있다(IBO, 2016). 그 평가 기준은 〈표 3〉과 같다.

〈표 3〉 논문에서의 평가 기준

평가 범주	관점과 방법	지식과 이해	비판적 사고	발표	관련성
평가 항목	주제 연구 질문 연구방법	내용 관련 용어 사용과 개념	연구 분석 논의와 평가	구조 레이아웃	과정 연구 초점
점수	6	6	12	4	6

※ 출처: IBO(2016: 98).

CAS 과정은 창의, 활동, 봉사 활동 과정으로 비교과 경험을 제공하는 것에 그 목적이 있다. 창의 활동에서는 창의적인 예술 활동이나 창조적인 기획 활동 등에 참여해야 하고 활동 분야에서는 건강한 신체와 삶의 방식을 위해 다양한 스포츠에 참여하여야 하며 봉사 활동에서는 지역사회에 기여하고 봉사하는 활동에 참여하여야 한다. CAS는 18개월 동안 이루어지는 활동으로 실제 활동과 더불어 포트폴리오를 작성하여야 한다. 또한 CAS를 통해서 기대하는 모습으로 7가지 기준을 제시하였는데 자신의 강점과 성장 영역에 관하여 확인하기, 도전적인 과제를 감당하였고 과정 중에 새로운 기능을 습득하였다는 증명하기, CAS 활동의 추진, 계획을 어떻게 하였는지 증명하기, CAS 활동 중에 헌신과 인내를 보이기, 협력의 기술을 증명하고 협력의 이점을 인식하기, 세계적 중요 이슈에 대해 어떻게 연관되었는지 증명하기 그리고 행동을 할 때 윤리적 고려를 해야 함을 알기 등이다(IBO, 2015). 이러한 기대 효과는 CAS 활동을 마치는 과정에서 학생에게 리뷰 활동을 통해서 돌아보게 한다. 그리고 추진력과 협력, 문제해결력과 판단력을 보여줄 수 있는 1달 이상의 CAS 프로젝트의 기획, CAS 담당자와 세 번의 인터뷰를 통한 점검 그리고 되돌아보기(Reflection) 과정을 따라가게 된다.

이러한 일련의 과정을 'CAS 단계'라는 형태로 제시하는데 학생은 궁금증과 흥미를 느끼게 되면서 개인적 성장과 발달을 도모할 수 있는 활동 영역에 대해서 조사를 하고 조사 과정에서 자신의 역할과 책임을 인식하면서 해야 할 활동에 대한 계획을 세우고 필요한 자료와 시간 계획, 활동에 필요한 기능적 요소 등을 확인하는 등 활동을 준비하며 이를 바탕으로 판단력과 문제해결력을 요구하는 단계인 직접 활동에 참여하게 되는 순환 구조를 나타내고 있다. 모든 과정에는 숙고 및 성찰하는 행동이 필요한데 이것은 안쪽 순환 구조 중에서 어떤 일이 일어났는지, 무엇을 느끼고 무슨 아이디어를 내었고 질문을 하였는지 돌아보는 것이다. 이를 통해 CAS 활동에 대한 더 깊은 이해를 하고 계획을 수정하며 배운 점을 알게 성장과 성취, 개인적 앎에 대한 연결성을 점검하게 된다. 바깥 순환 구조에서 시연하는 활동이 존재하는데 이것은 학생의 성취와 배운 점을 분명히 하는 것이다. 자신의 CAS 과정을 담은 포트폴리오를 공유하는 것으로 자신의 앎에 대해 공고히 하며 이룬 활동에 대한 타인의 반응 또한 불러일으키는 과정이다.

IBO에서는 핵심과목 TOK, EE, CAS는 단절된 것이 아니라 통일성을 가지고 있어 이들을 통해 배움의 연결성, 동시성, IB 학습자상의 실현, 개별 과목에 대한 넓은 이해를 달성할 수 있다고 보고 있다. 중요한 것은 여기서 제시하는 통일성이란 유사함을 뜻하는 것이 아니라 세 과목이 유기적으로 작용하면서 공통된 목표를 추구하게 된다는 점이다. IBO에서 제시하는 핵심과목의 통일성 사례는 다음과 같다.

〈표 4〉 IB 핵심 교육과정의 통일성 사례

과목 간	IBO에서 제시하는 통일성 사례
CAS와 개별 과목	- 지역에 사는 사람들에 대한 역사적 기록을 하여 지역의 필요를 채워주는 사회적 기업 활동하기 - 어린 학생을 위한 천문학, 수학 클럽 만들기, 자연 보호 활동이나 학교 걸어가기 운동 벌이기, 양로원이나 병원에서 댄스 수업이나 공연, 전시회 펼치기

과목 간	IBO에서 제시하는 통일성 사례
CAS와 TOK	- CAS를 통해 배운 개인화된 지식을 TOK를 통해 공유, 구성된 지식으로 전환하기 - TOK를 통해 알아본 윤리적 구조에 대해 CAS로 경험해 보기 - 공연 예술에 참여하고 직관과 상상력의 역할을 돌아보며 앎의 방식에 대해 고민하기
CAS와 EE	- CAS를 통해 지역적 수준에서 흥미를 느낀 글로벌 이슈를 EE로 탐구하기

※ 출처: International Baccalaureate Organization(2015: 13).

세 핵심과목의 통일성을 통해 달성하고자 하는 목적은, 첫째 각 과목에 풍부함을 더해주는 동시에 개별 과목들이 핵심과목들을 뒷받침을 하는 방식으로 양방향 소통을 만들어 낸다는 목적이다. 구체적으로 각 선택 과목을 학습할 때, TOK를 통해 얻은 비판적 사고를 바탕으로 선택 교과를 학습하거나 학생들이 가지고 있는 개별 과목의 지식을 바탕으로 봉사 활동에 활용하는 것, 관심을 가지고 EE에서 정한 주제를 과목의 영역에서 바라보는 것 등이다.

둘째로는 자신의 가치와 행동에 대해 돌아보는 기회를 제공하고 지역과 세계를 이해하는 것으로 정체성을 확인해야 한다는 자기 인식과 정체성 인지 발달의 목적을 가지고 있다. 구체적으로 TOK를 학습하면서 다른 배경과 관점을 가진 상대와 의사소통하면서 스스로가 가진 가치에 대해서 되돌아보게 되고 도움이 필요한 영역에 대해서 CAS 활동으로 헌신하는 경험을 통해서 도움 및 타인에 대한 옹호(Advocacy)라는 것에 대해 깊게 탐구하게 되며 EE를 쓰는 과정을 통해서 자신의 강점과 흥미를 발견하게 한다는 점이다.

마지막으로 학생은 글로벌한 이슈를 다루는 동시에 지역과 세계가 연결됨을 이해하게 만들어야 한다는 세계 시민성의 획득이라는 목적이다. 이를 위해서는 핵심과목에서 세계적 중요성을 지닌 이슈를 지역과 세계의 연결

관계 속에서 학생이 검증해 보는 경험을 제공하여야 한다고 제시한다. 구체적으로 TOK를 통해서 어떻게 문화 간 관습이 현재의 지식 구조를 다르게 만들어 내게 되었는지를 통해 문화 간 다른 관점의 차이를 강조하고 동시에 세계적 이슈를 다루는 CAS 활동이 지역적으로 발생하는 모습을 발견하게 되며 또한 EE의 종류 중 하나인 세계 연구 논문(World studies extended essay)에서 세계적 이슈를 다루는 것으로 과목 간 연계된 학습을 할 수 있다는 것이다.

IB의 세 핵심과목에 담긴 교육방법 및 철학과 핵심과목들 사이 또는 핵심과목과 개별 과목들 사이의 유기적인 통일성 강조를 볼 때, IB 교육과정의 수행에 있어서 지역성의 개념은 중요하게 부각되게 된다. 왜냐하면 지식의 구조를 파악하는 TOK와 사회에 대한 관심을 가지고 연구에 참여하는 EE, 그리고 사회의 참여를 위한 CAS 모두 지식으로만 습득되는 개별 교과에 기반을 둔 학습이 아닌 통합적인 방식으로 사회에 대한 본질적, 실제적 관심과 참여를 추구하고 있고 이를 위해서는 학습 현장과 관련된 지역에 대한 연결성을 강화하는 것이 필요하기 때문이다. 예를 들어 지식의 구조와 앎에 대한 이론은 학습자가 가진 배경, 즉 학생이 형성해 온 인지적 형태의 지역성을 반추해 보는 과정을 통해 지식의 본질을 스스로 검증해 볼 수 있으며 논문을 쓰는 과정에서도 개별 교과를 통해 학습된 내용을 구체화하여 비판적인 관점으로 사례를 들여다보기에 지역성을 띠는 대상이 유용할 수 있으며 창의, 활동 봉사의 배경으로 지역에 참여 및 기여하는 것이 IB 교육과정에서 강조하는 주변 사회에 대한 관심과 참여를 통해 세계적 이슈를 지역적 수준에서 학습하는 것으로 연결될 수 있고 이를 통해 궁극적으로 다른 배경과 관점을 가진 상대를 이해할 수 있는 세계적인 마음가짐(International Mindedness)을 지닌 개인을 길러낼 수 있기 때문이다.

2) IB 핵심 교육과정의 지역성 실재

IB 디플로마의 세 핵심과목에서 지역성에 대한 논의는 '로컬'이라는 용어가 몇 차례 강조된 것에서 찾을 수 있다. 먼저 TOK에서는 세계 시민성을 학습하기 위한 방법으로 문화적으로 다른 관점에 대한 강조와 문화적 전통이 현재의 지식 구조에 어떻게 기여하였는지를 지식의 특징을 학습하면서 알게 된다고 제시되고 있다. 이는 물리적인 지리적 요소가 아닌 인식의 측면에서 다양한 문화와 관점을 객관적인 입장에서 접근하는 IB 교육과정을 보여주는 문구이다.

두 번째로 CAS에서는 서로가 지역과 세계에서 환경에 대한 책임감을 느끼고 있는 구성원임을 이해하는 것을 배우는 것을 목표로 하고 있다. 따라서 세계적 중요성을 지니는 이슈에 대해서 지역적 안목에서 CAS 활동이 이루어져야 한다고 명시되어 있다. 특별히 CAS의 세 번째 활동인 봉사(Service)에서는 커뮤니티를 지역, 국가, 세계적 스케일에서 보아야 함을 제시하면서 CAS 담당자는 학생들에게 CAS 활동을 할 경우 지역적으로 행동해야 하는 것의 이점을 강조해야 함을 나타내고 있는데 그 이유로 지역에 대한 강조를 통해 관계성을 발달시킬 수 있고 지속 가능하며 참여적인 활동으로 변화를 끌어내는 경험을 할 수 있으며 활동 중에 협업이나 도전을 해 보는 기회를 가질 수 있기 때문이다. 즉 CAS 활동에서 바라보는 지역은 학생이 지역적 맥락에서 활동함으로써 생각과 지식을 글로벌 수준과 지역적 수준의 연결을 추구할 수 있다고 바라보고 있다.

EE에서는 논문의 작성 시 심도 있는 과목 통합적인 연구를 통해 세계적 이슈를 지역적으로 명시된 수준에서 연구되어야 함을 제시하고 있다. 이는 국제 시민이 되는 자질로 세계적 스케일의 이슈를 지역적 커뮤니티의 프레임에서 관련짓는 경험을 연구 및 논문 쓰기 활동을 통해 얻게 될 것으로 바라본다. 특히 소논문의 갈래로 World studies Extended Essay의 범주를 2005년에 신설하여 학생들에게 선택하게 하였는데 World Studies EE로 과정을 선택했다면 빈곤, 기후변화, 테러, 에너지, 이민, 건강, 기술이나 문화적 교환 등 세계의 이슈에 대해 위와 같은 이슈가 지역의 관점에서 어떻게 드러나는지 작은 사례의 범주와 지역적 현상을 통해서 연구하여야 한다.

IBO에서는 6개의 주제를 TOK 에세이 주제로 제시하고 IB 디플로마 학생들은 이 중 하나를 선택해서 1,600자 이하의 에세이를 제출해야 한다. 연구 대상 학생들에게 제시된 여섯 가지 주제는 첫째는 많은 사람이 지지한 지식이 더 좋은 지식인지의 여부, 둘째는 지식의 생산이 협력적인 방식으로만 이루어지고 독자적으로 생산되지 않는지에 대한 여부, 셋째는 좋은 설명은 사실에 따라야 하는지의 여부, 넷째는 감정을 배제하는 태도가 지식의 추구에서 필요한지의 여부, 다섯째는 지식의 생산을 위해 증거 범위를 넘어서는 결론을 수용해야 하는지의 여부, 마지막으로 건강한 훈육을 위해서는 대조적인 관점을 배양해 나가야 하는지의 여부이다. 제시된 질문들은 개인적인 지식과 공유된 지식 사이의 연결성을 알게 해 주며 자신이 가진 신념을 비판적으로 돌아볼 기회를 제공하고 다양한 문화적 관점에 대한 비교를 할 수 있는 주제로 구성되어 있다. 특히 위의 여섯 가지 TOK 에세이 주제는 한국의 가치와 문화 그리고 학교를 둘러싼 제주지역에서의 학생의 경험 및 지식을 TOK 에세이에서 다루기 위한 개인적인 혹은 공유된 지식의 사례로 사용하기에 제약이 따르지 않는다. 따라서 학생의 선택과 의도에 따라 각 에세이에서 학생이 가진 지역성이 드러날 것으로 판단하였다. 더욱이 TOK의 가이드 문서에 제시된 것처럼 TOK는 세계 시민성을 학습하기 위한 방법으로 에세이 작성 시 문화적으로 다른 관점에 대해 다루는 것을 강조하고 있고 문화적 전통이 현재의 지식 구조에 어떻게 기여하였는지를 확인하는 목적을 가지고 있기 때문에 학생이 지역성을 가지고 있다면 에세이에서 제주 및 한국의 사례를 언급할 동기가 충분하다고 보았다.

학생들의 TOK 에세이 125 편을(3편 미제출) 조사하여 한국 그리고 제주의 사례 언급 비율을 분석하였고 125편 중 38편의 TOK 에세이에서 한국 및 제주를 에세이 사례로 삼아 30%의 지역 관련성을 보였다.

TOK 에세이에서 학생의 지역성을 언급하는 개념의 출현 빈도는 다음과 같이 이해될 수 있다. 먼저 TOK 에세이 작성 시 낮은 제주 개념의 출현 비율이다. 4개의 주제의 에세이에서는 제주의 개념이 언급되지 않았고 2개의 주제에서도 매우 낮은 비율로 제주의 개념이 언급되었다. 제주 혹은 한국을 사례로 사용한 38편의 TOK 에세이에서 제주와 한국 사례의 빈도 차이는 5%와 95%로 한국 사례로의 쏠림이 나타난다. 이는 먼저 문화 및 사회적인 관습에 대한 깊은 이해를 바탕으로 에세이를 작성해야 하는 TOK 주제보다 학생이 가지고 있는 제주의 관습 및 문화에 대한 인식과 이해의 깊이가 이 수준에 미치지 못한 것으로 보인다. 주어진 6개의 주제를 살펴보면 지식의 생성 과정 및 지식의 가치 판단에 대한 주제들인데 이에 대한 사례로 제주를 언급하는 것은 국제학교의 형성 과정과 학생의 주거 형태를 고려해 보았을 때 이를 사례로 다루기가 쉽지 않았을 것으로 판단된다. 이와는 대조적으로 한국 전체의 개념의 출현 비율은 높다. 전체 주제에 걸쳐 30~60% 비율로 에세이의 사례를 한국의 경우를 들었다. 이는 학생들의 문화 및 관습적인 지역성은 로컬의 특수한 지역적 맥락에서 형성되어 있는 것이 아니라 한국 사회 전체에 대한 문화, 관습적 지역성이 형성되어 있는 것으로 볼 수 있다. 다시 말해서 제주의 낮은 비율과 한국 사례의 높은 비율을 고려하면 학생의 국제학교의 오랜 재학 기간을 가지고 있음에도 불구하고 제주에서의 적지 않은 기간 동안 경험한 지식과 개념은 한국 사회에서 분리된 국제학교가 위치한 지역적 특수성의 관점으로 학생에게 인식된 것이라기보다 제주에서의 경험과 지식이 제주의 맥락과 특수성의 차이에 의해 형성된 것이 아닌 한국 사회 전반에 흐르고 있는 비슷한 개념이 표현된 것으로 학생에게 받아들여졌다고 판단될 수 있다.

TOK 에세이에서 드러난 지역성이 개념들이 에세이에서 다루어지는 유형과 방식은 다음과 같다. 첫 번째로 TOK 에세이에서 지식의 생산과 판단에 대해 다양한 관점이 존재하는 사례로 한국의 역사적 사례에 대해 언급한 경우가 많았다. 일제 강점기에 대한 시각 차이, 분단 상황에 대한 해석, 4.3 사건 경험자의 관점에서 본 해석이 언급되었다. 특히 역사적 지식과 경험의 생성 및 판단 과정에 대해 TOK 수업에서 학습한 것을 에세이에서 한국의 역사적 사건으로 비추어 보는 시도로 현상에 대한 지식 및 경험의 본질을 추구하고자 하는 점이 드러났다. 두 번째로 학생들은 지식과 경험의 가치 판단을 위해 한국의 관습적 개념에 대해 다루었다. 유교적 관습, 사회의 성 역할, 애국심을 둘러싼 경험, 지식, 감정적인 관계가 언급되었다. 이 개념들로 지식의 본질적인 특성을 알아보고자 하였고 우리 사회에서 사용되는 관습인 속담에 담겨 있는 지식과 경험의 축적 및 생성 과정이 언급되었다. 마지막으로 한국의 사회 현상을 사례로 삼았다. 서구 문화에 대한 상호작용, 최저임금, 연구윤리, 언론 보도, 병역, 페미니즘 등 현재 한국 사회에서 벌어지고 있는 현상을 구조적으로 바라보고자 하는 시도를 보였다.

EE는 4,000자의 논문을 쓰는 활동으로 언어와 문학, 언어 습득과 고전 언어, 개인 및 사회, 과학, 수학, 예술, 학제 간 연구 및 세계 연구 주제가 있다. 학생의 관심과 흥미에 따라 주제를 스스로 선정하게 되는데 본 연구에서는 학생이 작성한 논문 126편을 조사하여 제주와 한국을 연구 대상으로 삼은 논문의 비율을 알아보았고 45편의 논문에서 제주 및 한국을 연구 대상으로 삼았는데 이는 전체 EE 논문의 36%의 비율에 해당한다.

EE의 지역 연계의 빈도는 다음과 같이 이해될 수 있다. 가장 크게 보이는 특징은 과목 범주에 따라서 제주 및 한국이 연구의 대상이 되는 경우의 편차가 크다는 점이다. 세계 연구의 범주에 속한 논문은 모두 제주 및 한국의 사례를 대상으로 하고 있으며 경제의 경우 80%, 지리의 경우 75%의 논문에서 제주 및 한국의 사례를 연구의 대상으로 삼았다. 또한 한국 언어에 관한 논문의 경우 모든 사례에서 한국의 문학을 연구의 대상으로 삼았다. 그러나 영어, 수학, 공연 예술, 댄스. 극장학, 음악 및 스포츠 철학, 컴퓨터에서는 제주 및 한국의 사례를 대상으로 삼은 사례가 없었다. 또한 과학 및 수학, 역사의 경우 소수의 논문에서 제주 및 한국의 사례를 대상으로 보았다. 이처럼 범주에 따라 편차가 크게 차이가 나는 결과는 학생들이 지역성에 대한 인식이 부족하거나 EE의 교육과정에 지역성이 결여되어 있다기보다 논문을 작성하는 것에 있어서 자연 과학 분야와 인문 과학, 예술 분야의 경우 사회 현상에 대한 관심보다 과목 자체의 지식에 대한 연구의 경향이 강하게 반영된 것으로 보인다. 오히려 사회과학의 분야인 경제, 지리, 세계 연구의 경우 75%~100%의 비율로 연구의 대상을 제주 및 한국의 사례에서 찾았다. 특히 경제 및 지리 범주의 경우 50~60%의 연구가 학교가 위치한 제주의 사례를 대상으로 삼고 연구를 진행하였다. 지리, 세계 연구, 경제의 사회과학으로 논문의 범주를 한정하면 23개의 사회과학 논문에서 연구 범위로 제주를 선택한 비율은 67%이고 한국으로 선택한 비율은 33%에 이를 정도로 학생들의 제주에 대한 연구의 관심이 높다는 것을 알 수 있다. 이는 세계적 이슈를 지역적 커뮤니티의 프레임에서 관련짓는 경험을 하기로 기대하는 IB 교육과정의 지향점과 일치한다고 볼 수 있다. 또한 EE의 가이드 문서에서 드러난 삶에 대한 연구를 통해 실제 삶과 연관된 사례를 사례연구의 대상으로 삼는 것을 가이드로 제시한 지침을 학생들이 학교가 위치한 제주를 바라보는 것을 통해 구현한 것으로 볼 수 있다.

지역성의 드러난 논문에서 지역성이 드러나는 유형과 방식은 다음과 같다. 먼저 학생들은 제주의 사례 중에서도 물리적으로 가까운 거리에 있는 사례에 대해 연구 대상으로 보았다. 대정읍 인구 구성과 경제적인 효과에 대한 연구, 국제학교들 사이의 수요, 영어 교육도시의 토지 이용 및 인구 통계 조사 등 물리적으로 학교에서 가까운 지역에서 벌어지는 현상 및 문제에 대해 다루었다. 두 번째로 제주에서 발생하는 현상에 대해서 EE를 통해 현상에 대한 해석을 추구하는 연구 주제가 많았다. 제주도의 자연환경, 지속 가능한 관광 연구처럼 글로벌 이슈가 지역에 어떻게 작용하고 있는지를 확인하고 대안을 모색하려는 연구도 있었다. 또한 제주 시간제 근로자, 귤 시장과 제주 농민, 스포츠 시설에서 국가 및 글로벌 변화에 따른 지역 환경의 변화 모습을 확인한 논문도 있었다. 이어서 해녀의 공유 자원의 보존 정도에 관한 연구, 해녀의 호흡계에 대한 연구처럼 지역의 특수적인 상황을 연구 대상으로 삼기도 하였다. 마지막으로 한국의 사례를 연구 대상으로 삼았으나 이를 국내 내부의 요인으로만 보지 않고 글로벌 이슈에 대한 연결을 추구하는 경향을 보였다. FTA 저작권, 외국영화가 한국인에 미치는 영향, 해외 비디오 서비스의 한국 진출, 세계 무역의 영향, 동아시아에서의 일본의 팽창주의 등으로 글로벌 이슈가 국내의 각 영역에 어떠한 변화와 영향을 미치는지 학생들이 연구하였다.

EE 논문에서 드러나는 지역 연계는 다음과 같이 해석될 수 있다. 먼저 세계적 스케일의 이슈가 지역적 커뮤니티와 프레임 속에서 관련을 짓는 경험을 EE 연구를 통해서 하는 것으로 세계 시민성이 발달하고 있는데 사회과학 분야에서 75%가 넘는 비율로 제주 및 한국의 사례를 경제, 환경, 사회 문제, 국가 간 분쟁 등 다양한 범주로 나누어 분석한 것에서 확인할 수 있다. 두 번째로 비판적 사고력이 EE의 논문에서 드러난다는 점을 확인할 수 있다. 학생들은 제주 및 한국 사회에서 확인할 수 있는 현상에 영향을 미치는 원인에 대하여 비판적인 관점에서 글로벌 이슈와의 연결성을 통해서 이를 검증하고자 하였다. 마지막으로 연구의 대상으로 제주에 대한 관심이 두드러지는데 이는 IB 교육과정을 이수하고 있는 학생의 높은 강도의 지역성을 의미한다.

CAS는 18개월 동안 이루어지는 창의, 활동, 봉사의 영역으로 학생들이 비교과 영역을 수행해야 할 뿐만 아니라 사진, 문서 등의 증명되는 기록과 함께 포트폴리오로 작성하고 시간을 기록한다. 창의, 활동, 봉사의 영역에 있어서 각 3개의 활동씩 9개의 활동을 체험하기가 권장되며 1개의 CAS 프로젝트를 기획하고 이를 수행하여야 한다. CAS 활동을 마친 후 학생은 18개월 동안의 CAS 활동에 대해서 돌아보는 시간을 가지게 되는데 가장 즐거웠던 활동, 가장 어려웠던 활동, 7가지 배움의 결과에 대한 증거, CAS 활동을 통해 자신이 성장했다고 느끼는 부분, 세계적 이슈에 대해서 CAS 활동을 통해 변화하게 된 자신의 시각, 자신의 삶에 CAS가 도움이 되었다고 느끼는 부분에 대해서 문서를 작성하는 것으로 마무리한다. 학생이 18개월 동안 경험하는 일련의 과정은 2장에서 제시한 'CAS 단계'라는 수행 구조를 통해서 드러난다.

CAS 활동에서 지역성이 드러날 수 있는 분야는 세 번째 분야인 봉사 활동이다. 'S' 단계인 봉사 영역에서는 봉사의 대상과 지역을 학생이 정하여 봉사를 수행하기 때문에 학생이 가진 지역성이 이를 통해서 드러날 수 있다. 봉사에 드러난 지역성 연구를 위하여 128명의 학생 별로 수행한 CAS의 9개 이상의 활동 중에서 봉사에 해당하는 부분의 봉사 활동 주제, 봉사 활동의 설명과 봉사를 실제 수행한 활동 시간을 추출하였다. 학생별로 추출된 봉사 주제에 대해서 네 범주로 나누어서 학교 내에서 이루어지는 봉사, 학교가 위치한 지역(제주)을 대상으로 한 봉사, 한국 사회를 대상으로 한 봉사, 개인적 수준의 관심에 의한 봉사로 나누고 활동의 내용 및 시간을 분석하였다. 분석한 내용은 아래와 같다.

지역 연계의 관점에서 바라본 CAS에서 각 범위에 따른 봉사의 특징 및 유형은 다음과 같다. 먼저 학교 내에서 이루어지는 봉사의 경우 학생 한 명당 18개월 동안 평균 35시간을 사용하였고 이는 전체 봉사 시간 31%에 해당한다. 128명의 학생 중 113명으로 88%에 해당하는 학생들이 하나 이상의 학교 내에서의 봉사를 선택하였는데 이는 봉사의 접근, 계획 및 수행의 편의성에서 비롯된 것으로 보인다. 이처럼 학교 내의 봉사에서는 학생이 가진 역량을 바탕으로 도움이 필요한 학교 내의 분야에서 봉사를 제공하려는 경향을 보인다. 다만 봉사의 대상으로 학교라는 공간은 학생이 지역성을 가지고 학교를 선택하는 것이 아니라 물리적으로 정해진 학습의 공간에서 이루어지는 것이기 때문에 높은 학교 내의 봉사의 비율을 통해서는 IB 핵심 교육과정의 실재에서 지역성을 가졌는지 판단해 내기 어렵다. 그런데도 학생이 수행해야 할 3개 이상의 봉사 활동 중에서 학생의 관점에서 필요와 도움이 가장 빈번하게 눈에 띄는 학교를 대상으로 한 점은 CAS 가이드 문서에서 제시한 것처럼 CAS의 영역의 범위가 스케일의 관점에서 지역, 국가, 세계적으로 그 범위를 확장해 나가야 하는 목적을 고려할 때 학생의 생활 반경인 학교 안에서의 봉사에 많은 학생이 참여하고 있다는 점이 CAS를 통해 학생의 활동 반경을 넓히는 것의 시작점이 될 수 있다는 점에서 의미가 있다.

학교 주변의 제주지역에서 이루어지는 봉사는 학생 한 명당 18개월 동안 평균 31시간을 사용하였고 이는 전체 봉사 시간의 28%에 해당한다. 128명의 학생 중 80명인 63%에 해당하는 학생들이 하나 이상의 제주지역에서의 봉사를 선택하였는데 이는 봉사의 대상으로 제주지역에 대한 높은 관심을 드러낸다. 지역 봉사의 유형을 살펴보면 먼저 정기적으로 수행해야 하는 방식으로 지역에 대한 봉사를 하고 있었다. 지역 도서관에 영어 프로그램, 고아원, 커뮤니티 센터 학습 보조, 요양원 그리고 마을 재생 프로젝트 등의 활동들로 운영되고 있었다. 특별히 마을 재생 프로젝트는 관광객 부족이라는 지역의 필요를 찾아내고 다수의 학생이 마을 주민들과 협의, 프로젝트의 기획 및 1년 이상의 준비를 통해 지역의 축제를 활성화하는 방식으로 진행된 것을 확인하였다. 또한 지역의 환경에 대한 봉사가 있었다.

한국 지역 전체를 대상으로 하는 봉사는 학생 한 명당 18개월 동안 평균 5시간을 사용하였고 이는 전체 봉사 시간의 4%에 해당한다. 128명의 학생 중 16명인 12.5%의 학생들이 한국 지역 전체를 대상으로 하는 봉사를 선택하였는데 이는 다른 봉사 활동보다 상대적으로 매우 적은 수치이다.

CAS 활동을 통해서 드러난 지역성은 다음과 같이 해석될 수 있다. 학생들을 물리적으로 가까운 학교 혹은 제주지역에서의 봉사 활동을 선호하는 경향을 보였고 학교가 위치하지 않은 지역에서는 봉사 활동이 매우 적은 비중으로 발생하였다. 이는 봉사를 수행하는 것에 있어서 가까운 지역은 봉사의 필요를 학생이 쉽게 확인할 수 있고 학습 시간 이외의 시간을 활용하여 봉사의 수요를 채우려는 것으로 볼 수 있다, 두 번째로 CAS 활동을 통해서 가이드 문서에서 목적으로 제시한 것처럼 학생들은 지역과 세계에서 환경에 대한 책임감을 가지고 있는 구성원임을 드러내고 있다. 환경, 인권, 불평등 등의 세계적 이슈를 자신이 속한 학교, 제주지역을 중심으로 해결하는 활동이 주를 이루고 있고 장소에 한정된 봉사가 아닌 경우에는 성 평등, 인권, 환경 등 우리 사회 및 세계가 직면하고 있는 문제에 대해서 책임 있는 자세로 봉사를 통해 해결에 기여하려는 모습을 보여주고 있다.

3) IB 핵심 교육과정의 지역 연계 논의

본 연구에서는 IB 핵심과목의 가이드 문서를 확인하여 IB 교육과정이 추구하는 교육 철학을 살펴보고 IB 핵심과목을 수행하는 학교의 TOK, EE, CAS 기록을 살펴보면서 IB 핵심과목에 담긴 지역 연계의 정도와 유형에 관해서 확인하였다. 이를 통하여 IB 디플로마 과정의 쟁점 중 하나인 지역성의 결여가 실제 IB 디플로마 과정을 이수한 학생들의 활동 기록에서 나타나는지 확인하는 것으로 한국 및 로컬(제주)의 지역성을 띠는 가치를 수용할 수 있는지와 지역의 요구 및 관심을 학생에게 배양할 수 있는지를 확인하였다. 이를 위해서 지역성이라는 용어를 사용하여 그 정도와 유형에 대해 알아보는 것으로 IB 교육과정의 사회적 적합성을 검증하고자 하였고 연구를 통해 드러난 점은 다음과 같이 볼 수 있다.

먼저 IB 핵심 교육과정은 IB 디플로마 과정을 통해 달성하고자 하는 교육의 목적과 IB 학습자상을 구현하는 핵심적인 역할로 IB 디플로마 과정의 중심에 존재하고 있었고 이를 통해 달성하고자 하는 교육의 목적과 학습자상 그리고 IB 디플로마 가이드 문서에는 글로벌 이슈와 연결된 방식을 통해서 지역성을 중시하는 교육 철학이 드러나고 있다. 필수로 선택하는 세 가지의 핵심과목을 통해 IB 교육과정을 이수한 학생은 교육의 목적으로 밝힌 '공유된 생각과 공통된 인간성을 바탕으로 평화롭고 더 나은 세상을 만드는 것에 일조하는 세계적 시각을 가진 사람'(IBO, 2018)의 교육을 실행하는 방법으로 학교가 위치한 지역을 고려하게 교육과정을 설계하였다.

IB 핵심 교육과정 운영의 실재에서는 지역성이 로컬 및 한국 사회의 규범, 문화에 대한 관심으로 나타나고 있고 이는 학생의 자발적인 연구 및 활동의 대상으로 강한 지역성과 IB 교육과정에서 구조화된 방식으로 규정된 IB 핵심과목의 운영 방법과의 상호작용을 통해서 세계적 이슈와 연결된 지역성이 실현되고 있는 모습이다.

TOK의 경우 문화적 관점에 대한 다양함과 개인적, 이념적 가정에 대한 흥미를 발달시키는 것을 하나의 목적으로 삼고 있고 이를 통해서 자신의 관점을 확인하고 타인과의 차이를 인식하게 만드는 것을 지향한다. 학생들은 TOK 에세이에서 사례를 들어 논증해야 하는데 지식의 다양성, 차이에 대한 사례로 31%에 해당하는 학생들이 일본과 한국의 관점, 분단 상황과 같이 한국의 역사적 상황으로 만들어진 지식의 사례와 유교적 관습, 한국 사회의 성 역할, 애국심과 같은 관습적인 사례, 최저임금, 언론 보도, 병역과 같은 한국 사회의 현상을 사례로 다루었다. TOK 과정 중에는 TOK 에세이와 더불어 이와 관련한 TOK 발표가 있는데 교사와 협의를 통해서 발표를 완성해 나가

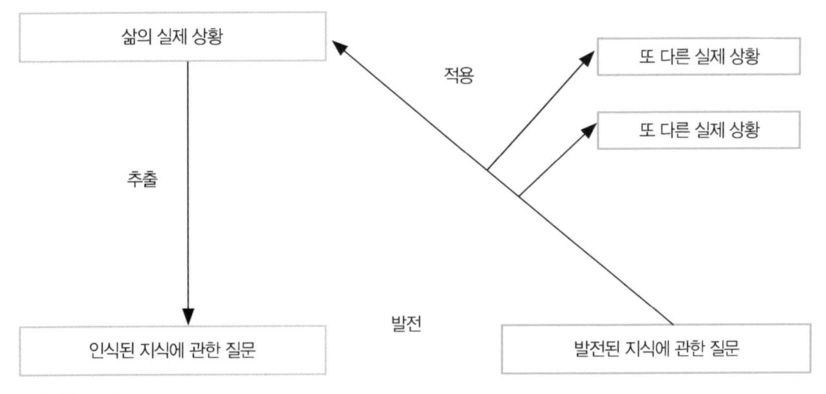

※ 출처: IBO(2019).

[그림 2] TOK 프레젠테이션 가이드

며 3명 이하의 그룹을 만들어서 발표한다. 이 발표에서는 실제 삶의 사례를 드는데 TOK에서 정의하는 실제 삶이란 지역에서 비롯된 것으로 개인적, 학교, 커뮤니티 국가로 확장해 나갈 수 있고 세계적 수준의 실제 삶도 활용이 가능하다고 제시되고 있다.

이 관계도에서 아래는 교실에서의 활동이고 위는 교실을 넘어선 공간을 의미하는데 양자를 연결하는 화살표는 TOK와 실제 삶과의 관계를 나타낸다. 먼저 실제 삶의 상황에서 지식에 관한 질문으로 추출될 수 있는 상황을 선정하고 선정된 상황은 TOK 과정을 통해서 아이디어와 개념이 발전되어야 한다. 발전 과정에서 다른 지식에 관한 질문과 연계되면서 발전되고 이 지식에 관한 사고의 과정은 다시 실제 삶에 적용된다. 발전된 지식에 관한 질문을 처음의 실제 삶에 관한 질문에 적용하는 과정에서 다른 실제 삶에 대한 적용이 가능하다는 것을 밝힘으로 학생은 자신의 TOK 발표가 왜 중요한지를 밝히게 된다. 이처럼 지식에 대한 연구의 사례로 실제 삶에 대한 경험을 대상으로 하도록 학생에게 지속해서 강조하는 구조와 지역에 대해서 학생의 자발적인 관심 및 사례 발굴을 고려하면 TOK를 통해 지역에 경험 및 지식을 본질적인 수준으로 탐구할 수 있는 기회를 학생은 가지게 된다.

EE의 사례에서도 학생의 자발적인 지역성과 IB 핵심 교육과정에서의 지역성에 대한 강조가 실제 학생의 연구결과에도 나타나고 있다. 전체 논문의 36%, 사회과학 분야의 논문으로 한정하면 세계 연구 논문의 100%, 경제 논문의 80%, 지리 논문의 75%의 연구가 로컬 및 한국을 연구의 대상으로 하고 있다. 이처럼 매우 높은 수준의 지역 관련 주제가 나타나는 이유로 학생이 가지는 지역에 대한 깊은 관심과 더불어 EE에서도 학생에게 지속해서 지역 연계를 강조하는 것에 그 이유가 있다. 특별히 세계 이슈 연구 논문을 쓰기 위한 가이드 문서에서 로컬 사례를 연구로 삼는 것의 이점에 대해 로컬은 세계적 중요성을 지니는 이슈에 대해서 지역적인 징후를 드러내는 것을 확인하는 것에 효과적이며 또한 로컬은 학생에게 복잡한 이슈에 관리 가능한 수준으로 탐구할 수 있는 이점을 제시하고 있으며 지역에 대해 연구를 하는 것은 최고의 연구 경험을 주게 되어 지역적 초점과 한계를 넘어서는 배움을 얻을 수 있다고 제시하고 있다.

마지막으로 CAS에서도 봉사 활동의 범위별 분석에서 봉사 활동의 종류로 제시되는 3가지 활동 중에 적어도 하나 이상의 활동에서 로컬 지역을 대상으로 이루어지는 봉사의 참여도는 63%에 달하였고 한국 지역 전체를 대상으로 하는 봉사는 12.5%에 해당하였다. CAS 가이드 문서에도 지역과 세계의 환경에 대한 책임감을 느끼고 있는 구성원임을 이해하기 위해서 지역적 안목을 가지고 활동하는 것을 추천하였는데 학교에서 실제로 63%에 해당하는 학생들이 지역에서 봉사를 한 것으로 보아 CAS에서 강조하는 지역성이 학생들의 봉사에서 드러난 것으로 보인다, 더욱이 CAS에서는 학생의 주도적인 활동의 추진 및 자신의 활동에 대한 고찰을 중시하는데 이 과정에서 지역에 대한 봉사 사례를 스스로 발굴하고 계획을 세우며 지역 봉사를 통해서 자신과 지역에 준 변화를 고찰하는 일련의 흐름은 책임감을 가지는 세계시민으로의 성장을 CAS를 통해 촉진할 수 있음을 의미한다. 이는 CAS 단계에서 잘 드러나는데 올레길의 환경문제, 지역의 관광 자원 부족, 지역 아동의 영어 능력 신장의 필요성 등의 지역 사례를 조사를 통해 발굴하고 청소 프로젝트의 설명 및 청소 지역 계획이나 지역의 강점을 확인하고 이를 관광상품으로의 개발과 필요한 자금의 구성 등의 준비, 그리고 실제 지역의 봉사에 참여하는 과정에서 교사와의 인터뷰 및 지역을 고찰하는 활동 등을 통해서 이루어 나간다는 점에서 자발적 동기가 지역의 봉사를 이끌어가는 원동력으로 작용하고 있다는 점에서 의미를 지닌다. CAS 활동을 마친 후 최종

리뷰에서 학생은 CAS 활동을 통해서 개인적으로 성장하게 된 부분은 무엇인지, 자신을 둘러싼 세상을 바라보는 시각이 어떻게 바뀌게 되었는지, CAS 활동의 경험이 자신의 전체 삶에서 어떻게 이점으로 작용하게 될 것인지에 대해 고찰하는 활동을 지닌다. 이처럼 CAS 활동은 지역에 대해 주도적인 자세로 책임감을 느끼고 지역과 세계의 관계를 유기적으로 연결함으로써 지역을 개인과 세계에 연결하는 역할을 한다.

단순히 IB 핵심 교과를 이수한다고 하여서 학생에게 지역성이 강화된 방식의 결과로 나타나지 않는다. 예를 들어 IB 디플로마의 CAS에 대한 이집트의 연구는 다양한 지역사회와 상호작용하거나 참여하는 주요 수단으로 보이지만 지역사회와 상호작용의 여부는 개별 학생 및 학생의 프로젝트에 의존하고 있고 IB 디플로마의 CAS 자체로는 지역사회와 상호작용하는 것을 보장하지 않고 있다(Belal, 2017). 일부 학생들은 지역사회와의 상호작용을 수반하지 않는 학교의 내부적 CAS 프로젝트를 수행하는 것을 선택할 수도 있다. 이와는 다르게 다른 학생들은 지역사회와 교류할 수 있는 지역 보육원에 참여하는 것을 선택할 수도 있다. 이처럼 IB 디플로마의 참여만으로는 지역과의 연계가 보장되지 않는다.

지역사회와 연계한 IB 교육과정의 운영을 위해서는 IB 디플로마 운영 가이드에 지역성에 대한 강조가 있더라도 실제 운영의 측면에서 교사, 학생, 학교 행정의 모든 분야에서 이에 대한 관심을 기울여야 한다. 실제 연구의 대상이 된 학생들의 TOK, EE, CAS에서 드러난 주제 및 봉사, 연구의 진행 과정은 학생 자신의 자기 주변의 연구, 봉사의 대상에 대한 탐색 및 고민과 이를 보조하며 충실히 IB 운영 가이드를 제시하는 학교의 노력에서 지역성이 결과로 나타남을 알 수 있다. 이러한 관심이 바탕이 될 때 IB 디플로마 교육과정의 공교육 도입은 우수한 교육과정뿐만 아니라 지역에 대한 관심과 헌신이 내재한, 사회적으로 정당성을 지니는 교육과정이 될 수 있을 것이고 IB 디플로마에서 궁극적으로 추구하는 지역에 대한 관심을 바탕으로 넓은 시각과 국제적 마인드를 가진 사람으로 길러질 것이다.

4. 제주 미래 교육을 위한 방향

세계적으로 교육적 효과와 우수성이 이미 검증된 IB 교육과정이라고 하여도 국가가 주도하는 공교육에 도입하는 과정에는 고려해야 할 요소가 여전히 존재한다. 여기에는 익숙하지 않은 IB 교육과정의 교육방식과 이를 대입에 적용하기 위한 방법적인 고려도 있겠지만 전 세계에 적용되는 보편적인 이념을 가진 IB 교육이 어떠한 방식으로 공교육이 품고 있는 지역의 문화와 주변 환경이라는 지역적 특수성을 수용할 수 있을 것인지에 대한 여부도 있다. IB 교육과정이 지역성을 가지는지에 대한 검증을 위해서는 전 세계라는 공간적 스케일에서부터 개별 학교, 더 나아가서는 개인에 이르기까지 복합적인 공간적 스케일에서 강조되는 다양한 가치들과 지역적 고려가 IB 교육이 실현되는 현장과 지침에서 나타나는지 확인되어야 할 필요가 있었다.

이 연구를 통해서 연구자가 이른 결론은 다음과 같다. 첫째, IB 교육과정은 이념적 수준에서부터 지역성을 수용하고 있었고 이를 지침에서 교육현장까지 강조하는 방식으로 보편적 가치와 로컬의 특수한 가치와의 조화를 추구하고 있었다. 이는 TOK에서 하나의 문화적 관점을 강조하지 않는 점과 발표에서 실제 학생 삶의 사례를 들도록 한 점, EE에서 세계적 이슈를 지역적 수준에서 연구되어야 함을 드러낸 점과 CAS에서 지역과 세계에 대한 책임감을 강조하면서 지역적 안목에서 CAS 활동이 이루어져야 함을 강조한 점에서 이념적 수준에서부터 지역성을 강조하고 있음을 알 수 있다.

둘째, IB 교육과정의 실제 운영 사례에서 학생은 학습의 대상으로 지역을 진지하게 바라보고 있었다. TOK에서는 한국의 역사적, 관습적 사례 및 사회 이슈를 대상으로 일어나는 지역적 현상에 대해 현상을 구성하는 지식 및 앎의 수준에서 현상을 비판적으로 바라보았으며 EE에서는 다양한 한국 및 제주의 구체적인 현상 및 대상을 연구 주제로 선정하여 이를 깊은 수준에서 탐구하였다. 또한 CAS에서는 지역적 필요를 탐색하여 실제적 수준에서의 봉사가 이루어지도록 계획 및 실행을 하고 이를 고찰하는 것을 통해 진지한 관심을 드러내었다.

셋째, 이념적 수준의 지역성에 대한 강조가 실제 운영의 사례에서 로컬에 대한 진지한 관점으로 나타나기까지는 개인의 관심 수준을 넘어서는 IB 교육과정의 구조적인 방식의 지원이 있었다. TOK에서는 수업과 TOK 발표에 대한 피드백을 통하여 교사는 지식과 앎에 대해 편견 없는 태도를 지속해서 강조하고 있었고 이는 보편적인 수준의 지식 이론을 지역의 사례에 대해서 열린 태도로 수용하는 학습자를 가능하게 하였다. EE에서도 학습자에게 익숙한 지역의 대상에 대해서 교사와 정기적 면담 및 기록을 하여 비판적인 관점에서 지역의 사례 및 대상에 대한 진지하고 깊은 연구를 가능하게 하는 구조를 형성하고 있었다. 또한 CAS의 봉사 활동에서도 자신의 지역 참여에 대한 고찰을 강조하는 CAS 구조 모델을 따라 지역의 실제적인 봉사가 가능하도록 유도하고 있으며 이를 발표하는 과정을 통하여 지역에 대한 관심을 내재화하는 구조를 가지고 있다.

이를 바탕으로 IB 교육과정의 제주 미래 교육을 위한 IB 교육과정의 연계 방안에 대해 제언을 하면 다음과 같다. 먼저 IB 교육과정에서 강조하는 지역적 관심과 세계적 이슈 사이의 연결성에 대한 이해를 더하는 것이 필요하다.

기존의 교육현장에서 강조되는 지역성이란 지역의 고유한 특징과 관념이 독립적으로 드러나는 것에 초점이 맞추어졌다. 그러나 IB 교육과정에서는 지역성은 독립된 특징이라기보다 개인과 세계 사이의 다양한 수준의 공간적 스케일이 중첩된 다중 스케일(이동민 외, 2015)의 형태로 드러나는 모습이다. 따라서 IB 교육과정을 운영하는 것에 있어서 어떠한 방식으로 선정한 사례 및 연구 주제 그리고 봉사의 대상을 세계적 이슈와 연관 지을 수 있을지에 대해 학생 및 교사의 치열한 고민 및 논의가 필요하다.

다음으로 지역성에 비판적으로 접근하여야 한다. TOK에서는 지역성을 띠는 사례에 대해서 본질적인 수준으로 지식의 구조 및 앎의 방법을 다루고 있고 EE에서도 연구 대상에 대해 비판적 사고를 강조하고 있으며 CAS에서도 봉사의 대상에 대해 실제적인 수준에서의 봉사 및 결과에 대한 고찰을 요구하고 있다. 이는 지역성을 가지는 관습 및 역사적 현상 및 사회적 문제에 대해서 수용이나 이해의 수준을 넘어 깊이 고민하는 과정을 통해 본질적, 실제적 수준에서 지역적 사례가 다루어져야 함을 의미한다. 따라서 IB 교육과정에서는 지역적 사례를 다룰 때 비판적으로 접근하여야 한다.

제8장

권상철

서비스-러닝과 장소 기반 지역 협력을 통한 대학교육의 변화 지향*

1. 들머리

대학은 전통적으로 교육과 연구 활동을 통해 사회에 공헌하고 봉사는 부수적으로 고려되었으나 교육과 연구를 진작시키는 역할로 새로이 관심을 얻고 있다. 봉사는 미국에서 대학교육을 지역에서 필요로 하는 분야의 인력과 지식을 제공할 목적으로 확대하며 중요하게 인식되었다. 세계화와 더불어 경쟁 심화는 대학도 순위와 취업을 우선시하게 하며 대학 본연의 역할은 위축되었다. 그러나 환경 악화와 불평등 심화 등의 위기 상황에서 대학은 사회적 책무를 위한 노력을 특히 봉사를 확대하며 강화하고 있다(Shek et al., 2017; GUNI, 2017; 안상훈 편, 2020; 임영언, 2020).

---

* 이 글은 '권상철, 오정훈(2021). 서비스-러닝과 장소 기반 지역 협력을 통한 대학교육의 변화 지향. 교육과학연구, 23(4), 1-28.'의 내용을 일부 수정·보완한 것임.

대학의 봉사는 다양한 자원 활동으로 이루어지는데, 수업과 연계한 봉사 활동은 서비스-러닝(service-learning)이 대표적이다. 서비스-러닝은 교수자 중심의 일방적인 지식 전달, 현실과 격리된 진행과 달리 수업의 일부를 지역사회에서의 활동을 포함한다. 이 과정에서 학생은 참여 과정에서 문제 해결, 소통과 협업의 능력, 그리고 사회적 책무감을 키울 수 있고 지역사회는 필요한 서비스를 제공받아 서비스-러닝은 새로운 교육방식이자 대안적 지역 변화의 방안으로 확대되는 추세이다(Kellog Commission, 2002; Furco & Norvell, 2019; 조용하 역, 2008; 김창환, 2020). 이러한 측면에서 서비스-러닝은 봉사학습으로 번역되기도 하지만, 봉사라는 용어가 자선적 의미를 내포하고 서비스와 러닝이 동등한 중요도를 가져야 한다는 주장에 비추어 원어의 한글 표기를 사용하고자 한다.

대학과 지역사회를 연계하는 수업은 초기 미국에서 학습과 봉사를 병행하는 교육을 서비스-러닝으로 명명하며 시작되었다. 대학교육에 최초로 서비스-러닝을 적용한 미국의 경험은 수업이 현실 상황과 변화를 반영하지 못한다는 반성에서 시작되어 중요한 교육방식으로 확대되고 있다. 그러나 대학에도 시장 경쟁의 상황이 침투하며 학생들은 자신의 능력 배양에 치중하고 일부 서비스-러닝도 취업과 연계되어 운영되며 비판을 받기도 한다(Butin, 2006; Bruce, 2018). 신자유주의 상황에서 대학은 취업과 재정 확보에 노력을 기울이고 취업과 관련하여 리빙랩, 캡스톤 등의 교과로 산업 현장에서의 실습을 강화하지만, 대학교육은 수업과 더불어 봉사 활동을 전개하는 서비스-러닝 교과를 통해 현실 세계를 경험시키고 더 나아가 사회 문제에 대한 관심과 이해를 높이는 노력이 필요하다.

대학교육이 지식 전달과 취업을 넘어 사회 문제에 대한 인식과 참여로 이어지는 활동은 대학 본연의 모습이며, 이를 위해 지역사회와 협력하여 운영하는 서비스-러닝은 경험에 기반을 둔 학습이자 지역사회 문제에 대한 연구로도 이어진다. 대학과 지역사회의 협력은 문제 해결 능력을 갖춘 인재를 육성하고 지역사회 또한 변화의 동력을 얻는 서비스-러닝은 대학의 사회적 책무의 실천이자 대안적 지역발전의 접근으로 긍정적 평가를 받는다(Millican et al., 2019; 안상훈 편, 2020). 서비스-러닝은 자선적 성격의 봉사를 넘어 비판적 안목으로 사회 문제의 원인에 초점을 맞추고, 대학과 지역사회의 긴밀한 관계에 기초한 호혜성을 강조하고, 이를 위한 실행 방안으로 장소에 기반을 둔 지역 협력이 좋은 성과를 내고 있다(Mitchell, 2008; Keller, 2015; Dostilio, 2017; Yamamura & Koth, 2018).

한국의 대학들도 최근 장소 기반의 서비스-러닝과 유사한 지역 기반학습을 확대하고(이태동 외, 2017; 사회혁신 교육연구센터 편, 2019), 지역발전의 접근에서는 장소 단위의 마을을 강조하고 있다(공석기, 임현진, 2020; 김병권, 2019). 마을 공동체와 대학은 협력 관계를 서비스-러닝의 틀로 만들어 가면 상보적인 지역 변화와 학습 효과를 만들어 낼 것으로 최근의 장소 기반 지역사회 협력 논의와도 부합하는 모습이다.

이 글은 대학과 지역사회 협력을 통해 학습 효과를 높이며 동시에 지역 변화를 도모하는 서비스-러닝을 대학교육에 최초로 적용하고 발전시킨 미국의 경험과 최근의 비판적 서비스-러닝과 장소 기반 지역 협력으로의 발전을 소개하며 한국 대학의 서비스-러닝 운영과 관련하여 논의해 보고자 한다. 이는 미국의 경험에서 대학과 지역사회가 호혜적 관계를 만들어 가는 변화에 비추어 한국의 대학교육에 서비스-러닝을 적용하고 확대하는 바람직한 방향을 찾아보려는 시도이다. 특히 한국은 국내와 해외에서 대학생 봉사활동이 늘고 있는데 이를 학습으로 발전시키는 방안을 찾는 측면에서 의미가 있다.

2. 서비스-러닝, 지역사회 협력과 대학교육

1) 대학의 서비스-러닝

대학은 지식을 전수하는 교육의 역할로 시작하여 지식을 발견하는 연구를 포함하였다. 여기에 봉사는 미국 대학의 전통에서 더해진다. 19세기 초 미국은 연방정부의 토지증여로 주립대학을 설립하며 대학교육이 대중화되고 지역에서 필요로 하는 실용적 분야에 교육과 연구를 집중하며 사회봉사가 중요시된다. 이러한 전통은 세계 대학에서 받아들여져 교육과 연구 그리고 봉사가 대학의 핵심 사명으로 자리 잡는다. 대학은 인재를 육성하고 지식을 창출하는 교육과 연구 역할로 사회에 봉사를 하지만, 보다 직접적으로는 고등교육기관으로서 공공성에 기반을 둔 사회 참여로 정부와 시장을 넘어 새로운 가치를 더하는 봉사 역할을 부여받는다(Millican et al., 2019; 안상훈 편, 2020).

대학의 사회 참여는 다양한 방식으로 이루어지는데, 서비스-러닝(service-learning)은 서비스와 러닝 즉 봉사와 학습을 겸하는 경험 학습의 형태로, 지역의 다양한 사회 문제를 인식하고 해결 과정에 참여하며 학습의 효과를 높이고 지역 변화에도 도움을 주는 사회적으로 기능하는 교육 활동을 말한다. 서비스-러닝은 인턴십, 현장 학습, 자원봉사 활동과 같은 다른 체험 학습과 유사한데 이는 기존 교실 학습 경험에 지역사회 봉사이나 지역사회 봉사 활동에 학습 경험을 성찰하는 활동을 추가하고 있는 경우이다. 그러나 서비스-러닝은 교실 기반 학습 활동을 통해 학생들이 더 나은 질 높은 지역사회 봉사를 수행할 수 있도록 준비하는 학습 경험에 학생들을 참여시키며, 지역사회 봉사 활동은 지역에 도움을 줌과 동시에 학생들의 교실 학습을 향상시키기 위해 의도적으로 조직된 수업 활동의 성격을 가진다(Farber, 2017).

서비스-러닝은 서비스 제공자인 학생은 학점을 받고 수혜자인 지역은 사회의 수요를 해결하며 모두에게 이익이 되는 방식으로 진행되는 이론과 실천을 겸한 수업이다. 수업을 통한 학생과 지역사회의 교류는 교실 수업의 단순한 지식 전달을 넘어 복잡한 현실에 대한 이해와 배운 지식을 현실에 적용하며 문제 분석과 해결 능력을 기르는 학습 효과를 거두고, 지역사회 구성원과의 협업을 통해 소통 능력을 키우며 편견을 줄이고 상호문화 이해를 높이며 사회적 책임과 시민성을 함양할 수 있다. 지역사회는 지역 내 문제 해결을 위해 필요한 학생 인력을 지원 받으며, 동시에 대안적 관점과 열정을 통해 새로운 활력을 얻으며 대학과 지역사회는 협력적 관계를 키워나간다 (Donahue & Plaxton-Moore, 2018).

※ 출처: Furco & Norvell(2019)

[그림 1] 서비스-러닝의 구성과 이해관계자

서비스와 러닝의 통합은 의도적으로 서비스 제공자와 수용자 모두에게 혜택이 되도록 학생을 위한 학습과 해당 서비스를 받는 지역사회 구성원 또는 기관을 위한 서비스를 보장하는 데 중점을 둔다. 이는 서비스-러닝을 다른 유사한 형태의 서비스 기반 체험 학습 활동과 상호성(reciprocity)과 호혜성(mutual benefit) 측면에서 구별한다(Furco & Norvell, 2019). 상호성과 호혜성은 진정한 서비스-러닝의 개념에 기초하므로 서비스와 러닝 단어 사이에 하이픈을 삽입한 것은 우연이 아니고 의도적이며 봉사와 학습 사이의 협력과 공생 관계를 표현하기 위한 것이다(Furco & Norvell, 2019).

그러나 서비스-러닝은 세심한 주의와 의식을 가지고 진행되지 않으면 서비스라는 행위는 무의식적으로 선심성 또는 강제된 자원봉사 활동으로 사회의 불평등한 구조를 그대로 고착시킬 수 있다. 사회 문제의 원인에 대한 관심과 그 원인을 해결하는 방안에 대한 나름의 고려 없이 학생들을 참여시키면 서비스-러닝은 학생들에게 동정적 감정 이상의 영향을 미치지는 못한다. 실제 사회 문제에 주의를 기울이지 않는 서비스-러닝 경험은 불평등을 영속화하고 '우리-그들'의 이분법을 강화하는 지역사회 참여가 된다(Mitchell, 2008).

대학의 서비스-러닝은 서비스와 러닝 양자를 균형 있게 다루며, 학습은 문제 인식 제기와 더불어 시작하여 점점 더 복잡한 사고와 세련된 기술을 더하며 더 복잡한 문제들에도 적용함으로써 효과를 거둔다. 이는 교육 측면에서 학생들이 현장 참여를 통해 스스로 배우는 교수에서 학습으로의 변화를 의미하며, 대학교육이 학생들의 사회 참여를 독려하는 방식으로 학생들의 학습과 참여를 진작시키며 사회의 수요에 대응해 봉사를 넘어 대학 본연의 사회적 책무를 지역 협력으로 실천하며 대중의 신뢰에 기반을 둔 공동체를 개선하는 효과를 거두는 역할을 한다(Jacoby & Howard, 2015; 김창환, 2020; Coelho & Mennezes, 2021).

대학은 본연의 목적인 교육과 연구를 통해 사회 공헌을 하지만, 봉사는 보다 실제적으로 교육과 연구와 더불어 실천하는 활동으로 지역사회에 보다 구체적인 혜택으로 이어질 수 있으며 교육과 연구 또한 새로운 동기를 부여받는 기회가 된다. 대학은 고등교육 기관으로서의 공공성 회복의 사회적 책무를 서비스-러닝을 통해 보다 구체적으로 실현할 수 있다.

2) 미국 대학 서비스-러닝의 성장과 변화

대학의 교육, 연구 목적에 봉사가 강화된 것은 미국의 서비스-러닝 등장에서 찾을 수 있으며 교육방법의 일부로 자리 잡은 지 오래다. 미국의 교육도 초기에는 엘리트 인구를 중심으로 이루어져 이에 대한 저항이 있었다. 1862년 연방정부는 주정부에 토지를 기부해 주립대학을 설립해 대학교육의 대중화와 지역에 필요한 실용적 분야를 중심으로 사회에 도움이 되게 하는 전통이 오늘날까지 이어지고 있다(Stanton et al., 1999). 1950년대 미국 대학협회는 학문을 현실과 관련시키며 지역사회 봉사를 대학의 목적으로 통합하는 서비스-러닝을 혁신적 교육방법으로 평가했다. 이후 대학 총장, 연방정부 관료, 교육 지도자들은 지역사회와의 관계를 밀접히 하고 학생들에게 봉사 윤리를 교육할 필요를 강조했다. 서비스-러닝은 학생들에게 지식 전달 중심의 교실 수업을 넘어 학습 동기를 고취하고, 지역사회 조직은 대학과 연계하여 학생 자원봉사의 도움을 받는 기회였다. 또한 당시 사회적으로 청년들이 이기적이고 사회에 무관심한 세대라는 고정관념을 넘어서게 하는 새로운 시도였다(Stanton et al., 1999).

1960년대 미국은 국외봉사단으로 평화봉사단(Peace Corps)을 발족해 개발도상국에 파견하고 이어 대도시 빈곤 지역의 문제 해결을 위한 국내봉사단인 미국자원봉사단(VISTA)을 설립해 해외와 국내에서 대규모의 봉사 활동을 전개한다. 그러나 이들은 참여 대학을 제외하고는 서비스-러닝과 그다지 연계되지 않았다. 그러나 대학 총장들은 대학생들의 지역사회 봉사와 학습을 촉진하기 위해 1986년 캠퍼스 콤팩트(Campus Compact)를 창립하며 서비스-러닝을 급속히 확산시킨다. 학생들에 의한 지역사회 봉사가 확산하고 있지만 단순한 소규모 대학 활동으로만 이루어질 것을 염려한 캠퍼스 콤팩트 회원 대학들은 다른 교육 단체들과 더불어 지역사회 봉사를 학문적 연구와 실질적 체험으로 결합하여 교육과정 속에 서비스-러닝으로 통합시키는 노력을 기울인다. 당시는 500개 이상의 대학이 소속 기관으로 확대되어 지역사회 봉사가 촉진되고 교과과정과의 연계를 추진하는 지원 센터를 설립하였다(Hartley & Saltmarsh, 2016).

서비스-러닝은 대학의 학부 교육에서 교수에서 학습으로의 전환을 일으키고, 순수 학문보다 문제에 초점을 맞추고, 개별 학습보다 협력 학습을 중시하고, 통합적 사고와 기술을 강조한다. 지역사회 봉사는 교과 학습을 향상하고, 참여를 통한 시민 학습과 자기 성찰로 인격에 긍정적 영향을 미치고, 대부분의 직업에서 핵심적 요소인 대인 관계의 기술을 향상시켜 준다는 점을 강조할 수 있다. 이들은 이론과 실천, 학교와 지역사회, 생각과 행동을 일치시키는 동기에 기반을 두기에 기존 대학교육은 상아탑으로서의 이미지를 넘어 지역사회 활동과 학교 교육을 결합하며 내부적인 개선과 정부와 조직의 지원을 통해 확대되었다는 점이 미국 대학의 사회봉사에 대한 강조와 노력을 보여준다(Felten & Clayton, 2011).

서비스-러닝에 대한 재정적 지원은 1993년 연방정부에서 지역사회 봉사지원법과 미국 봉사학습프로그램(Learn and Serve America Program)을 통해 대학의 서비스-러닝 운영 예산을 제공받고, 대학-도시발전 프로그램 또한 취약 지역의 대학에 지원을 하였다. 이들은 대학에서 서비스-러닝 운영 조직을 만드는데 투입되어 많은 대학이 서비스-러닝을 교육과정에 포함하여 운영하는 밑거름이 되었다. 행정적으로는 카네기 고등교육기관 평가(Carnegie Foundation for the Advancement of Teaching's Community Engagement Classification)의 항목에 서비스-러닝의 운영, 지원 조직 등을 포함하여 대학들이 경쟁적으로 서비스-러닝의 운영과 지원을 확대했다. 유사한 시기 미국대학협회(Association of American Colleges and Universities)는 2000년을 맞이하며 대학의 사회적 책무를 재확인하며 서비스-러닝과 대학-지역사회 협력은 대학교육의 중요한 일부임을 강조하였다. 실질적 운영 면에서는 캠퍼스 콤팩트에서 서비스-러닝과 관련한 교수계획서, 운영안내서 등의 다양한 자료를 공유하며 개설과 운영 지원 서비스를 제공하는 것이 확산에 큰 역할을 하고 있다(Welch, 2016).

미국 대학의 서비스-러닝 확대는 3가지의 배경과 노력이 맞물린 결과로 요약할 수 있다. 첫째는 경험 학습의 일부로 교육 효과를 증진할 수 있는 방법으로 채택되고 있으며, 둘째는 사회적 현실로 대학생 중심으로 구성된 해외 그리고 국내 빈곤 문제 해소를 위한 자원봉사단의 현장 경험을 수업에 반영하려는 의지에 정부 차원의 지원이 중요한 역할을 했고, 셋째는 대학생이 개인주의적 교육에 치중하는 문제를 봉사를 통해 극복하며 대학 본연의 공공성을 회복하려는 대학들의 자성적 노력이 연합체를 결성하며 실천으로까지 이어졌다.

대학교육에서 서비스-러닝을 적용, 확대하기 위한 이러한 다양한 노력과 지원 분위기는 대학과 정부 그리고 현장 활동이 이루어지는 지역사회 모두의 관심과 실천이 필요하다는 것을 보여준다. 이러한 노력은 최근에는 대학과 지역사회의 균형적 관계 정립과 공유된 혜택을 지향하며 비판적 서비스-러닝 논의 그리고 시행을 위한 장소 기반의 대학-지역 협력을 발전시키고 있다.

3) 한국 대학의 서비스-러닝

한국의 대학 봉사 활동은 해방 이후 농촌 사회의 문맹 퇴치를 위한 사업으로 전개되었고, 1970년대부터는 현 교육부의 후원을 받아 전국 대학을 총망라하는 연합체 사업으로 전국적인 규모로 농촌의 생활향상을 위해 진행되었다. 1990년대부터는 농촌 봉사 활동과 더불어 도시 빈곤 지역의 공부방이나 자녀 지도 활동도 증가하였으며 점차 대학들이 자체 자원봉사 조직을 갖추어 체계적으로 봉사 활동을 진행하였다(송민경, 2018). 이 당시 초·중등학교에서도 교과 위주의 교육과정 운영으로 소홀해진 인성교육을 강화하기 위해 학교생활기록부에 봉사 활동의 기록을 제도화하였다(주재홍, 2010).

전국의 대학 총장은 1996년 대학의 자원봉사 활동을 지원하기 위해 한국대학사회봉사협의회를 조직하여 대학 자원봉사를 확대하는 계기를 마련하였고, 2000년부터는 대학에서 사회봉사 활동을 효율적으로 인성교육을 실시하는 방안으로 인식하여 대학생 봉사 활동이 초중고생을 위한 학습 지도, 공공·민간단체 행정 지원, 해외 봉사 활동 등으로 다양하게 확대되었다. 또한 봉사를 교육, 연구와 더불어 대학의 필수 요건으로 인식하며 사회봉사 교과목을 교양필수 과목으로 지정하거나, 의무 봉사 활동 시간을 지정하여 봉사 활동을 졸업 요건으로 규정하는 등 다양하게 대학생들의 사회봉사 활동 참여를 장려하고 있다(김매이 외, 2014).

그러나 한국 대학의 봉사 활동은 대다수 단순한 노력 봉사 형태로 늘어나고, 사회봉사 교과는 현장 활동과 연계되지 않은 채 별도로 운영되어 교과와 지역 봉사 활동을 연계하는 서비스-러닝으로의 발전에는 한계를 보였다. 해외 봉사 활동은 대학 자체 그리고 한국국제협력단, 대학사회봉사협의회, 일반 기업체 등에서 큰 비용을 투입하여 진행하지만 학습 기회보다는 여행의 일부 그리고 스펙 만들기로 간주되는 문제를 드러낸다(권상철, 2018). 기업 주도의 대학생 봉사 활동의 가장 큰 장점은 많은 지원이 이루어지고, 취업 염려가 있는 대학생에게 매력적으로 다가가지만, 봉사 활동의 기본 정신과 가치를 상실하고 경력 만들기로 간주되는 문제를 가진다(김매이 외, 2014). 대학의 사회봉사는 우선 여러 프로그램이 내실 없이 양적으로 증가하고, 봉사 관련 교육프로그램이 없으며, 아직 대학 차원의 중요한 업무로 인식되지 않으며, 봉사 참여자와 수용자 간의 연계가 일 방향적이거나 비효율적인 문제 등으로 개선이 필요하다(김매이 외, 2014).

한국 대학의 사회봉사 활동은 학습과 연계한 봉사 활동, 즉 서비스-러닝 방식으로의 운영은 이를 지원하는 제도적 여건이나 지역사회와의 협력이 충분히 마련되지 않아 어려운 환경이다. 그러나 대다수의 봉사 활동이 대학 소재지 내에서 실시되고, 일부 대학에서 사회봉사 참여 지원을 넘어 사회봉사 학점제를 도입하여 서비스-러닝으로의 확대 가능성을 보여준다(장경원, 2010). 대학의 핵심 역량으로 봉사를 강조하더라도 대학은 봉사조직이 아닌 교육기관으로 학생 참여의 양적 측면보다 참여자들이 적절한 교육을 받고 봉사에 참여해 그 활동이 사회에 공헌할 수 있고 개인에게도 교육적 효과로 나타날 수 있는 서비스-러닝 방식으로 진행할 필요가 크다. 해외에서는 대학 봉사의 가장 많은 형태가 전공연계 봉사임에도 불구하고, 현재 한국은 사범대학이나 교육대학 학생들이 교사자격증 취득을 위해 참여해야 하는 60시간의 교육 봉사를 제외하면 그 예를 찾아보기 힘들다. 전공연계 봉사는 교수가 재능을 기부하고 학생들은 배운 내용을 실천함으로써 대학 구성원 모두가 참여할 수 있는 봉사의 형태일 뿐 아니라, 대학이 지역사회와 직접 협력할 수 있고, 학생들에게 전공과 관련된 실무적인 경험을 제공해 줄 수 있는 등의 여러 이점이 있다(김매이 외, 214).

사회봉사가 중요해지는 시대 상황에서 많은 대학에서 단기간에 사회봉사 활동이 확대되고 있는 것은 대학교육이 현실 사회와 연계되어 대학생들이 사회 참여의 시민적 자질을 향상하고, 사회의 중요한 구성원으로 성장할 수 있는 교육적 효과를 거둘 수 있다는 인식의 변화를 반영한 것으로 서비스-러닝 형태의 운영이 요구된다. 실제 현실 적용이 필요한 공학 등의 분야에서 리빙랩, 캡스톤 과목 등이 유사하게 운영되고 있으나, 사회 문제에 대한 인식과 참여를 높이기 위해서는 인문사회 분야로의 확대 노력이 필요하다(이승원, 2017; 성지은 외, 2019). 이는 산업화와 더불어 경제 발전기에 전문가의 수요가 높던 시기를 지나 환경 악화, 빈부격차 심화 등으로 사회적 가치를 새롭게 해야 한다는 시대 상황에서 대학교육의 변화를 도모하며 대학의 사회적 책무를 실천하는 방법이 될 것이다.

최근 서비스-러닝의 여러 방식 중 하나인 지역 기반 학습(community-based learning)이 일부 대학에서 적용되고 있다(이태동 외, 2017; 김의영, 미우라 히로키 편, 2019). 대표적 사례로 정치학 지역 기반 교과 운영을 들 수 있는데 수업을 대학 주변 지역의 문제를 파악하고 해결 방안을 모색하며 수강생들의 시민 의식과 실천적 지식의 함양을 목표로 한다. 이러한 시도는 대학이 대학 내 연구와 교육에만 전념하고 지역사회는 대학 구성원을 소비자로만 여기는 구분되어 온 관계를 극복하려는 목적을 가지고 진행한다. 지역사회와 협력하여 진행하는 수업은 학생들에게 삶의 현장에서 통합적 지식을 습득하고 활용하는 방법을 배우며 학습 효과를 높이고, 지역사회는 자신들이 처한 다양한 과제에 대해 대학으로부터 아이디어를 제공받고 학생 참여 등의 지원으로 협력 관계를 만들어 간다(이태동 외, 2017).

대학-지역 협력 수업의 과정과 성과는 여러 권의 단행본으로 출간되어 다른 대학에서 서비스-러닝 또는 지역 참여 학습의 적용과 확대에 도움을 받을 수 있다. 현재 서울 지역의 소수 대학의 한정된 교수진이 정치학 분야에서 지역 기반학습의 경험을 공유하는데, 다른 대학, 분야 등으로의 확대가 대학-지역 협력 학습의 확산을 위해 필요하다. 전공 분야 외 교양 과목을 진행하는 경험을 소개하는 사례연구들은 참여 학생과 수용자 또는 지역사회 모두에서 긍정적 영향을 언급해, 수업에 봉사를 포함하여 진행하는 서비스-러닝 형태의 수업은 보다 확대할 필요가 있다(안미리, 2019; 윤마병, 2019; 우대식, 2021). 한국의 서비스-러닝은 아직 시작 단계여서 점차 확대되어야 한다면 다양한 진행 과정의 경험을 공유하는 장이 마련될 필요가 있을 것이다. 여기에는 한국대학사회봉사협의회가 미국 캠퍼스 콤팩트의 역할처럼 다양한 서비스-러닝 또는 대학-지역 협력 수업을 위한 교수계획서, 교수와 학생을 위한 안내서 등의 자료를 공유하고 출간할 필요가 있으며, 대학별로는 지역 협력 조직 등에서 지역사회의 주민, 조직과 협업을 할 수 있는 사전 소통과 조율을 진행하고, 교수와 학생을 위한 서비스-러닝에 대한 이해와 진행을 위한 안내서를 발간할 필요가 있다. 미국의 경우 대학교육의 공공적 목적을 위한 캠퍼스 콤팩트는 1985년 개인주의적 대학생 세대가 자신의 부와 지위에만 관심을 기울여 지역사회 봉사를 촉진하기 위해 결성되어 서비스-러닝 또는 지역 참여를 교육운동으로 전개하며 다양한 관련 자료를 발간하고(예: Welch & Plaxton-Moore, 2019), 개별 대학 또한 지역참여센터(Community Engagement Center) 또는 유사한 이름의 조직이 서비스-러닝 안내서를 교수용으로 발간해 기존 교과목을 서비스-러닝으로 변용하거나 신규로 개설하는데 도움을 주고 있다(예: 미시간주립대학교의 Service-Learning Toolkit). 보다 근본적으로는 대학이 세계화와 경쟁 심화에 따른 교육의 신자유주의화로 축소된 본연의 교육, 연구 그리고 봉사의 사회적 책무감을 재인식하며 대학이 사회 변화에 대응하는 선도적인 역할을 담당하는 교육의 변화와 사회 발전을 견인하는 역할을 정립해야 할 것이다.

3. 비판적 서비스-러닝과 장소 기반 지역 협력

1) 대학의 사회적 책무

전통적으로 대학은 고등교육기관으로 교육과 연구를 통해 인류의 발전에 공헌하는 역할을 수행해 왔는데, 공공 재원이 투입된 미국의 대학은 지역에서 필요한 실용적인 지식과 기술을 제공하는 역할이 전 세계적으로 수용되며 교육과 연구 그리고 봉사가 대학의 기본 이념으로 자리 잡았다. 세계화와 경제 성장을 추구하는 시대는 경쟁적인 재정 확보와 취업 경쟁의 상황으로 대학마저 놓이게 하며 기본 이념마저 축소시켰다(Shek et al., 2017).

세계화와 더불어 신자유주의적 시장 지향은 대학 간 경쟁을 심화시켜 교육의 시장화와 상품화를 가져왔다. 세계화된 시장에서 성공하기 위해서는 재정 지원을 위해 산업 이해관계자에 대한 의존도가 높아져, 산학 협력이 확대되고 교육과정도 노동시장을 겨냥해 보다 전문화된 또는 기술 중심의 프로그램을 늘리고 있다. 학생들 또한 취업 기회가 점점 더 부족해짐에 따라 전 세계적으로 학생들은 학습과 재정적 이득을 고려하며 취업을 우선순위에 두었다. 많은 대학이 도구적 학습과 취업에 초점을 맞추며 대학교육은 전적으로 취업과 관련되어 있다. 대학은 교육보다 비용복구, 산업 연계 등의 관리적 측면의 행정이 우선시되며 직업 프로그램과 경제적 추구가 강조되고 일반적 또는 종합적 교육 그리고 사회 문제에 관심을 기울이는 프로그램은 감소하였다(Shek et al., 2017).

대학교육은 개인에게 이익이 되는 사적 재화로 변모하여 더 이상 공공재로 간주되지 않고 있다(Shek et al., 2017; 조동성, 문휘창, 2014). 학생들은 사회적 목적이 있는 교육보다 개인적 이익을 우선시하며, 사회 문제를 다루는 프로그램에는 참여를 꺼릴 것이다. 그러나 점차 심화되는 경제, 사회 분야의 문제는 대학의 사회 참여를 통한 협력을 요구하게 된다. 새천년을 준비하며 세계의 대학은 1999년 세계 대학 혁신네트워크(Global University Network for Innovation)를 유네스코의 지원을 받아 결성하며 대학의 사회적 책무를 강조하며 전 세계 고등교육의 비전과 정책으로 공공 서비스와 사회적 책임을 확대하는 목적을 명시하였다(Millican, 2019). 대학의 사회적 책무는 학생, 학계 및 시민 사회가 지역과 적극적으로 협력하며 얻을 수 있는 상호 이익의 가치를 강조하는데, 대학이 수행하는 사회 참여의 외부적 역할은 내부적으로 교육 및 연구에도 기여할 수 있어 선순환의 결과로 이어진다. 대학의 지역사회 봉사는 단순한 자선이 아닌 시간이 지남에 따라 지적 발견으로 이어지게 된다(Kagan & Diamond, 2019).

대학은 2000년 이후 다양한 형태의 지식과 활동을 지역사회와 공유하며 대학의 사회적 책임과 외부와의 협력을 대학의 핵심 역할로 강조하기 시작했다. 세계적으로 점진적이지만 협력을 통한 사회 참여가 확대되며 대학은 더 광범위한 사회로부터 배운다는 인식과 협력이 가져올 상호 혜택에 대한 인식을 높이고 있다. 대학과 지역사회의 협력은 양자에게 긍정적인 영향을 미치며 지속 가능한 관계로 발전시키려는 노력을 기울이고 있다(Coelho & Mennezes, 2021; 남수경, 2021). 대학과 지역사회의 호혜적 관계는 이제 용어에서도 지식 이전 대신 지식 교환, 서비스-러닝 대신 지역 협력(community engagement)을 사용하고, 시민 사회를 위해서가 아니라 함께 노력하는 책임 있는 공동체 등으로 대체하기 시작했다. 대학은 이제 지역사회와 협력하는 노력을 통해 평가되어야 한다는 생각이 확산하고 있다(Benneworth et al., 2013; Saltmarsh et al., 2014).

대학교육은 경험 학습 및 사회 협력을 통해 이전의 고용 가능성과 결과에 대한 집착을 넘어 보다 현실에서 요구하는 능력을 배양할 수 있다. 서비스-러닝은 기본적으로 대학과 지역사회의 협업 과정에서 참여 대학생들에게 실무 경험과 기술을 함양하는 기회를 제공해 후기산업사회의 고용에 필요한 소통과 협업 그리고 문제 해결 능력의 배양을 가능하게 해주는 실질적 교육과 고용 기회의 향상으로도 이어질 수 있을 것이다. 이러한 경험적, 실천적 교육 기회는 또한 다른 배경을 가진 사람들과 다양한 지역사회에서 같이 살 수 있는 능력도 갖추어 준다.

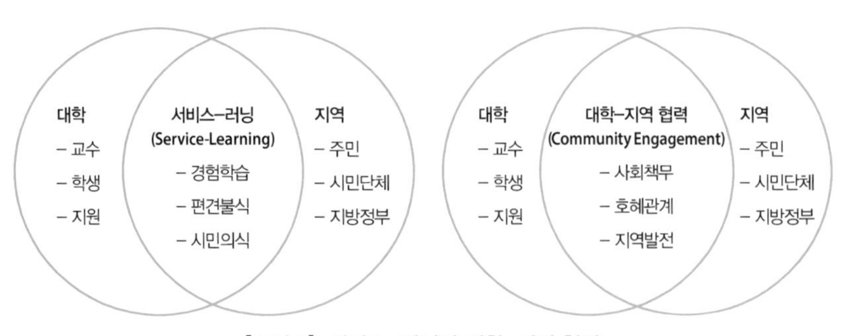

[그림 2] 서비스-러닝과 대학-지역 협력

전 세계적으로 대학과 지역사회의 협력은 긍정적으로 인지되며 지역사회 그리고 더 나아가 세계의 문제를 고민하고 참여하는 다양한 모습으로 전개된다. 서비스-러닝은 지역 기반학습(community-based learning)에서 공동체 협력(community engagement), 그리고 최근에는 장소 기반 공동체 협력(place-based community engagement)으로 점차 지역사회와의 관계를 긴밀하게 하고 대상 공동체도 보다 실질적인 협력이 이루어질 수 있는 구체적인 영역의 장소로 한정해 추진하고 있다. 이러한 다양한 서비스-러닝은 대학과 지역사회와의 협력으로 진행되는데, 학생들은 사회 문제를 지역, 국가 및 세계 차원과 이들의 관계 속에서 파악하고 참여 활동을 통해 비판적 시민 그리고 전문가가 되는 기회를 가질 수 있다. 지역사회 또한 필요 분야와 문제 해결을 위한 서비스를 제공받고 더 나아가 지역 지식과 자산에 대한 긍정적 인식으로 지역 변화의 새로운 동력을 얻을 수 있다.

오랜 역사를 가진 서비스-러닝은 이제 대학-지역 협력을 중심으로 상호성, 호혜성, 그리고 지속가능성을 지향하며 비판적 서비스-러닝 그리고 장소 기반 지역 협력 접근으로 발전하고 있다.

2) 비판적 서비스-러닝

서비스-러닝은 초기 개인의 목표만을 중요시하는 대학교육을 사회적 성장을 유도하기 위해 봉사나 실습을 수업에 포함시키는 형태로 시작되었다. 수업의 일부를 현장 활동으로 구성하며 학생은 현실을 경험하고 지역사회는 서비스를 제공받는 경험 학습의 형태로 확대하였다. 그러나 서비스-러닝을 경험에 기반을 둔 교수법으로만 고려하는 경우 현장 학습, 자원봉사 활동 등의 체험 학습과 유사해질 수 있다. 서비스-러닝을 단순한 지역사회 자원 활동으로만 고려하면 대학생들은 지역 현장에서 경험하는 빈부격차 등 다양한 사회 문제를 단순히 차이로만 인식할 수 있다. 차이를 다양성을 경험하는 것으로 진행되는 서비스-러닝은 부와 빈곤의 이분법을 고착시키는 잠재적 위험을 가질 수 있다(Butin, 2006; Jacoby & Howard, 2015).

서비스-러닝은 학생들이 자신과 다른 사람들의 삶에 영향을 미치는 사회적, 정치적, 경제적 힘을 이해하며 비판적 안목으로 사회정의의 문제를 검토하도록 유도할 필요가 있다. 서비스-러닝은 현장 활동을 포함한 방식의 수업을 하게 한 배경에 대한 관심과 성찰을 하도록 권장해야 한다. 사회적 불평등을 다양성으로만 바라보고 이 차이를 만드는 부당한 구조에 도전하지 않는 학습은 대학교육이 지향해야 할 빈부격차를 포함한 많은 사회 문제에 대한 인식을 키울 수 없으며 사회 불평등을 재현하는 활동으로만 한정될 수 있다(Mitchell, 2008).

대학생들의 지역사회 봉사 활동 참여는 사회 불평등의 근원에 대한 질문을 제기하는 비판적 안목으로 사회 문제의 인식과 해결에 중점을 둘 수 있다. 이는 서비스-러닝의 현장 활동이 노숙자 가족에게 음식을 제공하는 봉사 활동에 참여하는 것에서 더 나아가 노숙자가 생겨나게 한 경제적, 정치적 상황을 이해하며 이 문제를 개선하는 방법을 고민하는 비판적 접근을 강조할 필요가 있다. 지역사회의 문제에 대한 구조적 이해의 안목 없이 빈곤층을 대하는 경우 그 원인은 종종 대상자의 책임으로 단순화될 수 있다. 비판적 서비스-러닝은 잘 알지도 못하는 지역사회 문제를 해결하겠다며 학생을 참여시키고, 가르치려 드는 행동의 문제를 지적한다(Liu, 2020; Peterson, 2018).

서비스-러닝에서 사회 불평등의 구조적 이해와 관련하여 지역사회의 '필요'라는 용어는 주의해서 사용해야 한다. 이는 지역사회의 결핍을 암시하고 구체화하며 이를 바로잡기 위해 외부의 개입이 필요하다는 부족의 지역 이미지를 만들게 된다. 지역사회의 필요 그리고 문제를 인정하는 것은 반드시 결핍이나 부족을 의미하는 것이 아니라 서비스 제공자와 수혜자 간의 관계에서 만들어지는 문제 그리고 지원을 의미할 수도 있다. 실제 서비스-러닝은 대학생들이 많은 경우 한정된 시간 안에 대상 학생이나 주민에게 서비스를 제공해야 하기 때문에 접근하기 좋고 쉽게 필요를 정의하는 경우가 많다. 따라서 지역사회를 비난하지 않고 구조적 문제의 안목에서 필요를 재구성해야 한다.

비판적 서비스-러닝은 대학이 사회적 책임과 중요한 지역사회 문제에 초점을 맞추고 이를 위해 학생들은 사회 문제의 근본 원인과 이러한 문제를 영속시키는 구조를 이해하고 변화에 도전해 볼 수 있다. 이는 수업 중 필수 독서를 통해 현장에서 관찰되지 않는 이론과 관점을 습득함으로써 더 심도 있는 현장 경험을 가능하게 해주고, 이론적 관점이 학생들이 관찰하고 참여한 지역사회의 현실 문제를 적절하게 반영하는지에 대한 평가로도 이어질 수 있다. 이러한 사전 교육과 현장 활동 그리고 성찰 과정은 학생들에게 지역사회 현실과 변화 가능성을 이해하며 비판적 안목과 실천의 세계시민 잠재력을 길러준다(Andreotti & Pashby, 2013; Bruce, 2018).

서비스-러닝 학생들의 비판적 안목과 준비는 지역사회에 대한 이해와 협력을 통해 보다 구체적인 성과로 이어질 수 있다. 학생들이 지역사회 또는 그 지역의 사회기관의 사명과 업무에 대한 정보가 거의 또는 전혀 없는 상태로 활동에 참여하면 학생과 지역사회 모두를 곤경에 빠뜨린다. 실제 대다수의 학생은 지역사회를 소비자 이상으로는 접해 보지 못했을 것으로 그들이 활동하게 될 지역사회에 대해 배우고 이해할 수 있는 기회를 제공하는 것은 중요하다. 사전 지식의 부족은 지역사회의 기관도 마찬가지다. 대학과 지역사회 간 원활한 소통은 자기-타자 이분법을 넘어서고 진정한 협력을 위해 필요하다. 협력의 진정성은 한 학기에 이루어지지 않으므로 지속적인 관계와 장기간의 서비스 참여는 원하는 결과를 달성하는 데 필수적이다.

대학과 지역사회 협력의 명시적 목적은 봉사하는 학생과 지역사회 간의 차이점에 기반을 두지만, 사회의 불평등한 현실을 무시하지 않고 서비스 학습 경험에서 모든 사람들을 인위적으로 동질화하려고 시도하지 않는 관계를 만드는 것이다. 이러한 관계에서 공동의 목표와 공유된 이해는 진정성을 끌어내는 상호성, 존중 및 신뢰를 만든다. 서비스-러닝 경험의 상호성은 모두가 서로 배우고 가르치는 환경을 조성하고자 하는 것이다. 대학의 교수와 학생, 그리고 지역사회의 주민과 조직 간의 진정한 협력 관계를 형성하는 것은 학습 과정과 사회정의를 향한 작업에 매우 중요하다.

이를 위해서는 학생의 경우 현장 활동 경험 전체에서 학생과 교사 역할 모두를 동시에 수행하게 된다. 학생은 자신의 특정 분야에서 다양한 지역사회 구성원을 가르치거나 훈련하는 역할을 해야 한다. 동시에, 그 학생은 경험을 통해 오늘날의 사회에서 자신의 서비스를 필요로 하는 제도적 구조를 분석하고 이해해야 한다. 지역사회 구성원은 서비스 학습자에게 방향을 제공하고 참여 학생에게 해야 할 작업과 특정 작업을 수행하는 방법을 알려주어야 한다. 지역사회 구성원은 때때로 오리엔테이션 및 사전 훈련을 제공하고, 활동에 대한 피드백을 제공하고 학생들의 활동을 평가하기도 한다.

대학은 지역사회와 공유되는 목표를 위해 장기적인 관계를 설정하는 것이 신뢰에 기초한 서비스-러닝 그리고 지역사회 협력의 성공으로 이어지고, 진정한 협력 관계는 지역사회의 변화를 이끄는 프로그램, 정책 및 개입을 구현하는 토대가 되어 더 많은 발전을 도모할 수 있다. 대학은 지역사회에 대한 분석을 통해 직면한 문제에 대한 관심과 관심을 불러일으키고, 장기적인 협력 관계는 대학이 지역사회에 더 긴밀하게 참여하는 기초가 된다. 이는 대학과 지역사회가 협력하여 지역사회의 수요에 효과적으로 대응하고, 이는 서비스-러닝과 대학-지역 협력을 통한 학습 활동을 개발하고 운영하는 데에도 도움이 된다.

대학교육의 서비스-러닝은 현장 경험 학습을 포함하는 수업으로 시작해 사회 문제에 대한 비판적 안목 그리고 학습과 지역발전의 효과를 거두는 대학-지역 협력으로 발전하고 있다. 여기에 최근 실행 방법으로 명확하게 정의된 지리적 범위의 장소에 기반을 둔 지역사회 협력이 지속가능성을 담보하는 성공 모델로 관심을 얻고 있다.

3) 장소 기반 지역 협력(Place-based Community Engagement)

대학과 지역의 협력에 기초한 서비스-러닝은 대학교육의 학습 효과를 높이고 지역사회는 대안적 발전을 도모하는 호혜적 협력으로 전 세계적으로 확대되고 있으나, 대학과 지역사회의 평등한 협력과 사회 변화를 강조하는 비판적 안목과 더불어 지리적으로 초점을 맞추는 실행 전략이 관심을 얻고 있다(Dostilio, 2017; Yamamura & Koth, 2018). 장소 기반의 대학-지역 협력은 미국에서 공적 지원을 받는 주립대학 연합이 새천년을 맞으며 2002년 지역사회가 직면한 여러 문제를 해결하는 과정에 대학이 장소 책무성(stewardship of place)을 주창하며 강조되었다. 장소 책무성의 틀에서 대학의 지역 협력은 학습자와 교수자로 특정 장소의 지역사회와 상호작용하며 호혜적 관계를 지향한다.

유사하게 2006년 미국의 대학 평가 항목에 서비스-러닝 교과목 개설과 지원 그리고 지역사회와의 협력 작업을 포함하며 강력하게 지리적 초점을 가진 대학과 지역사회의 협력을 활성화하게 되었다(Saltmarsh et al., 2014; Lee, 2020). 장소와의 관련 측면에서 지역사회와 공적으로 협력하는 대학은 해당 지역에 대한 이해가 높아지며, 지역에서의 인식 또한 높아진다. 대학은 국가 및 글로벌 수준에서도 상호 연계되어 있지만, 지역 협력 특히 공립대학은 가장 일관되고 신뢰할 수 있는 대학 옹호자가 될 수 있는 이웃에게 의미 있는 방식으로 협력할 필요가 있다. 대학이 장소 책무성을 구현하는 분야는 시민참여, 학교와의 협력, 경제발전 등을 들고 있다(Dostilio, 2017).

이러한 특정 장소에 초점을 맞추는 대학-지역 협력은 특정 장소의 여건과 상황에 대해 세부적인 조사와 연구를 진행하며 위기와 기회를 평가함으로써 심오하고 지속적인 사회 변화를 도모할 수 있다. 대다수의 대학과 지역사회는 초기 협력 관계를 추구할 때 누구와 그리고 왜 파트너가 되어야 하는지에 어려움을 겪는다. 따라서 다양한 파트너 관계가 형성되는데 이들은 장기적인 협력으로 이어지지 못하는 경우가 많다. 특정의 분야, 기관보다 지리적 범위에 초점을 맞추는 것은 대학과 지역이 굳건하고 지속 가능한 협력 관계를 형성할 수 있고 모든 이해관계자들도 적극적으로 참여하려 할 것이다.

대학은 이제 지역사회와의 보다 나은 연계를 위해 계획적인 접근을 취하고, 국지화된 지역 협력 활동에 매진한다. 장소는 특정 종류의 커뮤니티 참여 작업의 위치가 아니라, 그곳에 있는 자연적 또는 인공적 물리적 형태와 이와 더불어 일어나는 사회적 과정 그리고 그곳에서 인지되고, 이해되고, 상상되고, 해석되는 의미와 가치가 상호작용으로, 이웃으로서의 존재를 요구한다(Dostilio, 2017). 일반적으로 이웃이 된다는 것은 한 장소 안에 있는 것이 아니라 장소의 일부가 된다는 것이다. 즉 대학은 연구를 위해 장소를 다루는 것이 아니라 장소의 주민이다(Keller, 2015; Siemers et al., 2015). 대학은 지역사회와의 협력에서 지도자가 되는 것이 아니라 학습자, 지지자, 파트너로 가장 잘 표현될 수 있으며 커뮤니티에서 환영하는 경우 커뮤니티 개발 계획 프로세스의 참여자로 고려하는 것이 바람직하다.

대학과 지역의 협력은 지식의 최전선을 발전시키고 지역사회의 힘을 구축하며 학생들이 영향력 있는 삶을 영위할 수 있도록 준비시킬 수 있는 기회를 제공한다. 센터를 통해 대학은 다양한 집단과 협력하여 포괄적이고 강력한 공동체 관계를 구축하여 커뮤니티 전문 지식을 활용하여 연구 의제와 학생의 교육 경험을 형성할 수 있다. 장기적 안목의 특정 장소 기반의 대학-지역사회 협력은 대학 차원에서도 조직적 지원을 포함한 장기적 계획을 수립하게 되고, 지역사회 또한 이에 부응하여 협력 관계를 위한 직원 배치 등의 노력을 아끼지 않을 것이다. 이러한 안정적인 관계는 공동의 프로젝트를 수행하고 늘리는 토대를 만들어 선순환의 관계로 발전해 나갈 수 있다.

대학의 서비스-러닝은 종종 일시적인 활동으로 그치는 경우가 많은데, 학기가 종료되며 학생의 지역사회 참여는 더 이상 지속되지 않는다. 특정 장소와의 장기적 협력 관계에서는 대학 차원에서도 서비스-러닝을 특정 장소에서 여러 학기에 걸쳐 진행할 수 있고, 서비스-러닝은 다른 봉사 활동이나 인턴 등으로 장기간에 걸쳐 이루어질 수 있으며 대학생의 학습 경험을 향상할 수 있다. 학생뿐 아니라 교수들 또한 지역사회에 초점을 맞춘 협력 연구와 수업을 발전시킬 수 있으며 대상 지역의 역사와 현재 상황에 대한 이해를 더하며 장기적인 협력 관계를 강화하게 된다. 또한 대상 지역에 대한 지식이 누적되고 든든한 관계는 교수들에게 다양하고 진전된 서비스-러닝을 전개할 수 있는 토대를 마련해 주고, 연구 기회로도 연결될 수 있다.

장소 기반 지역사회 협력은 전통적인 서비스-러닝과 학습과 지역 협력을 연계하는 측면에서는 유사하지만, 대학 전반에 걸친 보다 광범위하고 통합된 협력 기반을 제공한다. 즉 전통적인 서비스-러닝은 개별 교수가 지역사회 파트너와 수업과목의 봉사기회를 논의해야 하지만, 장소 기반 지역사회 협력에서는 기존의 협력 체계 속에서 적합한 수업 활동의 분야를 찾으면 되는 차이를 보인다. 이러한 대학 전반의 지역사회 협력은 한정된 특정 지역을 대상으로 이루어지지만 이들 장소에서 교육, 주택, 보건, 경제발전 등 포괄적 협력은 역량 강화로 이어지는 성과를 거두고 있다(Miller, 2015). 대학의 장소 기반 지역사회 협력은 대학과 지역사회 모두가 영향을 받는 것에 초점을 맞추기 위해 명확하게 정의된 지리적 영역 내에서 대학 차원에서 장기적으로 지역주민, 조직 등과 협력 관계를 맺는 약속이다(Yamamura & Koth, 2018).

명확하게 정의된 지리적 영역에 초점을 맞추는 것은 대학이 특정 지역사회의 주민, 조직 그리고 기업들과의 협력에 집중하려는 의도를 가진다. 한 장소에 초점을 맞춤으로써 대학과 지역사회가 그 지역의 인구, 역사 자료 등을 활용한 기초 조사와 분석을 통해 협력을 체계적으로 이어갈 수 있다. 대학은 주변 지역, 특히 인근 구역의 빈곤층, 열악한 학교 등을 대상으로 협력 활동을 전개하며 장기적으로는 이웃 관계로 발전하게 된다. 이러한 관계는 대학이 학생들의 학습 효과를 위해 시작된 서비스-러닝의 지역사회 봉사가 대학에는 조사와 연구 활동으로 확대되고 지역사회는 안정적인 다양한 분야에서의 협력을 통해 모두가 긍정적 영향을 받는 결과로 이어진다.

이러한 장소 기반 대학-지역사회 협력은 기본 봉사 활동을 교과목으로 운영하는 서비스-러닝의 오랜 역사를 가진 미국에서 최근 강조되는 접근으로, 예를 들어 시애틀대학교는 대학과 인접한 남쪽의 역사적으로 해외 이주자들이 집중하고 있는 구역 학교의 학업 성취를 높이는 목표로 시 정부, 연방정부 주택부, 교육청, 지역 시민조직, 그리고 주민들과 함께 방과 후 학습, 멘토링 프로그램, 그리고 대학 내에 대학 입학을 준비시키는 대안 고등학교를 운영하고 있다. 또한 이들 지역의 일부가 정부 예산이 투입되는 재개발 대상이 되며 대학과 지역사회가 조율하여 예산의 일부를 학습 프로그램을 위해 배정하는 협력적 관계로 발전했다(Yamamura & Koth, 2018).

한국에서도 서울의 일부 대학에서 인근 지역에 대한 지역사회 협력이 지방정부와 협조하며 지역 기반학습으로 진행되고 있다. 대학 인근 지역에 대한 관심은 대학 구성원들의 거처이자 생활공간으로 다양한 상호작용이 이루어지는 곳임에도 소비 공간으로서만 간주되며 대학과 지역이 구분 지어지는 문제를 극복하는 방안으로 서비스-러닝을 시도하는 노력이다. 현재까지 책자 형태로 출간된 성과물은 학생 주도로 지역사회에 대한 다양한 조사를 진행하며 근린 지역에 대한 조사 자료를 누적시키며 지역사회와의 협력 토대를 만들고 있으며 학생들이 수업의 객체에서 주체로 변화하는 학습 효과의 성과를 내고 있다(이태동 외, 2017; 김의영 외, 2018).

최근 장소 기반 지역 협력은 대학과 지리적 근린(neighbor) 지역의 관계를 일회성이 아닌 장기적 안목으로 접근할 것을 강조하며 대학 교육과정의 일부로 포함하고 지원 조직 또한 편성하고 있다(Yamamura & Koth, 2018). 대학과 지역사회의 장기적 협력은 교류가 편리하게 이루어지는 근린 지역을 우선시하는데, 경험을 누적하며 점진적으로 근린 지역을 다변화해 대학생 해외 봉사 활동 그리고 학생교류 프로그램들도 서비스-러닝 그리고 대학-지역 협력 활동으로 구성한다면 보다 학습 효과를 높이는 활동이 될 수 있을 것이다.

4) 지역사회 협력과 대학교육의 변화

대학은 교육, 연구와 더불어 봉사를 핵심 목표로 추구하는데, 교육을 통한 인재 육성과 연구 성과의 전수를 통해 봉사가 이루어지지만 보다 구체화된 형태인 서비스-러닝은 수업에 봉사 활동을 포함하여 학습과 사회 모두에 긍정적 효과를 내며 확대되고 있다. 대학의 봉사 활동은 단순한 경험 학습을 넘어 사회 문제에 대한 정의적 측면에서 접근하고, 일회성이 아닌 장기적 효과를 위해 대학 인근 지역을 명확히 설정하여 다양한 대학-지역 협력 활동을 통합하여 전개하는 것이 실제 대학과 지역사회 모두에 긍정적 영향을 미치는 것으로 나타나고 있다.

대학은 오랫동안 상아탑으로 지역사회와 구분되어 암묵적으로 위계적인 관계를 보여 왔다. 대학의 서비스-러닝에서 시작된 지역사회와의 협력은 새로운 호혜적 관계로 발전하고 있다. 대학은 기존 가르치는 교육에서 배우는 학습으로 변화하며 현장 경험을 위해 지역사회를 필요로 하고, 지역사회는 정부와 시장 영역에서 충족되지 않는 서비스를 대학과 협력하여 제공한다. 이러한 과정에 지역사회에 대한 정보와 이해는 새로운 연구 과제로도 이어지며 점차 전문화되는 선순환적 구조를 만들게 된다. 대학의 서비스-러닝을 통한 지역사회와의 협력은 지방정부, 시민단체들의 참여로 더욱 활력을 받으며 대학은 항상 지역사회와 함께 한다는 것을 보여주고 있다(염민호, 2018).

대학교육은 사회 변화와 더불어 지속적인 변화를 필요로 하는데, 서비스-러닝은 대학이 경쟁적 분위기 속에서 순위와 학생 취업에 치중하는 모습에 대한 반성으로 대학의 기본적 책무를 되찾는 노력으로 시작되었다. 이러한 배경으로 서비스-러닝은 대학의 학습효과가 지역사회보다 우선으로 고려되며 봉사 활동은 자선적 성격으로 진행되며 사회 문제에 대한 학생들의 관심을 높이기보다 역효과를 내는 문제를 드러내기도 했다. 점차 대학의 서비스-러닝은 지역사회에 대한 관심을 높이고 사회 정의적 안목을 키우는 방향으로의 전개를 강조하고 있다. 여기에 수업과 연계한 대학-지역사회 협력은 단기적 활동으로 그칠 수 있어 대학 인근의 구체적인 장소를 대상으로 활동을 전개하며 대학과 지역사회의 호혜적 관계를 지속적으로 유지하는 방향으로 발전하고 있다.

서비스-러닝과 대학-지역 협력은 종종 대학에서 문제기반학습, 액션 러닝 등에서 사회 문제에 초점을 맞추고, 대상 지역사회 또한 이에 부응하여 또는 외부의 지원을 받기 위해 문제점을 강조하는 경우가 많다. 이는 해당 지역을 부정적 이미지로 재현시켜 활동 참가자들이 편견을 가지고 접근하고 외부의 지원도 외부인의 시각에서 해결책을 찾는 방향으로 이어질 수 있다. 지역주민은 서비스 수혜를 받는 대상으로만 고려되어 이들의 지역 지식이나 문제 해결 능력은 무시되어 아래로부터의 지역 역량은 관심을 얻지 못하는 경우가 보편적이다. 이러한 문제는 대학과 지역사회 간의 빈번한 소통과 지속적인 연계 활동을 통해 일부 극복이 되지만, 보다 근본적으로는 지역사회의 문제보다 잠재력과 자산(asset)에 초점을 맞추는 대안적 접근을 시도할 필요가 있다.

자산 기반의 지역발전 접근(Asset-Based Community Development)은 미국 도시들이 1970년대 초 탈산업화 과정에서 대규모 실업이 발생하고 지역경제가 황폐해지며 대학과 연구소, 정부 기관들이 대다수 지역의 수요와 문제에만 초점을 맞추는 대안으로 주민 그리고 이들의 재능, 능력, 창의성 등에 초점을 맞춘 연구에서 소개되었다. 기본 아이디어는 부족과 반대되는 능력에 집중하면 지역발전을 촉진하는 데 도움이 될 수 있다는 것이다(Garcia, 2020). 대학, 비영리 단체 및 자선 재단과 같은 기관은 지역사회 주민들이 공유하는 성공 사례를 발굴하고 주민들이 필요로 하는 서비스 제공 대신 주민들을 지원할 수 있는 방법을 찾을 수 있다. 자산 기반 접근은 지역주민을 수혜자가 아닌 시민으로 고려하며 외부의 재정, 서비스 지원보다 주민과 그들의 관계로 형성되어 있는 사회 자본에서 찾는다(Mathie & Cunningham, 2003; 이창언, 김광남, 2015).

주류 경제에 대한 대안을 모색하는 경제 방식은 오래전부터 있었으나, 최근 경제적 가치를 추구하는 시장과 국가 주도의 주류 경제를 넘어서는 대안적 경제가 관심을 얻고 있다. 사회적 경제는 구체적 실현 방식으로 협동조합, 연대경제, 윤리경제(고동현 외, 2016), 공간적으로는 공동체 경제(community economy)를 언급한다(Gibson-Graham, 2008). 공동체 경제는 작은 단위의 지역 경제를 사회적으로 착근된 공동체 소유와 주도로 윤리적이고 환경적으로 지속가능하게 운영하는 것을 지향한다. 공동체 경제는 공공재에 기반을 두는 경우가 대다수로 지역의 자산에 기반을 둔 접근과 유사한 모습으로, 대상 지역의 조사 과정에서 수요와 더불어 자산, 주민의 자신감과 성공담 등을 수집하여 정리하는 작업이 중요하다.

지역사회의 자산을 조사하는 작업은 많은 인력과 시간을 필요로 하므로 대학과 지역사회의 협력 작업으로 진행할 수 있는 서비스-러닝의 현장 활동으로 적합하다. 대학의 교과인 연구방법론에 조사는 중요한 주제이고, 문제기반학습, 액션 러닝 등은 여러 교과에서 다루고 있어 지역의 수요와 자산 조사는 대학과 지역사회의 협력 활동으로 중요하다. 교과 수업의 전반부에 과목의 배경 지식을 위한 이론 수업에 이어 지역사회 활동을 위한 수업에서는 주민과의 소통법 등과 더불어 지역의 자산을 다양한 분야에서 파악할 수 있는데 주민과 규범, 협회와 기관, 그리고 물리적 환경 등이 보편적 구분이다. 지역사회의 자산을 파악하고, 이에 기초한 발전방안의 모색은 외부 지원에 전적으로 의존하거나 외부 지원이 축소되더라도 지역사회의 공유된 정체성과 자생적 지역 변화를 시도하는 토대를 제공한다.

대학의 서비스-러닝 그리고 대학-지역 협력은 다양한 지역을 대상으로 적용될 수 있다. 해외 봉사 활동의 경우도 정보나 지식이 많지 않은 개발도상국에 대해 가난과 빈곤의 문제를 안고 있고 기술 수준도 낮아 다른 나라의 도움이 필요하다는 서구에서 만들어 낸 과도한 빈곤의 이미지를 부여하며 동정적 신식민주의적 봉사 여행이라는 형태를 띠는 경우가 많다. 비판적 서비스-러닝 논의에서 지역사회 활동이 종종 개인주의적, 자선적 양상을 지적하듯이 해외 봉사 활동도 빈곤에 대한 동정적 접근보다 개발도상국 지역과의 결속과 동반자적 입장에서 협력과 상호 혜택을 강조해 비판적 안목의 접근을 강조할 필요가 있다(권상철, 2018).

공동체 경제를 지향하는 자산 기반의 접근 사례로 개발도상국 필리핀의 자그나 지역의 실제 수요와 자산을 조사한 연구는 주민 특성과 규범, 지방정부, 학교와 병원 등의 지역 협회와 기관 그리고 사회기반시설과 자연환경 등을 지역 기반 지원으로 정리한다(Gibson-Graham, 2005). 자산 기반 접근의 미국 지역사회의 사례로는 수요 측면에서는 범죄, 결손가정, 실업, 복지수혜자, 학업중단, 슬럼 주택 등을 찾을 수 있으며, 자산 측면에서는 청년층, 문화단체, 종교기관, 이웃 단체, 도서관, 학교, 기업, 병원 등을 제사할 수 있다(Indianapolis Neighborhood Resource Center, 2012).

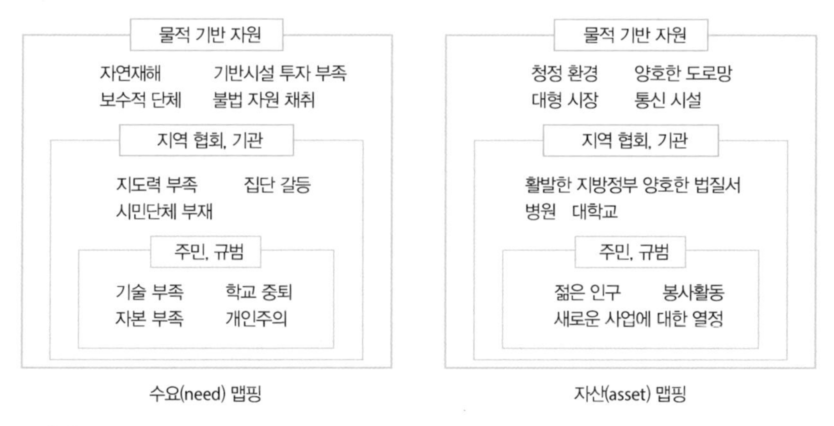

※ 출처: Gibson-Graham(2005)

[그림 3] 공동체 경제의 수요와 자산 접근: 필리핀 자그나 사례

대학생 해외 봉사 활동은 한국에서도 최근 상당한 규모로 대다수 자원 활동 형태로 이루어지는데 대학 교과목과는 별개로 운영되는 경우가 대다수이다. 또한 현지에서의 활동이 교실 수업과 노력 봉사 위주로 진행되는데 이를 학점과 연계된 서비스-러닝 형태로 운영한다면 보다 책임 있는 활동이 가능할 것이다(Bringel & Hatcher, 2011; Hartman et al., 2018). 특히 현지 지역 활동으로 빈곤 상황과 더불어 자산 발굴의 조사를 진행한다면 참여 학생들은 개발도상국 지역의 경제와 사회에 대한 이해를 높이고, 비판적 서비스-러닝과 대학-지역사회 협력에서 강조하는 동등한 입장에서 호혜적 관계를 만들어 가는 실천 활동이 될 수 있다. 추가로 해외 봉사 활동은 준비 과정과 비용 측면에서 다수의 학생들이 참여하기에는 제약이 따르는데 국가 내 다양한 민족집단이 집중하고 있는 특정 지역을 대상으로 교육 봉사 활동을 전개하는 것도 글로벌-다문화 역량을 키우는 서비스-러닝 활동으로 고려될 수 있다 (Pederson et al., 2015; Sobania, 2015).

대학의 서비스-러닝은 전통적인 수업과 봉사를 겸하는 방식에서 점차 봉사를 넘어 빈곤과 불평등 등 사회 문제의 원인과 구조에 대한 비판적 안목으로 배양하고, 대학과 지역의 협력은 명확한 장소와 구역을 설정해 지역 문제 해결을 위한 다양한 협력을 장기적으로 전개하는 방향으로 진화하고 있다. 여기에 지역의 문제에 초점을 맞추는 것에 더해 지역의 자산에 기반을 둔 잠재력을 부각하는 대안적 지역 협력 논의까지 더해지고 있다. 서비스-러닝의 다양한 방식의 운영은 대학의 학습 효과 진작과 더불어 지역사회의 변화를 유발하며 호혜적 협력 관계로 발전할 가능성을 열어준다. 대학의 지역사회 협력은 민간이나 정부가 할 수 없는 역할을 대학의 사회적 책무로 수용하며 확대되고 있다. 여기에 지역사회의 국지적 공간을 중요하게 고려하는 대학-지역 협력은 최근의 마을 단위 사회적 경제 실천과도 유사한 모습으로 대중적 지지를 받으며 대학은 지역사회의 핵심 기관으로 자리를 잡아가고 있다.

4. 제주 미래 교육을 위한 방향

대학은 초기 교육기관으로 시작해 연구 기능을 더하고, 이후 미국에서 정부 지원으로 대학교육이 대중화되며 공공성을 강화하는 봉사가 새로이 추가

되어, 교육, 연구, 그리고 봉사를 주요 목표로 삼고 있다. 대학의 봉사 중 일부는 서비스-러닝으로 구체화 되어 나타나는데, 서비스-러닝은 지역사회 봉사와 협력 활동을 수업의 일부로 포함하고 현장 경험을 학습으로 반영하여 학점을 부여한다. 서비스-러닝은 교수, 학생, 직원 및 지역사회를 연결하여 모두가 교육 자원, 문제 해결의 협력자가 되게 한다.

대학교육에서 봉사는 최근 새로이 강조되는데 대학이 세계화로 심화된 경쟁 상황에서 학생 유치, 취업률 등에 치중하는 변화에 대한 자성이 그 배경에 있다. 대학의 공공성 약화와 대학생의 개인주의화 성향은 1990년대 미국에서 수업을 봉사 활동과 겸해 운영하며 경험 학습의 효과와 사회 문제에 대한 관심과 참여를 높이는 방식으로 대응하며 서비스-러닝을 적용하였다. 대학들이 교육을 내실화하고 사회적 책무를 되살리려는 자성적 노력으로 시작된 서비스-러닝은 정부의 지원과 현장 활동에 대한 지역사회의 협력이 결합하며 점차 확대되었다. 서비스-러닝은 초기 수업 효과를 상대적으로 우선시했으나 대학과 지역사회가 보다 긴밀한 대학-지역 협력으로 발전하고 그 지향점도 경험 학습, 편견 불식 등에서 보다 진전된 사회적 책무, 호혜적 관계 등의 지향으로 확장한다.

이러한 대학과 지역사회 협력이 긴밀해지며 서비스-러닝도 유사하게 진행 과정에서 드러난 문제를 보완하기 위한 노력을 기울이는데, 대학생들이 사회 문제에 대한 충분한 이해와 준비 없이 참가하는 경우 대학과 지역사회 간에 기존에 있었던 위계적 구별이 좁혀지기보다 오히려 고착시키는 결과로 이어지고, 지역사회의 빈곤과 불평등을 지역 내의 문제로만 고려하는 경우 대학의 사회적 책무와는 거리가 있는 접근으로 바람직하지 않다. 이러한 상황은 비판적 안목으로 서비스-러닝을 진행하며 지역사회에서의 단순한 봉사 활동을 넘어 사전 준비와 사후 성찰을 통해 보편적으로 현장 활동이 초점을 맞추는 빈곤과 사회 불평등에 대한 구조적 관점에서 이해를 도모하고, 대학과 지역사회가 서비스 공급자와 수혜자의 관계가 아닌 동등한 협력자로 활동을 구성하고 진행하는 방향으로 발전하고 있다.

대학과 지역사회의 협력 활동은 학생들에게 사회 책임의식과 참여를 고취하고 사회에서 긍정적인 변화를 끌어내는 가능성도 높아 전통적으로 대학이 지녀왔던 사회적 책무를 보다 구체적인 장소 책무성으로 발전시킨다. 장기적인 대학-지역 협력은 구체적인 활동을 전개할 지리적 장소를 정하고 이들 다양한 협력 관계를 통합하여 발전시키며, 이를 통해 누적된 정보와 지식은 학생뿐 아니라 교수들에게 서비스-러닝을 적용할 토대가 되고 연구 주제로도 발전할 수 있을 것이다. 한국의 대학도 2010년대 들어 사회 공헌을 표방하며 대학교육에 변화를 시도하고 있다. 이는 대학들이 사회혁신의 선두주자로 대학 본연의 책무를 상실했다는 자성과 사회적 요구에 부응하는 변화로 서비스-러닝을 통해 현장 활동을 포함한 수업을 확대하는데, 이는 학생들에게 직접 경험을 통해 현실 세계에서 문제 제기와 해결 능력을 키우고, 자신의 활동이 더 나은 세상을 만드는 성과로까지 이어질 가능성을 높인다.

대학교육과 지역사회의 변화를 만들어 내는 서비스-러닝 그리고 대학-지역 협력은 많은 대학과 지역으로 확대될 필요가 있으며, 이를 위해서는 대학과 정부 그리고 지역사회 단체가 긴밀한 노력을 기울여야 한다는 선례를 참고할 수 있다. 대학과 지역사회 협력의 서비스-러닝은 여러 나라에서 도입하며 자신들의 상황에 부합하는 형태로 진행되는데 공통의 핵심 원칙을 되새기며 적용할 필요가 있다. 여기에는 현장의 봉사 활동이 대학교육의 연장으로 이루어지는 것이기에 부여하는 학점은 봉사에 대한 것이 아니라 학습을 위한 것이며, 이로 인해 대학의 학습효과에만 치중한 활동이 이루어질 경우 지역사회는 수용자로만 인식될 수 있고, 지역사회의 문제에만 치중하기보다 지역주민과 더불어 외부인의 객관적 시각으로 자산을 발굴하는 지역 조사 활동을 병행하며 지역사회의 참여와 역할을 균등하게 고려할 수 있다. 대학과 지역사회의 협력으로 이루어지는 새로운 교육의 시도는 보다 나은 세상을 만들기 위한 대학에서의 변화 노력이다.

참고문헌

제1장

고성휴. (1985). 삼무의 얼 전승 방안. **교육 제주**, 55, 185-200.

고재환. (1984). 삼무 정신의 전승. **교육 제주**, 54, 60-65.

고전. (2007). 제주특별자치도 설치에 따른 교육자치제 변화 연구. **교육행정학연구**, 25(3), 197-218.

교육정책디자인연구소. (2020). **소환된 미래 교육**. 서울: 테크빌교육.

김정임. (1992). **교육개혁정책의 유형론적 연구: 1960년대~1980년대**. 석사학위 논문, 경남대학교, 마산.

김지영. (2020). **미래 교육을 멘토링하다**. 서울: 아이씨티컴퍼니.

김진희, 이로미. (2019). 세계 시민성 관점에서 본 제주도 예멘 난민 사태와 한국 다문화 교육의 과제. **다문화 교육연구**, 12(3), 37-64.

노경섭. (2019). **제대로 알고 쓰는 논문통계분석**. 서울: 한빛아카데미.

윤성혜, 장지은, 임현진, 임지영. (2019). **미래 교육 인사이트**. 서울: 지식과 감성.

이범. (2021). **문재인 이후의 교육**. 서울: 메디치.

이봉화. (2019). 제주이해교육의 현주소와 추진계획. **교육 제주**, 175, 16-21.

이성회, 김미숙, 송수희, 정바울, 박영, 조윤정. (2015). **세계시민교육의 실태와 실천과제**. 충북: 한국교육개발원.

이재필. (2016). **대구 지역 정체성 정립을 위한 기초 연구**. 대구: 대구경북연구원.

장인혜. (2017). '배움'과 '협력'의 프로젝트수업. **서울교육**, 229. http://webzine-serii.re.kr/배움과-협력의-프로젝트-수업/

제주도교육연구원. (1983). **국민정신교육 향토자료: 탐라의 교육유산**. 제주: 제주도교육연구원.

제주도교육위원회. (1984). **교육자료: 삼무의 얼**. 제주: 제주도교육위원회.

제주도교육연구원. (1984). **옛 제주의 민속·세시풍속·민요**. 제주: 제주도교육연구원.

제주도교육연구원. (1985). **교육자료: 삼무의 얼**. 제주: 제주도교육연구원.

제주도교육위원회. (1985). **교육자료Ⅱ: 삼무의 얼**. 제주: 제주도교육위원회.

제주도교육위원회. (1986). **교육자료 Ⅲ: 삼무의 얼**. 제주: 제주도교육위원회.

제주도교육연구원. (1986). **삼무 정신 교육자료집**. 제주: 제주도교육연구원.

제주도교육위원회. (1987). **교육자료 Ⅳ: 삼무의 얼**. 제주: 제주도교육위원회.

제주도교육연구원. (1987). **삼무 정신 교육자료집 1987**. 제주: 제주도교육연구원.

제주도교육위원회. (1988). **교육자료 Ⅴ: 삼무의 얼**. 제주: 제주도교육위원회.

제주도교육청. (1995). **제주교육의 발자취: 역대 교육감 교육행정 자료집**. 제주: 제주도교육청.

제주도교육청. (1999). **제주교육사**. 제주: 제주도교육청.

제주특별자치도교육청. (2020). **2020 제주이해교육[제주 정체성 교육] 활성화 시행계획**. 제주: 제주특별자치도교육청.

제주특별자치도교육청. (2021). **2021 제주이해교육[제주 정체성 교육] 활성화 시행계획**. 제주: 제주특별자치도교육청.

컨슈머 인사이트. (2019). **국민앱 '카카오톡' 10대에겐 '아재앱'?**. http://www.consumerinsight.co.kr/up_files//[19상-03]%20국민앱%20카카오톡%2010대에겐%20아재앱.pdf

홍미화. (2020). 포스트 코로나 시대, 학교와 교사의 재발견. 이영한(편), **포스트 코로나 대한민국**(pp. 209-222). 파주: 한울.

홍원표. (2011). 글로벌·다문화시대에 적합한 정체성 교육의 내용 영역 구안 및 교과교육학과의 연계 방안 탐색. **교육과정평가연구**, 14, 1-23.

제2장

강은숙, 이선옥. (2015). 킹던의 MSF 모형을 활용한 혁신학교의 정책변동분석. **교육문제연구**, 21(1), 1-31.

강은주. (2017). **제주형 자율학교에 대한 다차원 정책 분석**. 박사학위 논문, 제주대학교, 제주.

경기도교육청. (2018). **2019 혁신학교운영 기본 계획**. 내부자료.

경기도교육청. (2020). **2020 지역 중심 경기미래학교 추진계획**. 내부자료.

교육부. (2019). **혁신학교(지구) 질적 도약을 위한 혁신학교(지구) 지원 기본 계획(안)**. 내부자료.

김도기, 김지선, 문영진, 김제현, 권순형, 문영빛. (2019). 미래 학교의 개념 및 공간 설계의 방향 탐색. **교원교육**, 35(2), 119-146.

김성천. (2018). 혁신학교 정책의 여섯 가지 차원의 딜레마. **교육문화연구**, 24(2), 33-56.

김성천, 김요섭, 박세진, 서지연, 임재일, 홍섭근, 황현정. (2018). **학교 자치**. 서울: 즐거운학교.

김승희. (2020). 서울교육공간의 미래를 위한 일곱 개의 실천 전략. 함영기 외 (편), **교육혁신의 시대 배움의 공간을 상상하다** (pp. 46-59). 서울: 살림터.

김영자. (2021). **혁신학교 미래 방향 탐색. 혁신학교 미래 방향 탐색 토론회 자료집** (pp. 7-25). 경기: 경기도교육청.

맹준호, 이호진, 김성중, 이상민, 이승민, 송병준. (2012). **미래형 창의지성 학교모델 구축 연구**. 경기: 경기도교육청.

박수정, 박정우. (2020). 시·도교육청의 혁신학교 정책 분석: 2019학년도 혁신학교 계획을 중심으로. **학습자중심교과교육연구**, 20(9), 621-645.

박수정, 정바울. (2020). **학교 자치 진단 지표 및 진단 도구 개발**. 서울: 한국교육개발원·충남대학교.

백병부. (2019). 경기도교육청 학교 혁신 정책의 성과와 과제: 2009년 이후 학교변화에 대한 인식을 중심으로. **교육문화연구**, 25(2), 121-148.

백병부, 성열관, 양성관. (2019). 혁신학교의 지속가능성 위협 요인 분석: 혁신학교 확산기 경기도의 경험을 중심으로. **한국교육**, 46(3), 99-128.

서용선. (2018). 혁신학교-혁신 교육지구-마을 교육공동체의 교육 거버넌스: 시공간과 주체의 변화. **2018 한국교육학회 연차학술대회 자료집** (pp. 37-51).

서울특별시교육청. (2015). **Future School: 교육과 디지털이 융합된 서울미래학교 학습환경 구축을 위한 내부디자인 방향 연구보고서**. 서울: 서울특별시교육청.

송요셉, 오상화, 김은미, 나은영, 정하소, 박소라. (2009). 다매체 환경에서 청소년의 미디어 활용 방식에 대한 FGI 연구: 성별과 환경적 요인에 따른 차이를 중심으로. **언론정보연구**, 46(2), 33-65.

이광호, 김범진, 송호현, 안순억, 우경윤, 이중현. (2015). **경기교육 중장기발전방안 연구 Ⅱ**. 경기: 경기도교육청.

이인회. (2016). 혁신학교로의 변화. 이혜정, 최영출, 오세희, 김민희, 이인회, 이지혜, 박수정, **지방, 학교가 변하고 있다** (pp. 119-151). 서울: 교육과학사.

이인회. (2020). **마을로 돌아온 학교: 마을교육학의 기초**. 서울: 교육과학사.

이종재, 이차영, 김용, 송경오. (2015). **교육정책론**. 서울: 학지사.

이중현. (2017). **혁신학교는 지속 가능한가: 혁신학교의 도약을 위한 진단과 제안**. 서울: 에듀니티.

이혁규. (2015). **한국의 교육생태계**. 서울: 교육공동체벗.

정미경, 허주, 권순형, 민윤경, 박상완, 이상은. (2020). **공교육 혁신을 위한 탄력적 교육 체제 운영 방안: 통합운영학교 도입을 중심으로**. 충북: 한국교육개발원.

정민수, 강은숙. (2019). 전북형 혁신미래학교의 발전방안 연구: 초등학교를 중심으로. **열린교육연구**, 27(2), 217-242.

정바울, 신철균, 임수형, 김용우. (2020). **다혼디배움학교 성과 분석 기초 연구**. 제주: 제주특별자치도교육청.

정제영. (2018). **교육의 시대**. 서울: 박영스토리.

제주특별자치도교육청. (2021). **다혼디배움학교: 다혼디배움학교 이해 자료**. 제주: 제주특별자치도교육청.

추창훈, 박세훈. (2020). 풀뿌리 지역교육 활성화 방안: 전라북도 완주군 혁신교육지구를 중심으로. **교육종합연구**, 18(3), 147-170.

허주, 정미경, 권순형, 이승호, 민윤경, 정규열, 양병찬, 김성천, 박성일. (2020). **혁신교육 중장기 발전방안 연구**. 충북: 한국교육개발원.

Cheng, Y. C., Ko, J., & Lee, T. T. H. (2016). School autonomy, leadership and learning: A reconceptualisation. *International Journal of Educational Management, 30*(2),

177-196.

Hargreaves, A., & Shirley, D. (2009). *The fourth way: The inspiring future for educational change*. Thousand Oaks, CA: Corwin.

OECD. (2008). *A decade of schooling for tomorrow draft background report*. Retrieved from https://www.oecd.org fr/education/ceri/41363531.pdf.

OECD. (2019). *OECD future of education and skills 2030-concept note: Student agency for 2030*. Retrieved from http//www.oecd.org/education/2030-protect/teaching-and-learning/larning/student-agency/Student_Agency_for_2030_concept_note pdf.

Schultz, B, D. (2017). *Teaching in the cracks: Openings and opportunities for student-centered action focused curriculum*. New York, NY: Teachers College Press.

제3장

강덕환. (2010). **그해 겨울은 춥기도 하였네**. 제주: 풍경.

강영기. (2005). 지역 문학과 문학교육. **지역문학연구**, 12, 163-191.

고경아. (2020). **제주지역 고등학생의 제주 4·3 인식과 평화·인권교육 방안**. 석사학위 논문, 부산대학교, 부산.

고명철. (2008). '4·3 문학'의 갱신을 위한 세 시각. **한민족문화연구**, 25, 89-114.

고명철. (2019). 4·3 문학, 팔레스타인 문학, 그리고 혁명으로서 문학적 실천. **한민족문화연구**, 65, 7-43.

교육부. (2015). **2015 국어과 교육과정**. 세종: 교육부.

권유성. (2018). 김수열 4·3시 연구: '몰명(沒名)'의 세계에 이름 붙이기. **배달말**, 63, 369-395.

권유성. (2019). 제주 4·3시의 현실대응 양상 연구. **한국근대문학연구**, 40, 171-201.

권유성. (2021). 방언으로 씌어 진 경계지대의 역사: 제주 4·3시 방언 활용의 의미와 효과를 중심으로. **영주어문**, 47, 31-54.
김경훈. (2003). **한라산의 겨울**. 제주: 삶이보이는창.
김동윤. (2003). **제주 4·3의 진실과 문학**. 제주: 도서출판 각.
김동윤. (2013). **4·3 문학 연구의 현황과 과제, 제주 4·3 연구의 새로운 탐색**. 제주: 제주대학교출판부.
김동윤. (2017). **작은 섬 큰 문학**. 제주; 도서출판 각.
문혜원. (2001). 4·3을 소재로 한 시들의 유형과 특징. **제주도연구**, 19, 19-37.
문혜원. (2018). 4·3의 시적 형상화 방법과 전망. **영주어문**, 39, 143-164.
박용찬. (2017). 대구경북 지역 문학 연구의 현황과 방향. **우리말글**, 75, 449-481.
이승미. (2000). **인권교육 프로그램의 인지, 정서 요인에 관한 실험 연구**. 박사학위 논문, 서울대학교, 서울.
이영권. (2007). 학교현장에서의 4·3교육, 그 현황과 과제: 제주지역 중고등학교현장을 중심으로. **4·3과 역사**, 7, 112-152.
이정원. (2019). 다원적 민주시민 교육의 조건인 새로운 '헤게모니': 제주 4·3 평화 인권 교육을 중심으로. **탐라문화**, 61, 165-196.
제주대학교평화연구소(편). (2013). **제주 4·3 연구의 새로운 탐색**. 제주 :제주대학교출판부.
제주특별자치도교육청. (연도 미상). **4·3 평화·인권교육 자료**. https://www.jje.go.kr
제주특별자치도교육청. (2017). **청소년 4·3 평화의 길을 가다**. 제주: 도서출판 각.
허영선. (2004). **뿌리의 노래**. 서울: 당그래.
현윤섭. (2008). **4·3 평화교육이 제주지역개발에 미치는 효과 연구**. 박사학위 논문, 제주대학교, 제주.

제4장

경기도교육청. (2021). **2021 외국어교육 기본 계획**. 경기: 경기도교육청.
경상남도교육청. (2021). **외국어교육 활성화 기본 계획**. 경남: 경상남도교육청.

고광윤. (2009). 코퍼스 분석을 위한 프로그램의 선택: WordSmith Tools 4.0과 MonoConc Pro 2.2를 중심으로. **영어학연구**, 27, 1-22.

교육부. (2015). **2015 개정 영어과 교육과정**. 세종: 교육부.

교육부. (2019). **초등학교 영어교육 내실화 계획**. 세종: 교육부.

김성혜. (2020). 2015 개정 초중학교 영어과 교육과정의 내용 적정성에 대한 교사 인식. *English Teaching*, *75*(2), 93-110.

김정렬. (2019). 영어수업에서 AI 스피커의 활용방안. 김인석(편), **4차 산업혁명과 인공지능 영어교육** (pp. 189-213). 서울: 한국문화사.

김희삼, 우석진, 전지현, 진경애. (2010). **영어교육정책 성과 분석 및 발전방안 연구**. 세종: 한국개발연구원.

박선아, 최문홍. (2015). 자기주도적 학습전략 훈련을 연계한 지역 수준 영어교육정책의 적용 사례연구. **학습자중심교과교육연구**, 15(3), 135-159.

부산광역시교육청. (2019). **인공지능 기반 교육 가이드북**. 부산: 부산광역시교육청.

서울특별시교육청. (2021). **2021 서울 영어 공교육 활성화 추진계획**. 서울: 서울특별시교육청.

성병창. (2015). 시·도교육청 차원의 교육정책 개발과 조정. **교육정치학연구**, 22(4), 141-162.

우길주. (2008). 방과후 학교 영어교육공동체 운영 모형 고찰: 지역교육청 사례를 중심으로. *Journal of Language Sciences*, *15*(1), 105-121.

이문복, 김미경, 권서경, 정희정. (2018). **학교 영어교육의 중장기 발전 방향과 과제**. 연구보고 RRC 2018-14. 충북: 한국교육과정평가원.

이소영. (2016). 2015 개정 영어과 교육과정의 변화 및 쟁점: 공통 교육과정을 중심으로. **학습자중심교과교육연구**, 16(7), 499-519.

인천광역시교육청. (2021). **2021 인천 외국어교육 활성화 운영계획**. 인천: 인천광역시교육청.

장모나. (2016). **TEE 인증과 베스트 영어교사 제도에 대한 인식 연구: 제주도 내 초등학교를 중심으로**. 석사학위 논문, 사이버한국외국어대학교, 서울.

전라북도교육청. (2021). **2021 외국어교육 기본계획**. 전북: 전라북도교육청.
제주특별자치도교육청. (2015). **2015학년도 외국어교육 활성화 계획**. 제주: 제주특별자치도교육청.
제주특별자치도교육청. (2016). **2016학년도 외국어교육 활성화 계획**. 제주: 제주특별자치도교육청.
제주특별자치도교육청. (2017). **2017학년도 외국어교육 운영계획**. 제주: 제주특별자치도교육청.
제주특별자치도교육청. (2018). **2018학년도 외국어교육 운영계획**. 제주: 제주특별자치도교육청.
제주특별자치도교육청. (2019). **2019학년도 외국어교육 운영계획**. 제주: 제주특별자치도교육청.
제주특별자치도교육청. (2020). **2020학년도 외국어교육 운영계획**. 제주: 제주특별자치도교육청.
제주특별자치도교육청. (2021). **2021학년도 외국어교육 운영계획**. 제주: 제주특별자치도교육청.
제주특별자치도교육청. (2021). **2021 제주교육**. 제주: 제주특별자치도교육청.
충청남도교육청. (2021). **2021년 외국어교육, 세계시민교육 추진계획**. 충남: 충청남도교육청.
하명정. (2013). 코퍼스에 기반한 문학텍스트 분석. **한국콘텐츠학회논문지**, 13(9), 440-447.
홍선주, 조보경, 최인선, 박경진. (2020). **학교 교육에서 인공지능(AI)의 개념 및 활용**. 연구자료 ORM 2020-21-3. 충북: 한국교육과정평가원.
홍정실. (2021). **제주 들엄시민 영어교육 사례연구**. 석사학위 논문, 한국교원대학교, 청주.
Culpeper, J. (2009). Keyness: Words, parts of speech and semantic categories in the character-talk of Shakespeare's Romeo and Juliet. *International Journal of Corpus Linguistics*, *14*, 29-59.
Jhang, S. E. & Hong, S. C. (2012). A corpus-based analysis of English abstracts of

Korean scholarly articles: A case study of English literature and English linguistics. *The New Korean Journal of English Language & Literature, 54*(4), 289-306.

제5장

고광민. (1998). 생산기술 민속유적: 3. 원(또는 '개'). 북제주군·제주대학교 박물관(편), **북제주군의 문화유적(II): 민속** (pp. 186-271). 제주: 북제주군·제주대학교 박물관.

고광민. (1999). 바다밭 이야기. **제주학**, 4, 101-137.

고광민. (2003). **제주도 포구연구: 역사·민속학적 접근**. 제주: 제주대학교 탐라문화 연구소.

고광민. (2004). **제주도의 생산기술과 민속**. 서울: 대원사.

고광민. (2016). **제주 생활사**. 제주: 한그루.

고광민·강정식(1996). 바다밭 이름. 제주시·제주시문화원(편), **제주시 옛 지명** (pp. 483-617). 제주: 제주시·제주시문화원.

고광민, 고승욱, 박정근. (2018). **제주 해안 마을 바다밧 이름과 생활사 조사 연구** (제주학연구 51). 제주: 제주연구원 제주학연구센터.

고광민, 이혜연, 강정식. (2017). **동아시아 원담 조사보고서**. 제주: 제주문화예술재단.

교육부. (2021a). **함께 성장하는 포용 사회 내일을 열어가는 미래 교육**. 세종: 교육부.

교육부. (2021b). **국민과 함께하는 미래형 교육과정 추진 계획(안)**. 세종: 교육부.

권영락. (2005). **장소 기반 환경교육에서 장소감의 발달과 환경 의식의 변화: '시화호 생명지킴이' 생태안내자 양성과정을 사례로**. 박사학위 논문, 서울대학교, 서울.

권현지. (2012). **장소 기반 미술교육의 환경 감수성 증진 효과 실행연구**. 석사학위 논문. 서울대학교, 서울.

권현지, 김형숙. (2012). 환경 감수성 함양을 위한 장소 기반 미술수업 실행에 관한 연구. **조형교육**, 43, 25-49.

김명기. (2011). **예비 환경교사를 위한 장소 기반 환경 오리엔티어링 프로그램의 개발 및 적용**. 석사학위 논문, 한국교원대학교, 청주.

김민호. (2011). 지역사회기반 시민교육의 필요성과 개념적 조건, **평생교육학연구**, 17(3), 193-221.

김민호. (2017). 제주 해녀의 토착 지식 기반 다문화 교육의 지역화 방안. **교육문화연구**, 23(4), 433-458.

김억수, 이재영. (2016). 지역 환경교육 프로그램 토대로서의 생물 문화 다양성과 전통 생태 지식. **환경교육**, 29(1), 15-35.

김일방. (2012). **환경윤리의 실천**. 서울: 이담북스.

김재호. (2015). 옹기 장인의 옹기 제작 기술과 전통 지식. **문화재**, 48(2), 142-157.

김효정. (2011). 여성 농민의 토착 지식에 기반한 '토종 씨앗 지키기' 운동의 특성과 과제. **농촌사회**, 21(2), 263-300.

남호엽. (2005). 지리교육에서 장소학습(place-based learning)의 의의와 접근 논리. **사회과교육**, 44(3), 195-210.

류혜리. (2015). 전통 지식에 대한 국제적 규제 동향에 대한 연구. **중국법 연구**, 23, 175-198.

문현식, 김민호. (2020). 초등학교 지역화 교과서에 선정된 토착 지식의 재해석: 제주 지역 초등학교 3학년 사회과 지역화 교과서를 중심으로. **초등교육연구**, 33(2), 143-172.

박성용. (2008). **독도·울릉도 사람들의 생활공간과 사회조직 연구**(영남대학교 독도연구소 독도연구총서 2). 파주: 경인문화사.

박성용. (2010). 지역 전통 지식의 의미구성과 실천 전략. **민속학연구**, 26, 33-55.

박혜영. (2016). 서남해 도서 연안 생물문화 다양성의 활용과 민속 지식의 확장 가능성. **민속연구**, 33, 149-182.

배영동. (2015). 분류학적 인지의 민속 지식 연구의 가능성과 의의. **비교민속학**, 57, 75-106.

손세정. (2008). **전통 지식 보호에 관한 연구**. 박사학위 논문, 동국대학교, 서울.

신호. (2001). 민속 지식의 역전. **비교민속학**, 21, 475-497.

안승택. (2015). 농민의 풍우 인식에 나타나는 지식의 혼종성. **비교문화연구**, 21, 249-

290.

육경숙. (2017). 장소를 기반으로 한 환경교육 현황과 과제. **2017 환경교육학회 학술대회 자료집** (pp. 9-12).

윤옥경. (2016). 초등 예비교사를 위한 교양 과목에서 장소 기반 환경교육 프로그램의 실천. **한국지리환경교육학회지**, 24(1), 139-150.

윤옥경. (2018). 장소 기반 (환경)교육. 한국지리환경교육학회(편), **현대 지리 교육학의 이해** (pp. 398-413). 서울: 푸른길.

이상수. (2021). 2022 개정 교육과정 정책 방향. **교육광장**, 76, 13-16.

이선경. (1993). **학교 환경교육의 문제점과 자기 환경화를 통한 환경교육전략의 효과**. 박사학위 논문, 서울대학교, 서울.

이선경, 장남기. (1993). 자기 환경화를 통한 환경교육 전략의 효과. **환경교육**, 5, 71-88.

이수광. (2020). 익숙하고도 낯선 질문: 교육의 본질은 무엇인가?. **제주특별자치도교육청 교육포럼: 제주 미래 교육의 길을 묻다**, 7-28.

이영배. (2018). 민속 지식 생산의 변환과 확장 가능성. **민속연구**, 37, 115-155.

이인회. (2020). **마을로 돌아온 학교: 마을교육학의 기초**. 서울: 교육과학사.

이지혜. (2017). **문화유산 현장에서 이루어진 한국 전통 과학지식의 교육적 의미 탐색**. 박사학위 논문, 이화여자대학교, 서울.

이한기. (2000). 전통 토착 지식의 개발 가치 평가. **한국지역사회생활과학회 학술대회 자료집** (pp. 71-83).

이해준. (2006). 농촌 전통 지식 자원의 가치와 활용. **한국지역사회생활과학회 학술대회 자료집** (pp. 13-28).

임은진. (2011). 장소에 기반한 자아 정체성 교육. **한국지리환경교육학회지**, 19(2), 225-239.

임재해. (2001). 민속문화의 자연 친화적 성격과 속신의 생태학적 교육 기능. **비교민속학**, 21, 85-146.

임재해. (2002). **민속문화의 생태학적 인식: 제3의 민속학**. 서울: 당대.

임재해. (2013). 한국 지식 지형의 비판적 인식과 민속 지식의 새 지평. **실천민속학연구**,

21, 5-57.

임재해. (2014). 탯줄과 출산문화로 본 민속 지식의 태아 생명 인식. **비교민속학**, 54, 11-74.

임재해. (2015). 민속 지식의 세계 인식과 구비문학의 지식 기능. **민속연구**, 31, 7-86.

정명철, 유수영. (2015). 농촌 마을 민속 지식 발굴과 활용의 실제. **민속연구**, 31, 165-204.

정명현. (2012). **전통 지식의 국제적 보호 방안에 관한 연구**. 박사학위 논문, 고려대학교, 서울.

정수진. (2007). 민속 지식의 환류와 지역 만들기. **민속학연구**, 20, 191-211.

정해림, 임미연. (2015). 장소 기반 환경교육에서의 환경 의식과 장소감 변화 - 거주지역 생태탐사 프로그램을 사례로. **한국환경교육학회 학술대회 자료집** (pp. 191-192).

정해림, 임미연. (2016). 장소 기반 환경교육을 통한 학습자와 자연 간의 상호작용 및 장소감 양상. **한국환경교육학회 학술대회 자료집** (pp. 172-174).

정해림, 임미연. (2017). 거주지역 생태탐사 프로그램에서 보이는 학습자와 자연 간의 상호작용 양상의 탐색. **환경교육**, 30(1), 1-25.

조수진. (2014). **장소 기반 교육(PBE)의 사회과 교육적 의의 및 효과 탐색**. 석사학위 논문, 한국교원대학교, 청주.

조숙정. (2007). 김치와 문화 지식: 전라도 김치의 명칭과 구분법에 대한 인지 인류학적 접근. **한국문화인류학**, 40(1), 83-127.

조숙정. (2012). 조기의 민족 어류학적 접근: 서해 어민의 토착 지식에 관한 연구. **한국문화인류학**, 45(2), 239-278.

조숙정. (2015). 바람에 관한 서해 어민의 민속 지식. **비교문화연구**, 21, 291-328.

조숙정. (2019). 흑산도 어류의 민족 생물학적 분류에 관한 연구: 19세기 전통 지식의 지속과 변화의 관점에서. **비교문화연구**, 25(1), 269-321.

조철기. (2016). 다문화 교육의 장소에 대한 비판 교육학적 접근. **사회과교육**, 55(2), 93-103.

조철기. (2020). **(지리수업과 공동체를 연결하는) 장소 기반 지리교육**. 대구: 경북대학교 출판부.

좌혜경. (2008). 해녀 생업 문화의 민속 지식과 언어표현 고찰. **영주어문**, 15, 101-130.

주강현. (2006). **神이 내린 황금 그물 돌살**. 파주: 들녘.

주강현. (2010). 언어생태전략과 민속 지식의 문화 다양성. **역사민속학**, 32, 7-36.

최승혜, 최정인, 유정숙. (2020). 장소 기반 교육(PBE)에 근거한 생태교육 프로그램 개발 및 적용. **환경교육**, 33(3), 262-277.

최인희. (2020). **장소 기반학습의 미술 교육적 의의**. 석사학위 논문, 고려대학교, 서울.

한상희. (2019). **지역 기반 세계시민교육을 위한 중학교 사회과 수업 모듈 개발: 제주지역을 사례로**. 박사학위 논문, 제주대학교, 제주.

황희숙. (2015). 토착 지식과 생태 운동: 에코 페미니즘의 미래. **철학논집**, 40, 69-90.

Banks, J. A. (2016). **다문화교육 입문** (모경환, 최충옥, 김명정, 임정수 역). 서울: 아카데미 프레스. (원서출판 2014).

Breidlid, A. (2013). *Education, indigenous knowledge, and development in the global south: Contesting knowledges for a sustainable future*. London: Taylor & Francis.

Buxton, C. A., & Provenzo, E. F. (2011). *Place-based science teaching and learning: 40 activities for K-8 classrooms*. Los Angeles: SAGE Publications, Inc.

Carson, R. (1962). *Silent spring*. Boston: Houghton Mifflin.

Coleman, T. C. (2014). *Place-based education: An impetus for teacher efficacy* (Unpublished doctoral dissertation). Western Michigan University, Kalamazoo, Michigan.

Demarest, A. B. (2014). *Place-based curriculum design: Exceeding standards through local investigations*. New York: Routledge.

Dewey, J. (1938·1997). *Experience and education* (2nd ed.). New York: Simon and Schuster.

FAO web site for gender, agrobiodiversity and local knowledge. (n.d.). Retrieved from www.fao.org/sd/links

Geertz, C. (1983). *Local knowledge: Further essays in interpretive anthropology*. New York: Basic Books, Inc. Publishers.

Gruenewald, D. A. (2003). The best of both worlds: A critical pedagogy of place. *Educational Researcher, 32*(4), 3-12.

Gruenewald, D. A., & Smith, G. A. (eds.). (2007). *Place-based education in the global age: Local diversity*. New York: Routledge.

Israel, A. L. (2012). Putting geography education into place: What geography education can learn from place-based education and vice versa. *Journal of Geography, 111*(2), 76-81.

Knapp, C. E. (2005). The "I-Thou" relationship, place-based education, and Aldo Leopold. *Journal of Experiential Education, 27*(3), 277-285.

Percoco, J. A. (2017). *Take the journey: Teaching american history through place-based learning*. Portland: Stenhouse Publishers.

Powers, A. L. (2004). An evaluation of four place-based education programs. *Reports & Research, 35*(4), 17-32.

Smith, G. A. (2002). Place-based education: Learning to be where we are. *Phi Delta Kappan, 83*, 584-594.

Smith, G. A., & Sobel, D. (2010). *Place-and community-based education in schools*. New York: Routledge.

Sobel, D. (2004). *Place-based education: Connecting classrooms and communities (Nature literacy series, vol.4)* (2nd ed.). Great Barrington: The Orion Society.

The International Consortium for Indigenous Knowledge(ICIK). (n. d.). *What is indigenous knowledge?* Retrieved from http://icik. psu.edu/ psul/ icik/ aboutik.html

The World Commission on Environment and Development. (1987). The Brundtland Report.

Tippins, D. J., Muller, M. P., Eijck, M., & Adams, J. D. (eds.). (2010). *Cultural studies and environmentalism: The confluence of ecojustice, place-based (science) education and indigenous knowledge systems*. New York: Springer.

Warburton, H., & Martin, A. M. (1999). *Local people's knowledge. Best practice guideline. Socio-Economic Methodologies Programme*. London: DFID.

Yamamura, E., & Koth, K. (2018). *Place-based community engagement in higher education: A strategy to transform universities and communities*. New York: Stylus Publishing.

교육부. (2015). **학생의 꿈과 끼를 살려 행복 교육을 실현하는 중학교 자유학기제 시행 계획(안)**. 세종: 교육부.

교육부. (2018). **2015 개정 교육과정 총론 해설(중학교)**. 세종: 교육부.

김경애, 양희준, 김은경, 최원석, 남궁지영, 길혜지, 박수정, 신인수. (2018). **자유학기제 확대·발전 방향 탐색을 위한 포럼 자료집**. 충북: 한국교육개발원.

김성아. (2019). **교사리더십 개발과정에 관한 연구: 교육과정 재구성 교사공동체에서의 경험을 중심으로**. 박사학위 논문, 조선대학교, 광주.

김위정. (2017). **경기도 자유학기제 성과 분석**. 경기: 경기도교육연구원.

김이경, 민수빈. (2015). 자유학기제의 도입에 따른 교사들의 직무부담 분석. **한국교원교육연구**, 32(2), 181-203.

김태정. (2019). **혁신 교육지구와 마을 교육공동체는 어떻게 만들어지는가?**. 서울: 살림터.

김평원. (2015). 중학교 자유학기에 실현된 융합 수업을 통해 본 초등학교 융합 프로젝트의 방향. **한국초등국어교육**, 59, 69-103.

남아영. (2015). **학생의 교육과정 개발 참여에 대한 질적 사례연구**. 박사학위 논문, 이화여자대학교, 서울.

박수정, 김영태. (2018). 자유학기제 관련 신문 기사 분석: 정책 입장과 주요어를 중심으로. **학습자중심교과교육연구**, 18(18), 683-707.

박창민, 김영천. (2017). 자기 연구(Self-Study)의 방법적 탐구. **초등교육연구**, 30(4), 75-104.

변기용. (2018). 한국 교육행정학의 학문적 정체성과 연구방법론에 대한 비판적 성찰: 이분법적 배타성 극복을 통한 대안적 지점의 모색을 중심으로. **교육행정학연구**, 36(4), 1-40.

서용선, 김용련, 임경수, 홍섭근, 최갑규, 최탁. (2015). **마을 교육공동체 개념 정립과 정책 방향 수립 연구**. 경기: 경기도교육연구원.

성열관(2018). 자유학기제의 정책 특징에 따른 교사들의 제도 인식: 정책 정당성, 교사

정체성 및 전문성을 중심으로. **교육문제연구**, 31(1), 27-58.

이경호. (2018). 자유학기제 연구학교의 교육과정 편성·운영에 관한 사례연구. **교원교육**, 34(1), 19-54.

이상은. (2015). 진보주의 교육 사조에 토대를 둔 한국 교육개혁의 역사적 변천 과정 탐색. **열린교육연구**, 23(4), 19-43.

이은화, 신상명. (2016). 자유학기제 집행과정에서 나타난 교사의 직무행태 분석. **교육행정학연구**, 34(3), 1-24.

이인회. (2020). **마을로 돌아온 학교: 마을교육학의 기초**. 서울: 교육과학사.

이정인, 유재봉. (2016). 자유학기제의 '자유'의 의미와 교육적 방향 탐색. **교육학연구**, 54(4), 1-20.

이주연. (2019). 2015 개정 교육과정 총론 연수 참여 경험에 따른 교사의 인식 및 실행 차이 분석. **교육과정연구**, 37(1), 191-216.

이혁규. (2013). **수업**. 서울: 교육공동체벗.

임종헌. (2016). **자유학기제 운영 과정에 대한 질적 사례연구: 양가성 현상의 발견과 의미**. 박사학위 논문, 경희대학교, 서울.

임종헌. (2020). '자유학기 활동'의 정체성 및 교육 과정적 발전 방향 탐색 연구. **학습자중심교과교육연구**, 20(19), 221-240.

정광순. (2013). 중학교 자유학기제 수업 대비 역량 중심 교과 통합 수업 설계 방안 제안. **통합교육정연구**, 7(3), 1-30.

정영근, 변희현, 김희경, 이근호, 박종필. (2016). **중학교의 자유학기제 지원을 위한 학교 교육과정 경영 방안 연구**. 서울: 한국교육과정평가원.

조윤정, 김현주, 이권수. (2017). **학습생태계 확장을 위한 마을 교육과정의 개념과 실행 방안**. 경기: 경기도교육연구원.

최상덕, 이상은, 김갑성, 김민호, 김재철, 박소영. (2015). **2014년도 2학기 자유학기제 연구학교 사례연구 종합보고서**. 서울: 한국교육개발원.

최유리, 허예지, 소경희. (2017). 교육과정 자율화 논의에 가정된 교사 자율성 재개념화: Foucault의 '자기 배려' 논의에 기초하여. **교육과정연구**, 35(2), 119-141.

최형규. (2019). **시민, 학교에 가다**. 서울: 살림터.

현기영. (2019). **현기영 중단편 전집 1: 순이 삼촌**. 서울: 창비.

Palmer, P. J. (2020). **가르칠 수 있는 용기** (이종인, 이은정 역). 경기: 한문화. (원서출판 1998).

Samaras, A. P. (2015). **더 나은 수업을 위한 셀프스터디: 셀프스터디 연구의 기초와 방법** (임칠성, 서혁, 정영아, 전희옥, 신혜영, 최진희 역). 서울: 우리학교. (원서출판 2011).

제7장

박하식. (2014). **국내 고교의 국제공인 교육과정(IBDP)의 도입 및 실행에 관한 연구: 경기외고의 사례를 중심으로**. 박사학위 논문, 고려대학교, 서울.

신동진. (2019). **교육걱정없는세상, IB 교육과정 국내 도입 관련 종합 분석 및 평가, 사교육 걱정 없는 세상**. http://cafe.daum.net/no-worry/1QDs/1683

신향식. (2019). **IB는 서구 문화 통합한 교육과정…지역 정체성과 인식 없어 반대, 인터뷰 365**. http://www.interview365.com/news/articleView.html?idxno=86319

이근호. (2018). IB(International Baccalaureate) 교육과정 현황과 쟁점 탐색 세미나 자료집. **IB 교육과정 현황 탐색 세미나** (pp. 1-110).

이동민, 최재영. (2015). 다중스케일적 접근의 지리 교육적 의의와 가능성: 초등사회과 세계지리 영역에서의 지역 인식 문제를 중심으로. **한국지리환경교육학회지**, 23(2), 1-17.

정승모, 권상철. (2018). 국제학교 교육의 글로벌 경쟁력과 차별적 교육 쟁점: 제주영어교육도시 사례. **한국도시지리학회지**, 21(3), 17-33.

Arum, R. (2000). Schools and communities: Ecological and institutional dimensions. *Annual Review of Sociology*, *26*(1), 395-418.

Bailey, L. (2015). The experiences of host country nationals in international schools: A case-study from Malaysia. *Journal of research in international education*, *14*(2),

85-97.

Belal, S. (2017). Participating in the International Baccalaureate diploma programme: Developing international mindedness and engagement with local communities. *Journal of Research in International Education, 16*(1), 18-35.

Bunnell, T. (2010). The International Baccalaureate: Its growth and complexity of challenges. In R. Bates (Ed.), *Schooling internationally: Globalisation, internationalisation and the future for international schools* (pp. 165-181). Abingdon: Routledge.

Bunnell, T. (2016). Perspectives on international schools and the nature and extent of local community contact. *Journal of Research in International Education, 4*(1), 43-63.

Cambridge, J., & Thompson, J. (2010). Internationalism and globalization as contexts for international education. *Compare: A Journal of Comparative and International Education, 34*(2), 161-175.

Doherty, C., & Shield, L. P. (2009). Planning mobile futures: The border artistry of international baccalaureate diploma choosers. *British Journal of Sociology of Education, 30*(6), 757-771.

Drake, B. (2004). International education and IB programmes. *Journal of Research in International Education, 3*(2), 1-17.

Epstein, J. L. (1995). School/family/community partnerships: Caring for the children we share. *Phi Delta Kappan, 76*, 701-712.

International Baccalaureate Organization. (2015). *Creativity, activity, service guide for students' graduation in 2017 and after.*

International Baccalaureate Organization. (2016). *Extended essay Guide.*

International Baccalaureate Organization. (2017). Diploma model. Retrieved from https://www.ibo.org/programmes/diploma-programme/

International Baccalaureate Organization. (2018). Face and figures. Retrieved from https://www.ibo.org/about-the-ib/facts-and-figures/

International Baccalaureate Organization. (2019). *Approach to teaching and learning in the IB Diploma Programme*. Retrieved from https://ibpublishing.ibo.org

International Baccalaureate Organization. (2019). *Theory of knowledge guide*. Retrieved from https://ibpublishing.ibo.org

Olsen, E. G. (1953). School and community: The philosophy, procedures, and problems of community study and service through schools and colleges. New York: Prentice-Hall, Inc.

Paris, P. G. (2003). The International Baccalaureate: A case study on why students choose to do the IB. *International Education Journal, 4*(3), 1-12.

Poonoosamy, M. (2010). The International Baccalaureate diploma programme in post-colonial Mauritius: Reaffirming local identities and knowledges. *Asia Pacific Journal of Education, 30*(1), 15-30.

Schafft, K. A., & Biddle, C. (2013). Place and purpose in public education: School district mission statements and educational (dis)embeddedness. *American Journal of Education, 120*(1), 55-76.

Wylie, M. (2008). Internationalizing curriculum: Framing theory and practice in international schools. *Journal of Research in International education, 7*(1), 5-19.

Yemini, M., & Dvir, Y. (2015). International Baccalaureate as a litmus test revealing conflicting values and power relations in the Israeli education system. *Discourse: Studies in the Cultural Politics of Education, 37*(2), 310-323.

제8장

고동현, 이재열, 문명선, 한솔. (2016). **사회적 경제와 사회적 가치: 자본주의의 오래된 미래**. 서울: 한울아카데미.

공석기, 임현진. (2020). **마을에 해답이 있다: 한국 사회에서 지역 되찾기**. 서울: 진인진.

권상철. (2018). 해외 봉사 활동의 양면성과 도전: 봉사 여행과 개발 봉사 사이. **한국지리학회지**, 7(3), 415-433.

김매이, 이환, 황희윤, 김은혜. (2014). **대학 사회봉사 활성화를 위한 제도 구축 방안에 관한 연구**. 세종: 교육부.

김의영 외. (2018). **관악구의 시민 정치: 서울대생과 지역주민, 공무원이 참여 관찰한 6가지 사례**. 서울: 푸른길.

김의영, 미우라 히로키(편). (2019). **시민 정치연감 2019: 지역 기반 교육의 이론과 실천**. 서울: 푸른길.

김창환. (2020). 대학과 지역사회가 협력을 강화하는 기제로써 대학의 사회적 책임(USR) 연구. **고등교육**, 3(1), 25-54.

남수경. (2021). 대학과 지역사회의 협력과 발전방안. **대학교육**, 214, 32-39.

미우라 히로키, 김의영. (2020). 지역 기반 시민 정치교육을 통한 대안적 지식 창출: 성격, 한계, 과제에 관한 탐색적 연구. **한국정치연구**, 29(1), 197-226.

성지은, 한규영, 송위진, 김민수. (2019). 새로운 혁신 모델로서 대학 리빙랩(Living Lab) 사례 분석. **사회과학연구**, 26(2), 171-195.

송민경. (2018). 학생 자원봉사 활동의 쟁점 연구. **청소년학연구**, 25(2), 499-532.

안미리. (2018). 교양교육과 연계한 서비스 러닝의 사례연구, **문화와 융합**, 40(5), 227-252.

안상훈(편). (2020). **대학사회공헌: 서울대학교 글로벌 사회공헌단 7년의 경험과 과제**. 서울: 서울대학교 글로벌사회공헌단.

염민호. (2018). 지역사회 발전과 대학의 역할에 대한 비판적 성찰. **교육행정학연구**, 36(5), 385-417.

우대식. (2021). 대학 교양 교육에서의 사회적 실천에 관한 사례연구-K대 〈사회혁신 리빙랩 프로젝트〉를 중심으로. **교양 교육연구**, 15(3), 117-131.

윤마병. (2019). 예비과학교사의 과학사 강좌 봉사-학습(Service-Learning) 운영 사례 연구. **한국콘텐츠학회논문지**, 19(9), 567-581.

이승원, 이명신, 김소연, 장훈교, 심은정. (2017). **사회혁신 교육 설계 및 협업 방안 연구**.

서울: 경희대학교 공공대학원, 서울시NPO지원센터, 사회혁신리서치랩.
이태동 외. (2017). **마을학 개론: 대학과 지역을 잇는 시민 정치교육**. 서울: 푸른길.
이창언, 김광남. (2015). **열린 사회와 21세기: 마을에서 희망을 찾다**. 서울: 한국방송통신대학교 출판문화원.
임영언. (2020). 사회적 경제 연계를 통한 대학에서 글로벌 서비스 러닝 운영 모델 고찰: 일본 3개 대학 사례를 중심으로. **일어일문학**, **86**, 297-320.
장경원. (2010). Service-Learning에 기반한 '교육 봉사' 과목 운영 전략 탐색. **한국교원교육연구**, 27(3), 373-393.
조동성, 문휘창. (2014). **대학의 사회적 책임: 나눔의 이론과 실천**. 서울: 서울경제경영.
주재홍. (2010). **학생봉사활동(學生奉仕活動), 한국민족문화대백과사전**. http://encykorea.aks.ac.kr/
Andreotti, V., & Pashby, K. (2013). Digital democracy and global citizenship education: Mutually compatible or mutually complicit? *The Educational Forum*, *77*(4), 422-437.
Benneworth, P., Charles, D., Hodgson, C., & Humphrey, L. (2013). The relationship of community engagement with universities' core missions. In P. Benneworth (Ed.), *University engagement with socially excluded communities* (pp. 85-101). Dordrecht: Springer.
Bringle, R., & Hatcher, J. (2011). International service learning. In R. Bringle, J. A. Hatcher, & S. G. Jones (Eds.), *International service learning: Conceptual frameworks and research* (pp. 3-28). Virginia: Stylus.
Bruce, J. (2018). Postcritical service-learning: Interruptions to ethnocentric and salvationist discourses. In D. Lund (Ed.), *The Wiley international handbook of service-learning for social justice* (pp. 205-223). New York: John Wiley & Sons, Inc.
Butin, D. (2006). The limits of service-learning in higher education. *The Review of Higher Education*, *29*(4), 473-498.
Coelho, M., & Mennezes, I. (2021). University social responsibility, service learning,

and students' personal, professional, and civic education. *Frontiers in Psychology, 12*, 436.

Donahue, D., & Plaxton-Moore, S. (2018). *The student companion to community-engaged learning: What you need to know for transformative learning and real social change*. Virginia: Stylus.

Dostilio, L. D. (2017). Neighbourhood emplaced centers: A trend within American urban community-university engagement. *Transform: The Journal of Engaged Scholarship, 1*, 26-40.

Farber, K. (2017). *Real and relevant: A guide for service and project-based learning*. New York: Rowman & Littlefield.

Felten, P., & Clayton, P. H. (2011). Service-learning. *New Directions for Teaching and Learning, 128*, 75-84.

Furco, A., & Norvell, K. (2019). What is service learning? Making sense of the pedagogy and practice. In P. Aramburuzabala, L. McIlrath, & H. Opazo (Eds.), *Embedding service learning in European higher education: Developing a culture of civic engagement* (pp. 13-35). London: Routledge.

Garcia, I. (2020). Asset-based community development (ABCD): Core principles. In R. Phillips, E. Trevan, & P. Kraeger (Eds.), *Research handbook on community development* (pp. 67-75). Cheltenham: Edward Elgar.

Gibson-Graham, J. K. (2005). Surplus possibilities: Postdevelopment and community economies. *Singapore Journal of Tropical Geography, 26*(1), 4-26.

GUNI. (2017). *Towards a socially responsible university: Balancing the global with the local*. Higher Education in the World 6.

Hartley, M., & Saltmarsh, J. (2016). A brief history of a movement. In M. A. Post, E. Ward, N. V. Longo, & J. Saltmarsh (Eds.), *Publicly engaged scholars: Next generation engagement and the future of higher education* (pp. 34-60). Virginia: Stylus.

Hartman, E., Kiely, R., Boettcher, C., & Friedrichs, J. (2018). *Community-based global learning: The theory and practice of ethical engagement at home and abroad.* Virginia: Stylus.

Indianapolis Neighborhood Resource Center. (2012). *Organizer's workbook: Tools to support your awesome neighborhood.* Indianapolis Neighborhood Resource Center.

Jacoby, B., & Howard, J. (2015). *Service-learning essentials: Question, answers, and lessons learned.* San Francisco: John Wiley & Sons.

Kagan, C., & Diamond, J. (2019). *University-community relations in the UK: Engaging universities.* Switzerland: Palgrave Macmillan.

Keller, J., McKenny, R., Russel, K., & Zylstra, J. (2015). The power of place: University-community partnership in the development of an urban immersion semester. In N. Sobania (Ed.), *Putting the local in global education: Models for transformative learning through domestic off-campus programs* (pp. 311-323). Virginia: Stylus.

Kellog Commission. (2002). *RENEWING THE COVENANT: Learning, discovery, and engagement in a new age and different world. 6th Report.* National Association of State Universities and Land-Grant Colleges.

Lee, C. W. (2020). Who is community engagement for?: The endless loop of democratic transparency. *American Behavioral Scientist, 64*(11), 1565-1587.

Liu, R., Fischmann, S., Hong, A., & Melville, K. (2020). Spatializing community-based learning: How a critical geography framework can foster understandings of structural inequality and egalitarian relationships. *Journal of Community Engagement and Higher Education, 12*(1), 16-28.

Mathie, A., & Cunningham, G. (2003). From clients to citizens: Asset-based community development as a strategy for community-driven development. *Development in Practice, 13*(5), 474-486.

Miller, R. S. (2015). Is place the thing? Integrative learning at the Philadelphia center. In N. Sobania (Ed.), *Putting the local in global education: Models for transformative learning through domestic off-campus programs* (pp. 222-233). Virginia: Stylus.

Millican, J., Pollak, S. D., Zani, B., Stark, W., Preradovic, N. M., & Higuera, P. A. (2019). The changing face of higher education: Economic and democratic imperatives. In P. Aramburuzabala, L. McIlrath, & H. Opazo (Eds.), *Embedding service learning in European higher education: Developing a culture of civic engagement* (pp. 36-50). London: Routledge.

Mitchell, T. (2008). Traditional vs. critical service-learning: Engaging the literature to differentiate two models. *Michigan Journal of Community Service Learning, 14*(2), 50-65.

Morales, M., & Barron, A. C. (2014). Asset-based community development and integral human development. In P. Green & M. Johnson (Eds.), *Crossing boundaries: Tension and transformation in international service-learning* (pp. 68-83). Virgina: Stylus.

OECD. (2019). *OECD future of education and skills 2030 project: OECD learning compass 2030*. OECD Publising.

Pedersen, J., Meyer, J., & Hargrave, M. (2015). Learn global; serve local: Student outcomes from a community-based learning pedagogy. *Journal of Experiential Education, 38*(2), 189-206.

Peterson, T. (2018). *Student development and social justice: Critical learning, radical healing, and community engagement*. Switzerland: Palgrave Macmillan.

Preradovic, N. M., & Stark, W. (2019). Identified service learning practices in European higher education. In P. Aramburuzabala, L. McIlrath, & H. Opazo (Eds.), *Embedding service learning in European higher education: Developing a culture of civic engagement* (pp. 109-131). London: Routledge.

Saltmarsh, J., O'Meara, K., Sandmann, L., Giles, D. Jr., Cowdery, K., Liang, J., &

Buglione, S. (2014). *Becoming a steward of place: Lessons from AASCU Carnegie community engagement applications*. Washington, DC: American Association of State Colleges and Universities.

Siemers, C. K., Harrison, B., Clayton, P. H., & Stanley, T. A. (2015). Engaging place as partner. *Michigan Journal of Community Service Learning, 22*(1), 101-105.

Stanton, T., Giles, D. Jr., & Cruz, N. (1999). *Service-learning: A movement's pioneers reflect on its origins, practice, and future*. San Francisco: Jossey-Bass Publishers.

Shek, D., Yuen-Tsang, A. W. K., & Ng, E. (2017). University social responsibility: Insight from the historical roots to the contemporary challenges. In D. Shek & R. Hollister (Eds.), *University social responsibility and quality of life: A global survey of concepts and experiences* (pp. 25-36). Dordrecht: Springer.

Sobania, N. W. (2015). *Putting the local in global education: Models for transformative learning through domestic off-campus programs*. Virginia: Stylus.

Welch, M. (2016). *Engaging higher education: Purpose, platforms, and programs for community engagement*. Virginia: Stylus.

Welch, M., & Plaxton-Moore, S. (2019). *The craft of community-engaged teaching and learning: A guide for faculty development*. Boston: Campus Compact.

Yamamura, E., & Koth, K. (2018). *Place-based community engagement in higher education*. Virginia: Stylus.

저자 소개

김 일 방

학　　력 경북대학교(문학 박사)

현　　직 제주대학교 사범대학 사회교육과 교수

연구분야 사회철학, 환경철학, 사회과교육

주요저서 환경문제와 윤리(보고사, 2020)

종교와 동물 그리고 윤리적 성찰(모시는사람들, 2014)

환경윤리의 실천(이담북스, 2012)

이 인 회

학　　력 미국 University of Bridgeport(교육학 박사)

현　　직 제주대학교 교육대학원 교육학과 교수

연구분야 학교변화, 학교컨설팅, 교육협력, 마을교육공동체 등

주요저서 오늘의 교육 내일의 교육정책(공저, 학지사, 2021)

마을로 돌아온 학교: 마을교육학의 기초(교육과학사, 2020)

제주 교육 들여다보기(교육과학사, 2017)

권 유 성

학　　력 경북대학교(문학 박사)

현　　직 제주대학교 사범대학 국어교육과 교수

연구분야 한국현대시, 한국현대문학사

주요저서 한국 근대시의 기원과 풍경(역락, 2014)

근대와의 결고틀기(고반, 2020)

신 창 원

학　　력 미국 University of Texas at Austin(영어교육학 박사)
현　　직 제주대학교 사범대학 영어교육과 교수
연구분야 제2언어습득이론, 어휘습득, 코퍼스언어학
주요저서 한국인 영어학습자의 영어능력과 어휘지식간의 상관관계(언어과학, 2011)
고등학교 영어교과서 어휘의 진정성 분석(영어영문학, 2017)
예비영어교사의 글로벌-다문화 역량 강화를 위한 해외 교육 프로그램 모델(영어영문학, 2018)

손 명 철

학　　력 서울대학교(교육학 박사)
현　　직 제주대학교 사범대학 지리교육과 교수
연구분야 지리교육, 지역지리, 다문화교육
주요저서 현대지리교육학의 이해(공저, 푸른길, 2018)
새로운 지역지리학과 지리교육(공저, 푸른길, 2019)
제주지리환경과 주민생활(공저, 한그루, 2020)

김 홍 탁

학　　력 제주대학교 사회교육과 박사과정 재학
현　　직 귀일중학교 교사
연구분야 사회과교육, 마을교육
주요저서 공감수업(맘에드림, 2018)

정 승 모

학　　력　제주대학교 (교육학 박사)

현　　직　North London Collegiate School Jeju 교사

연구분야　국제교육, 국제학교 등

주요저서　제주 영어교육도시 국제학교의 지역 착근성에 대한 탐색적 연구: NLCS 제주를 사례로(제주대학교, 2021)

권 상 철

학　　력　미국 Ohio State University(지리학 박사)

현　　직　제주대학교 사범대학 지리교육과 교수

연구분야　인문지리, 국제개발협력, 글로벌교육

주요저서　제주지리환경과 주민생활(한그루, 2020)
도시지리학개론(법문사, 2020)
예비교사를 위한 글로벌 교육과 다문화 교육(도서출판C&P, 2018)

(이상 집필순)

제주교육론

- 미래 교육을 상상하다 -

초판인쇄 2022년 4월 18일
초판발행 2022년 4월 30일

지은이 김일방, 이인회, 권유성, 신창원,
손명철, 김홍탁, 정승모, 권상철
펴낸이 채종준
펴낸곳 한국학술정보(주)
주 소 경기도 파주시 회동길 230(문발동)
전 화 031-908-3181(대표)
팩 스 031-908-3189
홈페이지 http://ebook.kstudy.com
E-mail 출판사업부 publish@kstudy.com
출판신고 2003년 9월 25일 제406-2003-000012호

ISBN 979-11-6801-477-0 93370